Küchengarten

AUF BALKON UND TERRASSE

Küchengarten
AUF BALKON UND TERRASSE

Gemüse, Kräuter und Obst in Töpfen, Kästen und Kübeln

Antony Atha

Die Originalausgabe erschien 2000 unter dem Titel THE CONTAINER KITCHEN GARDEN im Verlag Collins & Brown Limited, London.
Copyright © Collins & Brown Limited 2000
Text copyright © Collins & Brown 2000
Fotografie copyright © 2000 (siehe Bildnachweis Seite 160)
All rights reserved.
Projektleitung: Ulla Weinberg
Gestaltung: axis design
Bildredaktion: Liz Moore

Aus dem Englischen von Stefanie Hutter

Alle deutschsprachigen Rechte
© 2002 by FALKEN Verlag in der Verlagsgruppe FALKEN/Mosaik, einem Unternehmen der Verlagsgruppe Random House GmbH, 81673 München
Redaktion der deutschen Ausgabe: Ernö Zeltner
Umschlaggestaltung: Heinz Kraxenberger
Umschlagfotos: Reinhard-Tierfoto (vorn), Kraxenberger Bildarchiv (hinten)
Satz: Filmsatz Schröter GmbH, München
Reproduktionen: Hong Kong Graphic & Printing Ltd.
Druck und Bindung: Paramont Printing Co., Hong Kong
Printed in Hong Kong
ISBN 3-8068-7733-5

817 2635 4453 6271

Inhalt

VORWORT	6
GESTALTUNG EINES KÜBEL-	
PFLANZENGARTENS	9
Optimale Raumnutzung	10
Ziele und Vorstellungen	12
Gestaltung mit Kräutern	14
Gestaltung mit Obstgehölzen	20
Gestaltung mit Gemüsepflanzen	24
Innenhöfe	28
Dachgärten	30
Blumenkästen	32
Balkone	34
Eingänge und Treppen	36
GÄRTNERN MIT KÜBELPFLAN-	
ZEN – DIE GRUNDLAGEN	39
Die Auswahl der Pflanzgefäße	40
Die Auswahl der Pflanzgefäße –	
Wandtöpfe und Hängekörbe	42
Selbst gefertigte Pflanzgefäße –	
Blumenkästen und Tröge	44
Die Auswahl der Pflanzgefäße –	
größere Pflanzen	48
Grundausstattung	50
Vorbereitungsarbeiten	52
Auswahl und Kauf von Kübelpflanzen	54
Eintopfen und Umtopfen	56
Das richtige Substrat	58
Kübelpflanzen düngen	60
Kübelpflanzen wässern	62
Kultursäcke	64
Überwintern	66
Rückschnitt, Sicherung und Stützen	68
Vermehrung – Aussaat und Pflanzung	72
Vermehrung – Stecklinge und Teilung	74
Pflege der Pflanzgefäße	76
Schädlinge, Krankheiten	78
Ernte und Lagerung	82
PFLANZEN FÜR BALKON	
UND TERRASSE	85
Gewürzpflanzen	86
Kräuterrezepte	114
Gemüsepflanzen	120
Gemüserezepte	134
Obstpflanzen	140
Obstbäume erziehen	144
Obstrezepte	148
KALENDER FÜR DEN GARTEN	
MIT KÜBELPFLANZEN	150
Übersicht Kräuter	152
Pflanzen für Sonne und Schatten	154
Bezugsadressen	156
REGISTER	158
BILDNACHWEIS	160

Vorwort

UNTEN *Buschtomaten sind ausgezeichnete Kübelpflanzen, denn sie brauchen keine Stütze. Die kleinen Tontöpfe auf den Stäben sehen lustig aus und dienen gleichzeitig als Fallen für Ohrwürmer.*

Von einem Küchengärtchen in Kübeln, Töpfen und anderen Pflanzbehältern erwarten wir Dreierlei: Als erstes soll es uns Spaß machen und Befriedigung verschaffen. Doch wer Kräuter und Gemüse in Töpfen heranzieht, möchte dabei auch Erfolge sehen. Zweitens muss ein Garten in Containern frisches, nahrhaftes Gemüse für die Küche liefern, aus dem man schmackhafte Mahlzeiten zubereiten kann. Und drittens soll er auch noch hübsch anzusehen sein, ein Platz, an dem man sich gern aufhält und entspannt. Dazu braucht man eine Menge Pflanzen und viele verschiedene Behälter, die auf unterschiedlichen Ebenen stehen, damit das Auge wandern und genießen kann.

DIE BEDEUTUNG GUTER PLANUNG

Ein solches Topfgärtchen muss sorgfältig geplant sein. Anders als in einem größeren Garten, den man in Rabatten, Gemüsebeete und Rasenfläche aufteilt, durch Bäume und Sträucher strukturiert, ist der Platz hier beschränkt. Das Wichtigste für jede Topfkultur ist die Lage. Welche Ausrichtung der Balkon, die Terrasse, der Innenhof zur Sonne hat, in welche Himmelsrichtung er weist, das ist der entscheidende Punkt, den man als gegeben annehmen muss. Sehr viele Pflanzen gedeihen nur in sonnigen Lagen, andere besser im Schatten. Auf Seite 154–155 finden Sie Pflan-

MITTE Niedrig wachsende Kräuter eignen sich bestens für flache Gefäße; die ausdauernde Bepflanzung wird durch den in Form geschnittenen, immergrünen Buchsbaum noch interessanter.

LINKS Kleine Zitronenbäume erfüllen einen doppelten Zweck, sie bringen im Sommer Duft und Farbe in den Garten und sind im Winter dankbare Zimmerpflanzen.

zenlisten mit Angaben darüber, welche Pflanzen sich einen sonnigen, welche einen Platz im Schatten wünschen.

GRÖSSE UND ZWECK

Sie müssen sich vor allem darüber im Klaren sein, wo Ihre Ziele liegen. Ist das geplante Gärtchen ein Innenhof mit Platz für ein Hochbeet und für große, unverrückbare Pflanzgefäße? Kann man auch Kletterpflanzen und Obstbäume setzen, die im Frühling und Sommer Blüten und Früchte tragen? Normalerweise findet man in einem Topfgarten vorwiegend Küchenkräuter und ein paar Heilpflanzen, was natürlich sehr praktisch ist, weil man sie dort in Reichweite hat und jederzeit frisch ernten kann. Mit etwas Phantasie lässt sich ein Kräutergarten in Töpfen reizvoll gestalten. Die meisten Kräuter machen sich gut in Töpfen, besonders die wüchsigen, etwa Minze und Rosmarin, hat man hier gut im Griff.

Gestaltung

eines Kübelpflanzengartens

Ein gelungener Garten hat immer eine besondere Wirkung. Er schmeichelt dem Auge und bringt Form und Charakter des Hauses durch Farben und Strukturen noch besser zur Geltung. Das gilt für einen Kübelpflanzengarten ebenso wie für jede andere Gartenanlage. Bei den kleinen Gärten aus bepflanzten Töpfen und Behältern spielt sich alles auf beschränktem Raum ab, daher erfordert jede einzelne Komponente besondere Sorgfalt, damit etwas harmonisch Ganzes entsteht. Das gilt auch, wenn das Gärtchen Kräuter, Obst und Gemüse für die Küche liefern soll. Trotzdem muss es so angelegt sein, dass es den Innenhof, die Terrasse oder den Balkon verschönt und bereichert.

LINKS *Farbe, Strukturen und Formen bestimmen die Wirkung eines Küchengärtchens mit Kübelpflanzen. Hier geben violette Holzbänke und schlichte Terrakotta-Fliesen den passenden Hintergrund für ein Arrangement aus Auberginen und Petersilie in einem glasierten Tonkübel.*

GESTALTUNG EINES KÜBELPFLANZENGARTENS

Optimale Raumnutzung

Auch ein winziger Topfgarten darf nicht alle seine Geheimnisse auf einmal preisgeben. Bereits bei der Anordnung der Töpfe sollte man auf einen gewissen Spannungseffekt achten.

OBEN RECHTS *Auf einen hübschen Erdbeertopf sollte man im Kübelpflanzengarten nicht verzichten, denn er liefert Farbe, Blüten und Früchte.*

Die erste Aufgabe jedes Gärtners besteht darin, den verfügbaren Raum zu vermessen. Das ist besonders bei der Planung eines Küchengärtchens mit Töpfen und Kübeln wichtig, denn ein begrenzter Platz muss optimal genützt werden.

Ob groß oder klein, zwei Grundsätze für die Gartengestaltung gelten immer: Alle Bereiche sollen leicht zugänglich sein, und es muss einen klaren Plan für die Anlage geben. Das mag nun selbstverständlich erscheinen, aber zur Planung gehören auch einfache Dinge, wie etwa der Weg zur Hintertür, gute Erreichbarkeit der Pflanzgefäße beim Wässern, Zugang zu einem Wasseranschluss draußen, Berücksichtigung der Fenster, damit die wachsenden Pflanzen innen kein Licht wegnehmen. Oft wird gerade etwas so Selbstverständliches einfach vergessen.

Handelt es sich bei Ihrem Topfgarten um eine Fensterbank oder einen kleinen Balkon, sind die Gestaltungsmöglichkeiten natürlich nicht sehr groß. Wird das Küchengärtchen im Innenhof, auf einer großen Terrasse oder einem Dachgarten angelegt, muss man sich hinsichtlich ihrer Nutzung entscheiden. Soll hier ein Platz auch zum Essen oder zum Sonnen entstehen? Ist ein zusätzlicher, grüner Wohnraum erwünscht, wo Platz für die ganze Familie ist? Wie lassen sich die Ansprüche der »Gärtner« in der Familie mit denen der »Nicht-Gärtner« versöhnen?

RECHTS *Selbst das kleinste Gärtchen sollte einen Blickfang haben. Sehr wirkungsvoll ist ein schön geformter Terrakotta-Topf mit altmodischem Lavendel.*

OPTIMALE RAUMNUTZUNG

HOCHBEETE UND KÜCHENGÄRTCHEN

Sobald diese Frage geklärt ist, wird man entscheiden, ob eventuell ein Hochbeet günstig ist, oder ob sich im Innenhof ein Mini-Küchengärtlein mit kleinen Gemüse- und Kräuterbeeten unterbringen lässt.

Hochbeete haben mehrere Vorteile: Sie sind auch für ältere und leicht behinderte Menschen gut zu erreichen; und nur in solchen Beeten lassen sich auf kleinem Raum Bäume und Sträucher dauerhaft unterbringen; zudem geben sie dem Topfgarten sozusagen ein Rückgrat. Bei der Planung eines solches Beetes dürfen Sie nicht vergessen, zwischen Hochbeet und Hausmauer etwas Platz zu lassen, damit die Feuchtigkeit entweichen kann. Ebenso dürfen bei der Anlage keine Abfluss- oder Versorgungsrohre für Haus oder Wohnung in Mitleidenschaft gezogen werden.

DIE VERTIKALE DIMENSION

Höhe und Höhenunterschiede sind ein weiterer Gesichtspunkt. Wird der »Garten« durch eine Mauer oder ein Gitter abgegrenzt? Können Behälter mit Kletterpflanzen so plaziert werden, dass ein Sichtschutz entsteht? Ist an der Mauer genügend Platz für kleine Bäume oder Sträucher? Gibt es eine Mauer, an der ein Wandbehälter befestigt werden kann? Könnte man vielleicht einen Bogen oder eine Pergola bauen, so dass der Sitzbereich mit Reben oder anderen Kletterpflanzen umgeben ist? Wichtiger Bestandteil jeder Gartenplanung ist der Überraschungseffekt. Kein Garten soll sein Geheimnis, seine ganze Schönheit auf einmal präsentieren; versuchen Sie, eine gewisse Dynamik zu erreichen, auch wenn die Anlage noch so klein ist.

UNTEN *Töpfe mit Gemüse und Kräutern in Flechtkörben auf unterschiedlichen Ebenen und in wechselnden Farben ergeben hier ein höchst ansprechendes Bild.*

GESTALTUNG EINES KÜBELPFLANZENGARTENS

Ziele und Vorstellungen

Auch in kleinen Gärten spielen Form und Farbe eine wichtige Rolle. Arrangieren Sie die Pflanzgefäße nach einem gefälligen Grundschema, kombinieren Sie etwa verschiedene Farben.

OBEN RECHTS *Walderdbeeren im vollen Fruchtschmuck sehen in einem Tontopf besonders reizvoll aus.*

UNTEN *Purpurfarbene Auberginen sind nur eine Gemüseart unter vielen Exoten, die sich im sonnigen Innenhof ziehen lassen.*

Sobald die Planung des vorhandenen Raumes abgeschlossen ist, geht es an die Umsetzung. Zeichnen Sie den Garten maßstabgetreu auf, tragen Sie alle markanten Punkte, wie Türen, Fenster, Mauer, Zäune und Wasserstellen, ein. Übertragen Sie diesen Plan nun auf eine Fläche, markieren Sie die für Töpfe und Kübel vorgesehenen Stellen mit Kreide auf dem Boden des Innenhofs, von Balkon oder Terrasse, oder schneiden Sie die Topfformen aus Pappe aus. Überprüfen Sie, ob die Gestaltung sinnvoll ist. Gehen Sie herum, und verschieben Sie die Topfattrappen solange, bis Sie zu einer wirklich befriedigenden Lösung kommen. Einen Topf kann man zwar jederzeit umstellen, doch kann die Erkenntnis, dass ein Hochbeet am falschen Platz steht, nachdem man schon eine Menge an Geld und Mühe investiert hat, bitter sein.

LAGE

Die Lage ist ein wichtiger Aspekt bei der Planung des Gärtchens, an ihr lässt sich nämlich nichts ändern. Überlegen Sie vorher, wann und wieviel Sonnenlicht einfällt, welche Bereiche im Schatten liegen, von wo der Wind weht.

Es ist sinnlos, Wärme liebende Kräuter aus dem Mittelmeerraum zu ziehen, wenn man ihnen nur einen schattigen, nach Norden gerichteten Balkon bieten kann. Eine Grundregel für jeden Gärtner besagt, auch wenn das nicht jeder gerne hört, dass man die Standortansprüche jeder Pflanze kennen sollte, bevor es ans Planen, Kaufen und

ZIELE UND VORSTSTELLUNGEN

Pflanzen geht. So erspart man sich manche Enttäuschung und große Ausgaben.

Überlegen Sie, was Sie erreichen möchten. Mit einjährigen Kräutern und Gemüse kann man experimentieren und sie im nächsten Jahr anderswo plazieren, aber für einen oder zwei Obstbäume braucht man sicher eine nach Süden oder Südwesten weisende Wand. Ist an der Wand auch genügend Platz? Obstbäume sind relativ teuer, sie erfordern einen gewissen Arbeitsaufwand; doch haben sie als Gegenleistung im Frühling den Anblick ihrer blühenden Zweige und frisches Obst im Herbst zu bieten.

Wollen Sie sich für viele Monate des Jahres mit frischem Salat und Kräutern versorgen, oder haben Sie den Wunsch, sich Gemüsesorten für besondere Anlässe heranzuziehen? Es gibt Gärtner, die jedes Jahr eine Rosenkohlpflanze ziehen, damit sie zu Weihnachten Rosenkohl aus eigenem Anbau haben.

FARBE UND FORM

Doch unabhängig von persönlichen Vorlieben kommt es im Kübelpflanzen-Garten immer auf ein Gleichgewicht von Farbe und Form an. Schließlich sollen all die Töpfe mit Gemüse und Kräutern nicht nur dem Gaumen schmeicheln, sondern auch dem Auge. Setzen Sie Pflanzen mit unterschiedlichen Blattfarben, versuchen Sie es vielleicht mit zwei oder drei Rotkohlpflanzen, die bis zum Winter im Pflanzbehälter bleiben können, lockern Sie die Gestaltung durch Lorbeerbäume in Trögen auf, die dem Garten Höhe und Gesicht geben, plazieren Sie die Kübel auf unterschiedlichen Ebenen, und pflanzen Sie auch Kräuter mit goldfarbenen, purpurnen und panaschierten Blättern. Setzen Sie Pflanzen mit kontrastierenden Farben nebeneinander. Stellen Sie schließlich einen Erdbeertopf so auf, dass man die weißen Blüten im Spätfrühling bzw. die hellroten Früchte im Sommer auch vom Fenster aus sehen kann.

UNTEN *Selbst in einem kleinen Trog findet ein Lorbeerbaum Platz, weil er durch Formschnitt zwergig gehalten werden kann. An einem zugigen Platz braucht er eine Stütze.*

Gestaltung mit Kräutern

Das Geheimnis einer gelungenen Gestaltung liegt in sorgfältiger Planung und genauer Beobachtung. Ziehen Sie mehrere Möglichkeiten in Betracht, schrecken Sie nicht vor Experimenten zurück, um gewünschte Effekte zu erzielen.

OBEN RECHTS *Kräuter in Töpfen können im Jahreslauf je nach Witterungsbedingungen problemlos den Standort wechseln.*

UNTEN *Kontrastierende Blattformen und -farben beliebter Küchenkräuter – Petersilie, Salbei, Schnittlauch und Thymian – liefern hier ein wirkungsvolles Gesamtbild; die starkwüchsige Minze wird in einen eigenen Topf verbannt.*

Viele Hobbygärtner ziehen ihre Kräuter grundsätzlich in Töpfen, auch wenn der Garten noch so groß ist. Das hat manche Vorteile: Man kann die Töpfe und Kübel gleich an der Küchentür, also in Reichweite, aufstellen; viele Kräuter, wie etwa Minze, sind sehr wüchsig und werden besser durch einen Topf in Schranken gehalten; und schließlich sind einige Würzkräuter frostempfindlich und müssen im Winter ins Haus geholt oder zumindest an eine schützende Mauer gestellt und mit Vlies abgedeckt werden. Darüber hinaus ein ganzes Atrium oder eine Terrasse dauerhaft mit Kräutern zu bepflanzen, so dass gleichzeitig ein reizvolles Gartenbild entsteht, erfordert jedoch mehr Überlegung und gute Planung. Genau darin liegt jedoch das Geheimnis einer erfolgreichen Gartengestaltung, für die Sie aber nicht mit einer besonderen Begabung gesegnet sein müssen.

DAS LEITMOTIV

Es hat keinen Zweck, Topf an Topf zu stellen, wenn man dann die Pflanzgefäße weiter hinten nicht erreichen, die Kletterrose nicht schneiden oder das Unkraut nicht überall jäten kann.

Soll ein ganzer Bereich den Kräutern vorbehalten sein, ist ein durchdachter Pflanzplan nötig. Versuchen Sie, eine Art Leitmotiv zu finden, das verschiedene Aspekte einschließt, zum Beispiel Kräuter aus verschiedenen Teilen der Erde; und entsprechend ordnen Sie die Töpfe an.

RECHTS *Schon ein paar Töpfe mit Lieblingskräutern auf der Küchenfensterbank ergeben einen Mini-Kräutergarten für schnelle Ernten.*

Gestaltung mit Kräutern

RECHTS *In flachen Schalen gedeihen nur Kräuter mit wenig Anspruch an Bodentiefe, zum Beispiel Kapuzinerkresse oder Gartenkresse.*

GRUNDLEGENDES ZU FARBE UND FORM

Ein Garten, in dem nur Kräuter wachsen sollen, verlangt eine Art der Gestaltung, bei der es vor allem auf Kontraste in Farbe und Form ankommt. Pflanzen Sie daher Kräuter mit unterschiedlichen Blattfarben und kombinieren Sie die Pflanzen immer wieder anders; beziehen Sie Duftpflanzen und auch wertvolle Heilkräuter mit ein. Die Anlage soll gefällig sein und Kontraste in Farbe und Form aufweisen. Das heißt, man muss einerseits bei jeder Pflanze überlegen, ob sie zu den anderen passt, und andererseits entschlossen sein, auftretende Mängel zu beheben. Jeder macht Fehler, und jeder Besitzer eines Nutzgärtchens sollte sich darauf einstellen, dass er gelegentlich Pflanzen wieder ausgraben, umsetzen, vielleicht sogar wegwerfen muss. Ein Topfgarten bietet – wie gesagt – wenig Platz, und der sollte optimal genutzt werden.

ROSEN AN DER WAND

Eine der wichtigsten Grundregeln lautet: Höhere Pflanzen stehen hinten, niedrigere vorn. Fangen Sie bei einer Wand oder einem

RECHTS *Die großen, mit Lavendel bepflanzten Tröge wirken fast wie eine Hecke, die den Kübelpflanzengarten abgrenzt. Sie stehen etwas erhöht, damit sie der Betrachter in Augenhöhe hat und ihren köstlichen Duft unmittelbar genießen kann; über die Ränder rankt Efeu.*

Rankgerüst an und überlegen Sie sich die Bepflanzung. Unter den Kräutern gibt es nicht viele Kletterer, am besten wäre deshalb wohl eine altmodische Kletterrose, wie etwa *Rosa bracteata*, die 'Macartney Rose' aus China (sie braucht eine warme Mauer); oder *R.* 'Blairii Number Two', eine alte Bourbonrose, vielleicht 'Climbing Ophelia', die kletternde Form einer alten Hybrid-Teerose, oder *R. moschata*, die Moschusrose, die etwa zur Zeit der englischen Königin Elisabeth I. in Europa eingeführt wurde. All diese Rosen duften herrlich, die Blüten können für Teemischungen oder als Trockenblumen und für Potpourris verwendet werden.

ANDERE KLETTERPFLANZEN

Weitere reizvolle Kletterer sind Echter Jasmin (*Jasminum officinale*) mit seinen kleinen, duftenden, weißen Blüten, oder goldgelber Hopfen (*Humulus lupulus* 'Aureus'), die beide aber recht wüchsig sind und in Zaum gehalten werden müssen.

VIELFALT DER PFLANZBEHÄLTER

Überlegen Sie, wieviele Gefäße Sie bepflanzen wollen, und stellen Sie sie alle auf, arrangieren Sie so lange, bis Sie mit der Anordnung zufrieden sind.

Ein Topf mit blühenden Heilpflanzen sieht im Sommer sehr dekorativ aus; pflanzen Sie Steinquendel (*Calamintha*), Schlafmützchen (*Eschscholzia californica*), Arnika (*Arnica*), Flockenblumen (*Centaurea*) und Waldmeister (*Galium*) als Bodendecker – oder auch einige Büschel der Gemeinen Grasnelke (*Armeria*) hinein.

OBEN *Thymus vulgaris* 'Silver Posie' ist eine der beliebtesten Sorten des Gartenthymians; die reizenden hell-purpurnen Blüten erscheinen im Sommer.

GUTE NACHBARN

Man kann verschiedene Sorten des Gartensalbeis (*Salvia officinalis*) in einem Pflanzbehälter zusammensetzen, und die unterschiedlichen Blattfarben zu einem abstrakten Bild verweben; Gartensalbei hat graugrüne, wollige Blätter; 'Icterina' gelbgrün panaschierte; 'Kew Gold' besitzt goldgelbe Blätter mit einem Hauch von Grün; Purpurascens-Formen haben purpurrote junge Blätter, später werden sie graugrün; 'Tricolor' zeigt graugrüne Blätter mit cremeweißen, rosa und purpurnen Rändern. Mit etwas Winterschutz können sie sogar immergrün sein.

GESTALTUNG EINES KÜBELPFLANZENGARTENS

Gestaltung mit Kräutern

DUFTENDE KRÄUTER

Beziehen Sie den Duft der Pflanze ebenso in Ihre Überlegungen ein wie andere Eigenschaften. Viele Kräuter riechen köstlich, schon ein oder zwei kleine Töpfe davon erfüllen die Luft an einem Sommerabend mit ihrem Aroma; und das ist natürlich besonders reizvoll, wenn man abends draußen sitzt. Zu den duftenden Kräutern gehören Heliotrop (*Heliotropium*), Nachtviole (*Hesperis*), Ysop (*Hyssopus*), die Indianernessel (*Monarda*) mit ihren scharlachroten Blüten, Süßdolde (*Myrrhis*) und duftende Pelargonien (*Pelargonium*) sowie schließlich die frühjahrsblühenden Duftveilchen (*Viola odorata*), die gut am vorderen Topfrand stehen können.

KÜCHENKRÄUTER

In Töpfe mit Küchenkräutern können beispielsweise verschiedene Sorten einer Gewürzpflanze, etwa der Minze, oder Kräuter mit denselben Kulturansprüchen gesetzt werden. Wählen Sie die Sorten so aus, dass jeder Kübel durch die unterschiedlichen Blattfarben und -formen zur Wirkung kommt. Ist ein Behälter den Küchenkräutern zugedacht, hat man wieder mehrere

RECHTS *In diesem Topf sind Thymian, Oregano, Salbei und andere Kräuter kombiniert. Purpurblättriges Basilikum sorgt für Farbe. Auch auf kleinem Raum können viele verschiedene Kräuter gemeinsam kultiviert werden.*

RECHTS *Der Wintergarten ist eine ideale Ergänzung zum Topfgarten auf Balkon oder Terrasse. Hier finden Duftpelargonien, Zitronenstrauch und Basilikum im Winter Platz.*

Möglichkeiten. So kann ein Topf verschiedenen Sorten einer einzigen Gewürzpflanze gewidmet sein: Ein Topf mit Minze enthält beispielsweise Apfelminze, Ährenminze, die größere Pfefferminze im Hintergrund, *Mentha* x *piperita* var. *citrata* (Zitronenminze) und *M.* x *villosa alopecuroides* (köstlich zu Frühkartoffeln), so ergeben sich aparte Kontraste in Farbe und Form. Eine weitere Möglichkeit ist die Zusammenstellung von Kräutern aus einem bestimmten geographischen Gebiet, wie etwa dem Mittelmeerraum. Das gelingt in einem sonnigen, offenen Innenhof oder auf einem Süd- oder Südwestbalkon besonders gut, hier können Sonnenanbeter wie Thymian (*Thymus*), Oregano und Majoran (*Origanum*), Salbei (*Salvia*) und Rosmarin (*Rosmarinus*) gedeihen.

Kontraste durch Kräuter

Sehen Sie für einige Töpfe Pflanzen mit grauen Blättern vor, etwa Lavendel (*Lavandula*) oder Strohblume (*Helichrysum*). Sie wirken vor einem dunklen Hintergrund besonders gut; denken Sie daran, dass Farben in Gruppen besser zur Geltung kommen.

Berücksichtigen Sie auch die Blatt- und Wuchsformen der Pflanzen, um eine Kontrastwirkung zu erreichen. Ein Garten wirkt immer besser, wenn er einen Blickfang bietet, stellen Sie deshalb auch einen farbenfrohen Pflanzkübel mit blühenden Kräutern wie beispielsweise Kapuzinerkresse auf.

Arrangements fürs ganze Jahr

Im Frühling könnten Kissenprimeln und Schlüsselblumen Form und Farbe liefern, im Winter immergrüne Pflanzen; besonders eindrucksvoll und beliebt ist ein Lorbeer (*Laurus nobilis*) oder auch ein interessant geschnittener Buchsbaum.

Gestaltung mit Obstgehölzen

Die Kübelkultur von Obstgehölzen erfordert viel Hingabe, doch Bäumchen oder Sträucher machen die Mühe durch ihre Blüten im Frühling und frische Früchte im Herbst mehr als wett.

OBEN *Die Apfelsorte 'Gala' mit ihren glänzenden Blättern gedeiht gut in einem größeren Kübel.*

Wer Obstgewächse in Kübeln kultivieren möchte, sollte Form und Anlage seines Küchengartens berücksichtigen. Obstgehölze müssen fast ausnahmslos an einer Wand gezogen werden, zur Befestigung der Äste braucht man Spanndrähte, die dann als Dauereinrichtung erhalten bleiben. Eine Ausnahme bilden frei stehende Obstgehölze in einem Dachgarten sowie Erdbeertöpfe.

Welches Obst?

Die Art des Obstes hängt davon ab, ob ein Balkon, ein Innenhof, ein Dachgarten oder Balkonkästen bepflanzt werden sollen. Auf der Fensterbank muss man sich wohl mit ein paar Monatserdbeeren zwischen Gemüse und Kräutern zufrieden geben.

Auf dem Balkon und im Innenhof hängt die Auswahl von der Lage und vom verfügbaren Platz ab, während auf dem Dachgarten zwar den ganzen Tag die Sonne scheint, man aber meist keine schützende Wand zur Verfügung hat, an der empfindliches Steinobst wie Aprikosen, Pfirsiche oder Nektarinen gedeihen könnten.

LINKS *Es gibt inzwischen Mini-Pfirsichbäume, die auch bei Topfkultur Früchte in Normalgröße tragen.*

Ohne eine Wand, die vor kalten Winden Schutz bietet, und bei Ost- oder Nordostlage sind die Möglichkeiten schon eingeschränkt. Die Sauerkirsche 'Morello' gedeiht auch an einer Nordwand, einige Apfelbäume, die späte Fröste im Frühling vertragen, können an einer nach Osten weisenden Wand durchaus Früchte tragen, doch ist die Ernte kaum so gut wie in sonnigen Lagen. Birnen blühen früher als Äpfel und sind empfindlicher für Spätfrost, sie brauchen also mindestens Südostlage. Manche Pflaumen, besonders die beliebte 'Victoria', tragen auch bei weniger Sonne noch gut, wenn sie im Vorfrühling vor Spätfrost geschützt sind. In kühleren Regionen werden Hybridbeeren oder Johannisbeersträucher eher gedeihen als Steinobst, besonders schwarze Johannisbeeren oder Stachelbeeren, die gut mit etwas Schatten zurecht kommen. Wenn Sie jedoch Obstgehölze in einem sehr schattigen Innenhof pflanzen, sollten Sie nach drei Jahren, wenn der Baum oder Strauch bis dahin noch nicht blüht und Früchte ansetzt, lieber aufgeben.

LINKS *Von diesem gesunden Weinstock, der an einem warmen Standort im Terrakotta-Topf bestens gedeiht, hängen üppige Trauben herab.*

Gestaltung mit Obstgehölzen

RECHTS *Nichts geht über den Geschmack selbst gezogener Äpfel, die frisch vom Bäumchen geerntet sind.*

BESTÄUBUNG

Haben Sie sich für ein Obstgehölz entschieden, überprüfen Sie, ob die Sorte selbstfruchtbar ist oder ob Sie zwei Pflanzen brauchen, damit für gegenseitige Bestäubung gesorgt ist.

MINI-BÄUME

Mini-Bäume setzen Akzente im Innenhof und auf dem Dachgarten, und sie eignen sich sogar bestens für Balkone. Zitrusfrüchte, Apfelsinen und Zitronen, sind wunderbare Zimmerpflanzen und können im Sommer nach draußen gebracht werden, wo sie blühen und Früchte tragen. Wenn Sie einen frei stehenden Baum möchten und genügend Platz dafür haben, können Sie jeweils einen der modernen Mini-Bäume in einen großen Kübel setzen; sie werden sicher zum Hauptblickpunkt Ihres Küchengärtchens. Mini-Bäume haben einen einzelnen, nach oben wachsenden Haupttrieb und werden 1,8–2,4 m hoch. Sie brauchen 60 cm Abstand zueinander, daher lassen sich in einem großen Pflanzbehälter zwei oder drei Bäumchen unterbringen. Sie müssen allerdings gestützt werden, besonders wenn sie im Innenhof oder auf dem Dachgarten auch heftigeren Windstößen ausgesetzt sind. In

LINKS *Für einen warmen Innenhof sind Zitronenbäumchen gute Topf- und Kübelpflanzen. Sie tragen gleichzeitig Blüten und Früchte; den Winter verbringen sie im schützenden Haus.*

GESTALTUNG MIT OBSTGEHÖLZEN

günstigen Lagen können Äpfel und Birnen gemeinsam kultiviert werden, sie prangen im Frühling in ihrer Blütenpracht und tragen im Herbst die reifenden Früchte in schönsten Rot-, Gelb- und Grüntönen.

ZITRUSFRÜCHTE

Bei Kübelpflanzung muss man sich nicht auf Obstgehölze beschränken, die das ganze Jahr im Freien bleiben können. So mancher Innenhof wird von kleinen Zitrusbäumchen geziert, von Apfelsinen und Zitronen, die im Sommer im Freien und im Winter als Zimmerpflanzen im Haus stehen. Wenn Sie sich den Luxus eines Zitronen- oder Apfelsinenbäumchens im Pflanzkübel leisten wollen, dann sollten Sie – falls genügend Platz vorhanden ist – besonders die x-*Citrofortunella*-Formen, kleine Apfelsinen und Zitronen, oder ein kleines Zitronenbäumchen auswählen. Sie benötigen im Winter eine Mindesttemperatur von 10 °C und können nach einer Gewöhnungsphase im Sommer draußen stehen.

ERDBEEREN

Für die Topfpflanzung sind Erdbeeren ganz besonders günstig, und es gibt für sie sogar spezielle Pflanzgefäße. Gut geeignet ist auch das traditionelle Holzfass; und ein Turm aus mehreren Töpfen bringt weitere Ebenen und damit Abwechslung in die Anlage.

OBEN *Schwarze Johannisbeeren sind leicht in Töpfen zu kultivieren und gedeihen auch bei kühlerem Klima. Als Spalier an einer Mauer brauchen sie nur wenig Platz.*

OBEN LINKS *Erdbeertöpfe gibt es in verschiedenen Formen und Größen. Damit der Ertrag lohnt, muss reichlich gedüngt und gewässert werden.*

OBSTGEHÖLZE AN EINER WAND ERZIEHEN

Für die Kübelkultur von Obstbäumen muss zunächst der verfügbare Platz an der Mauer vermessen werden. An einer Wand oder Mauer brauchen Obstgehölze weniger Platz, und das empfindliche Steinobst blüht und fruchtet wesentlich besser in ihrem Schutz, falls sie nach Süden oder Südwesten ausgerichtet ist. Bei der Erziehung von Obstbäumen stehen meist vier Formen zur Auswahl, der Schnurbaum oder Kordon, der Doppelkordon (U-Form), der Fächer, meist für Steinobst wie Aprikosen und Pfirsiche, und das Spalier für Äpfel und Birnen. Den wenigsten Platz braucht man für Kordons, etwa 1,8 mal 1,2 m, während ein Fächerbaum, je nach Unterlage, bis zu dreimal soviel beansprucht. Auf den Seiten 140–143 ist der Platzbedarf für die einzelnen Obstgehölze angegeben.

Gestaltung mit Gemüsepflanzen

Schreiben Sie sich alle Gemüse, die Sie gern mögen, sowie die entsprechenden Sorten auf und notieren Sie die Erträge und die Reifezeiten. Behalten Sie aber den verfügbaren Platz im Auge.

Machen Sie sich zunächst eine Aufstellung aller Gemüse, die Sie in Ihrem Gärtchen ziehen möchten, beginnen Sie mit den wichtigsten. Diese Liste dient nur als Grundlage und muss dann vielleicht aus Platz- oder Standortgründen noch geändert werden.

Notieren Sie sich, wie groß die Pflanzen werden und welche Farbe sie haben; außerdem den Pflanzmonat und die Zeit, die sie bis zur Ernte brauchen, sowie den voraussichtlichen Erntezeitpunkt.

Danach wird der Plan so variiert, dass immer etwas zur Ernte ansteht, auch wenn manche Pflanzen eine lange Vegetationszeit haben. Außerdem verlängert man die Saison für frisches Gemüse durch Hinzufügen dieser oder jener Pflanze bis weit in den Spätherbst. Schließlich wird man erstaunt feststellen, wieviel Gemüse man bei sorgfältig abgestimmter Planung auf kleinstem Raum ziehen kann.

WARUM EIN ZEITPLAN?
Die Zeit ist einer der wichtigsten Faktoren im Kübel-Nutzgärtchen. Manche Gemüse

GANZ OBEN *Das dunkle Weinrot der Auberginen bringt Farbe auf Balkon und Terrasse. An einem warmen, geschützten Platz fühlen sie sich besonders wohl.*

OBEN *Gemüse sind keineswegs langweilige Grünpflanzen, die man in einer Gartenecke versteckt. Salate sehen in passenden Gefäßen sehr attraktiv aus.*

GESTALTUNG MIT GEMÜSEPFLANZEN

brauchen Monate bis zur Genussreife. Einige Kohlarten etwa benötigen 36 Wochen, andere sogar 44 Wochen. Dafür sind Radieschen schon nach 3-6 Wochen erntereif, die meisten Salate nach 6-8 Wochen. Hier wird man Kompromisse machen, vielleicht muss der Rosenkohl oder später purpurroter Sprossbrokkoli einem rasch reifenden Brokkoli weichen. Und es ist eine Frage der persönlichen Vorliebe, ob man den verfügbaren Platz im Sommer einem Gemüse überlässt, das erst im Spätherbst geerntet werden kann.

GESTALTUNG UND PFLANZUNG

Bei der Bepflanzung gibt es zwei Möglichkeiten: Entweder man setzt mehrere Gemüse in kontrastierenden Farben und Formen in einen Kübel (wichtig ist dabei, dass wüchsige Pflanzen kleinere nicht überwuchern), oder man pflanzt en bloc und nimmt für jede Gemüsesorte einen anderen Topf. Bei dieser einfachen Art der Pflanzung entstehen kompakte Gemüsegruppen von jeweils einheitlicher Form und Farbe. Das Ganze wirkt durchaus eindrucksvoll, wenn man genügend Töpfe und Kübel bepflanzt.

Säen oder pflanzen Sie auch Gemüse mit bunten Blättern, wie Rote Beten oder roten Stielmangold, denn das kräftige Rot oder dunklere Grün ihrer Blätter lässt zarteres Grün von anderen Pflanzen, wie zum Beispiel bei Salat und Möhren, besser zur Geltung kommen. Ziehen Sie die verschiedenen Grüntöne und Formen einzelner Gemüse in Betracht. Sorgen sie dafür, dass jeder Pflanzkübel genügend Licht bekommt.

UNTEN *Buschtomaten brauchen keine Stützen. Sie gedeihen am besten in großen Töpfen und Kübeln, brauchen aber regelmäßig Dünger.*

Gestaltung mit Gemüsepflanzen

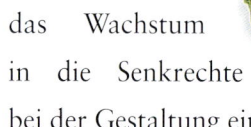

RECHTS *Ein fester Wirsingkopf sieht überall im Küchengärtchen dekorativ aus.*

UNTEN *Hier sind die Gartenmöbel in kontrastierenden Farben gestrichen; das bringt die dunkelvioletten Auberginen noch besser zur Geltung.*

HINAUF IN DIE VERTIKALE

Einige Gemüsepflanzen wachsen rasant in die Höhe. Feuerbohnen eignen sich besonders gut für die Gefäßkultur; auch empfindliche Gemüse wie Tomaten, Gurken und Paprika lassen sich an Stangen hochziehen. Eine andere Möglichkeit ist, Mini-Gemüse in jeweils eigenen Töpfen heranzuziehen. Abgesehen von Farbe und Form spielt auch das Wachstum in die Senkrechte bei der Gestaltung eine wichtige Rolle. Topinambur und Feuerbohnen streben in die Höhe und schaffen so neue Ebenen, die das kleine Gemüse-Arrangement noch interessanter wirken lassen. Feuerbohnen eignen sich bestens für die Topfkultur, sie können an einem »Wigwam« aus Bambus hochwachsen und sind nicht zuletzt wegen ihrer Blüten interessant. Das einzige, was zu bedenken bleibt, ist der dichte Schatten, den ihre Blätter werfen. Der Topf muss so aufgestellt werden, dass die Bohnen anderen Pflanzen nicht das Licht nehmen.

FROSTEMPFINDLICHE GEMÜSE IM FREIEN

Eine Kultur an Bambusstäben ist auch bei einigen Exoten unter den Gemüsearten möglich, die bei mildem Klima an heißen, sonnigen Standorten gezogen werden können. Dazu gehören Auberginen, Zucchini, Gurken, Paprika, Tomaten sowie Kürbisse.

Wer Spaß daran hat, kann sich auf solche Gemüse spezialisieren, sie an Stäben hochwachsen lassen und damit neue Farbnuancen in sein Nutzgärtchen, aber auch kulinarische Abwechslung in die Küche bringen. Machen Sie sich mit den Kulturansprüchen dieser Pflanzen vertraut, sie müssen regelmäßig gewässert und angebunden werden.

GESTALTUNG MIT GEMÜSEPFLANZEN

MINI-GEMÜSE

Viele Gemüsearten können jung geerntet werden und schmecken dann um so besser. Das gilt für Möhren, Weiße Rüben und Kohlrabi. Inzwischen hat man auch Mini-Gemüse gezüchtet, das sich gut gruppenweise in Einzeltöpfen kultivieren lässt. Ein Beispiel für diesen Gemüsetyp ist etwa der Blumenkohl 'Idol', der im Vorfrühling gesät und nach zwölf Wochen geerntet wird, wenn die Köpfe gerade Tennisballgröße haben.

Praktisch alle beliebten Gemüsearten gibt es jetzt auch als Mini-Gemüse, damit werden Mini-Pastinaken und -Zuckermais zu echten Alternativen im Kübelgarten. In manchen Saatgut-Katalogen wird solches Gemüse extra aufgelistet, und für einen mobilen Topf- und Kübelgarten ist es wirklich ideal.

KLEINE GÄRTEN

Gemüse kann man auch auf sehr kleinem Raum ziehen. Selbst in einem Blumenkasten lassen sich einige Pflanzen unterbringen, bei so geringem Platzangebot aber nur als gemischte Pflanzung. Eine kleine Auswahl von Gemüse und Obst, zum Beispiel zwei Tomatenpflanzen, zwei oder drei Erdbeerpflanzen, einige Salate und Mini-Kohlköpfe passen gut in einen längeren Blumenkasten. Er kann im Sommer, wenn das Gemüse heranwächst, besonders reizvoll sein. Petersilie und Schnittlauch sorgen für weitere optische Abwechslung und ein bisschen Würze.

LAGE UND ERTRÄGE DER PFLANZEN

Wichtig ist die Lage des Gärtchens zur Sonne. Die meisten Gemüsearten gedeihen am besten in offenen, sonnigen Lagen, einige, wie etwa Schnittmangold, Salat und Möhren, vertragen auch Halbschatten.

Denken Sie daran, dass manches Gemüse schon bald oder sofort nach der Ernte abgeharkt werden muss; ein Blumenkohl oder Kopfkohl wird nur einmal abgeschnitten, während man von anderen Pflanzen über längere Zeit ernten kann; Schnitt- und Stielmangold etwa produzieren um so mehr Blätter, je häufiger geerntet wird.

UNTEN *Galvanisierte Stahlbehälter sind mit der Kohlsorte 'January King' bepflanzt. In prächtigem Farbkontrast dazu die Katzenminze (Nepeta). Auch andere blühende Kräuter lassen sich mit Gemüse effektvoll kombinieren.*

Innenhöfe

Mit einem durchdachten Konzept kann ein Innenhof zur Augenweide werden. Machen Sie eine Aufstellung der Pflanzen, die Sie kultivieren möchten, planen Sie jeden Topf genau ein, damit später die Farben gut harmonieren.

Der Innenhof ist der praktischste, einfachste und bequemste Platz für ein Küchengärtchen. In vielen Häusern führt die Küchentür direkt in den Hof, die Hausfrau hat hier Gemüse und Kräuter immer zur Hand, wenn sie zum Kochen o zen etwas braucht.

Wichtig sind Größe und Funktion des Innenhofs: Handelt es sich um einen Durchgang zwischen Haus und Garten, der freige-

OBEN *Sonnenblumen wachsen in Töpfen schnell heran und bilden in einem sonnigen Innenhof leuchtende Farbflecke.*

INNENHÖFE

EMPFINDLICHE PFLANZEN

Der Vorteil eines warmen, sonnigen Innenhofs besteht darin, dass man dort auch empfindliche Pflanzen ziehen kann, sofern sie in der kalten Jahreszeit im Haus Platz finden. Besonders geeignet sind Apfelsinen und Zitronen; von ihnen gibt es einige Formen, die nicht zu groß werden. Sie tragen von Frühling bis Sommer duftende weiße Blüten und gleichzeitig Früchte. Neben den traditionellen Zitrusfrüchten gibt es auch kleine Satsuma-Formen und zwergige Chinesische Pomeranzen.

halten werden muss, oder gibt es hier einen Sitzbereich mit Tischen und Stühlen für sommerliche Mahlzeiten im Freien? Wird das Atrium von Mauern und Wänden umgeben, an denen Erbsen oder Feuerbohnen hochwachsen können? Und ist es eigentlich groß genug für ein paar kleine Obstgehölze in Kübeln? Wie lässt sich ein gefälliges Pflanzschema in diesem Hof umsetzen?

PLANUNG IST WICHTIG

Überlegen Sie sich jedes Detail im Voraus. Stellen Sie die Töpfe so auf, dass sich gefällige, harmonische Gruppen in unterschiedlichen Formen und Größen ergeben, verwenden Sie Pflanzgefäße aus verschiedenen Materialien; setzen Sie die kleinsten Pflanzen nach vorn und größere dahinter, so dass gegebenenfalls unansehnliche Mauern dadurch verschwinden.

Zuerst plant man die Dauerbepflanzung. In einem sonnigen Innenhof kommen auch Obstgehölze in Frage, besonders Steinobst mit seinen rosa Blüten. Ein großer, mit Substrat gefüllter Kübel aber ist nachträglich kaum noch von der Stelle zu bewegen.

LINKS *Der Innenhof sollte nicht mit Topfpflanzen voll gestellt werden, damit man zwischen den Pflanzen auch noch sitzen kann, um sie im Sommer, wenn sie am schönsten sind, zu genießen.*

OBEN *Eine reizvolle Ecke im Innenhof – die Farbe des formschönen Stuhls kontrastiert mit dem Zitronenbäumchen und dem in Form geschnittenen Buchsbaum.*

GESTALTUNG EINES KÜBELPFLANZENGARTENS

Dachgärten

Dachgärten sind die ultimativen Großstadtgärten. Sie können nobel und elegant sein, doch auch schlicht wie ein ländlicher Garten wirken; man kann sie mit ein paar Kübeln oder mit einer Fülle üppiger Pflanzen gestalten; im besten Fall sind sie ungewöhnlich.

DACHGÄRTEN

Dachgärten sind das Höchste für jeden »Kübelgärtner«, doch sie haben ihre eigenen Probleme.

Ob großzügige Dachterrasse oder Mini-Balkon auf dem Olymp – der erste und wichtigste Gesichtspunkt bei jedem Dachgarten ist das Gewicht der Pflanzen samt ihren Behältern. Mit Substrat gefüllte Gefäße sind schwer, das Dach muss stark genug sein für diese Last. So ist es durchaus angebracht, die Tragfähigkeit des Daches von einem Statiker berechnen zu lassen, bevor man mit den Arbeiten an der grünen Oase hoch oben beginnt.

Das Dach ist meist ein exponierter Standort, deshalb muss man sich auch über Wind-, Sicht- und Sonnenschutz Gedanken machen. Am besten wendet man sich an einen spezialisierten Fachmann, denn wenn bauliche Elemente nicht sicher und standfest sind, wird starker Sturm sie umwerfen oder gar hinunterfegen, wo sie zerbrechen und schlimmstenfalls Passanten verletzen können.

BODEN UND BEWÄSSERUNG

Ein Dachgarten benötigt auch einen Boden, und zwar einen, der möglichst leicht ist, damit die Last nicht unnötig erhöht wird; Holzbretter, leichte Fliesen und Kies kommen dafür in Frage. Und eine der wichtigsten Einrichtungen in einem Dachgarten ist

LINKS *Selbst mitten in der Stadt schafft man mit Pflanzkübeln eine Oase der Stille und Schönheit.*

die Bewässerung. Jeder Dachgarten muss eine leicht zugängliche Wasserstelle haben; vieles spricht hier für ein automatisches Bewässerungssystem. Das absolute Minimum ist eine Wasserstelle im Freien. Achten Sie beim Verlegen des Bodens oder beim Aufstellen der Pflanzen auf die Dachrinnen.

DIE GESTALTUNG DES DACHGARTENS

Große Dachgärten sollten wie eine Raumfolge gestaltet werden, wobei jeder Bereich seine Eigenart haben kann. Einer könnte beispielsweise ein »Küchengarten« sein. Bäumchen, Apfel- und Zwetschgenpyramiden lassen sich auch frei stehend kultivieren, ohne dass man sie an einer Wand hochzieht.

ACHTEN SIE AUF DIE EINZELHEITEN

Verstecken Sie die Kultursäcke in speziellen Trögen, beschränken Sie sich auf kleinere Gemüsesorten und Kräuter, denn die sehen hier oben hübscher aus; ein Nutzgärtchen mit Mini-Gemüse macht sich besonders gut. Der Dachgarten kann durch Pflanzbehälter in verschiedenen Höhen oder durch Bögen und Spaliere unterteilt werden.

UNTEN *Der Sitzbereich wird in diesem Dachgarten durch duftende Tabakpflanzen und herrliche blaue Agapanthus-Blüten verschönt.*

GESTALTUNG EINES KÜBELPFLANZENGARTENS

Blumenkästen

Sie sind für viele Menschen der erste »Garten« überhaupt und gehören zu den Kleinstgärten, denn sie sorgen selbst im letzten Winkel noch für Farbe und Schmuck.

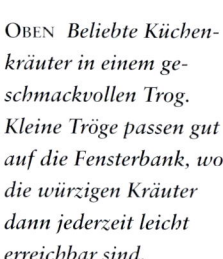

Hübsche Blumenkästen genießen wahrscheinlich größere Wertschätzung als jede andere Form der Gefäßpflanzung. Sie beleben einförmige Straßen, verschönern Wohnblocks und sind oft farbenprächtige kleine Wunder an Einfallsreichtum, für die ihre Besitzer viel Zeit und Liebe aufwenden.

Etwas Mühe ist schon erforderlich, wenn man Gemüse im Blumenkasten ziehen will, doch bei guter Pflege und regelmäßiger Versorgung mit Wasser und Dünger wird man damit erstaunliche Ergebnisse erzielen.

PRAKTISCHE ÜBERLEGUNGEN

Vor der Bepflanzung sind allerlei praktische Dinge zu berücksichtigen. Zunächst muss der Blumenkasten zum vorgesehenen Fenster passen, dann sollte er gut befestigt und gesichert werden.

Ein mit Substrat und Pflanzen gefüllter Blumenkasten ist ziemlich schwer; falls man ihn über einem Gehsteig anbringt, muss die Befestigung absolut sicher sein.

Die Kästen sollten auch zum Haus passen, die meisten sind aus Holz oder Kunststoff; beides kann man in der Farbe der Fensterrahmen fertig kaufen oder streichen.

Wichtig ist, dass das Wasser gut abfließen kann. An der Unterseite der Kästen sollten mehrere Abzugslöcher sein; steht der Blumenkasten direkt auf der Fensterbank, legt man ein paar Holz- oder Tonklötzchen darunter, damit die Löcher frei sind.

OBEN *Beliebte Küchenkräuter in einem geschmackvollen Trog. Kleine Tröge passen gut auf die Fensterbank, wo die würzigen Kräuter dann jederzeit leicht erreichbar sind.*

LINKS *Eine Auswahl von Küchenkräutern, darunter purpurblättriges Basilikum, Schnittlauch, Petersilie und Minze. Man braucht nur das Fenster zu öffnen, um sich mit frischer Würze für viele Gerichte zu bedienen.*

Wässern und Düngen

Im Blumenkasten müssen Pflanzen häufig gewässert und mindestens alle zwei Wochen gedüngt werden. Bei so wenig Substrat brauchen sie zusätzliche Nährstoffe, um gut zu gedeihen.

Pflanzen für Blumenkästen

Von allen Nutzpflanzen eignen sich Kräuter am besten für den Blumenkasten, besonders an einem Süd- oder Westfenster. Dazwischen setzt man vielleicht einige Erdbeerpflanzen und ein paar kleine Buschtomaten. Wird das Mini-Gärtchen regelmäßig gedüngt und gewässert, fällt die Ernte vermutlich gar nicht so schlecht aus. Gut eignen sich auch Salat und Mini-Möhren, weil ihre Wurzeln nicht zu tief in die Erde vordringen, oder anderes rasch heranwachsendes Mini-Gemüse.

Wenn Ihnen Farben wichtiger sind als grünes Gemüse, versuchen Sie es mit blühenden Kräutern. Es gibt viele, die sich auch für Blumenkästen eignen, darunter Schnittlauch, der im Frühsommer blüht, und Kapuzinerkresse, die den ganzen Spätsommer mit ihrer Farbenpracht belebt. Suchen Sie rasch wachsende Pflanzen aus, und wechseln Sie den Inhalt des Blumenkastens nach der Blütezeit.

Unten *Zierkohl wird hier von Alpenveilchen und Töpfen mit Heidekraut flankiert – ein Fensterbank-Gärtchen von ganz eigenem Reiz.*

Balkone

Balkone bieten einen Hauch von Romantik, diesen Aspekt sollte ihre Bepflanzung noch unterstreichen. Auf dem Balkon kommt es zum heimlichen Stelldichein zwischen Menschen und Pflanzen.

OBEN *Auf Balkonen braucht man Töpfe, die zur romantischen Atmosphäre ihrer Umgebung passen; ideal sind Gefäße aus Ton und Metall.*

Balkone haben etwas Elegantes, ganz gleich ob sie um die oberen Stockwerke eines Hauses herumführen, kleine, begehbare Flächen vor einzelnen Räumen sind, die man durch eine schmiedeeisern umrahmte Doppeltür betritt, oder Miniatur-Dachgärten, die sich an die Seitenwand des Nachbarhauses anlehnen. Sie sind jedenfalls meist von einer oder mehreren Seiten einsehbar, auch deshalb sollte man beim Anlegen des Nutzgärtchens darauf achten, dass sich ein gefälliges Bild ergibt.

KLETTERPFLANZEN

Wände kann man auf Balkonen meist hinter Rank- und Kletterpflanzen verbergen. Das können Einjährige sein, wie beispielsweise Feuerbohnen, oder ausdauernde Kletterer, etwa Kletterrosen oder goldblättriger Hopfen; hinter Ampelpflanzen und Wand-

RECHTS *Attraktive Kübel verstärken die Wirkung dieser eleganten Terrasse noch. Hier lenken die roten Fuchsien die Aufmerksamkeit auf die steinerne Balustrade; der reich verzierte Terrakotta-Kübel ist seinem reizvollen Umfeld angemessen.*

töpfen verschwinden die Wände zumindest teilweise.

Für eine immergrüne Dauerbepflanzung sollte man auf eine der vielen Efeuformen zurückgreifen, andere immergrüne Kletterer sind die panaschierte *Griselinia* oder duftender Chinesische Sternjasmin (*Trachelospermum*). Töpfe und Kübel werden auf dem Balkon aus nächster Nähe betrachtet und müssen daher sorgfältig angeordnet werden; in der Bepflanzung könnte sich sogar der Stil des Hauses widerspiegeln.

Formal oder locker?

Haben Sie es mit einem eleganten, altmodischen Balkon zu tun, den ein schmiedeeisernes Geländer ziert, ist ein kunterbunter Gemüsegarten fehl am Platz; hier sind in Form geschnittene Lorbeerbäumchen und kleine Apfelsinen- und Zitronenbäumchen im Sommer vorzuziehen. Kräuter lassen sich ebenfalls dekorativ anordnen, zum Beispiel Rosmarin und Lavendel mit ihren hübschen grauen Blättern, die im Frühling und Sommer auch noch duften.

Ein zwanglos gestalteter Balkon kann locker bepflanzt werden, etwa mit blühenden Kräutern oder mit Duftpelargonien, die, kombiniert mit Tomatenpflanzen und Paprika, an der Wand emporwachsen.

Rankendes am Geländer

Am Balkongeländer lässt man hochrankende Pflanzen wachsen, die dann locker überhängen und ein hübsches Bild abgeben. Kapuzinerkresse liefert im Spätsommer viel Farbe, und es gibt sogar verschiedene rankende Mini-Tomaten, die im Frühherbst für Farbe und glänzende Früchte sorgen.

Auch Weinreben wachsen in die Höhe und können ebenfalls in Kübeln gehalten werden. Wenn man sie im Frühling am Geländer festmacht, erfreuen sie einen im Sommer mit ihrem frischen grünen Blattwerk, das sich im Herbst in kräftigen Orange- und Rottönen präsentiert; und natürlich schmecken die reifen Trauben köstlich.

OBEN *Ein schlichtes, unprätentiöses Farbschema in Weiß und Violett passt zur Farbe des Geländers und gibt diesem Holzbalkon einen Anstrich von moderner Sachlichkeit.*

GESTALTUNG EINES KÜBELPFLANZENGARTENS

Eingänge und Treppen

Pflanzgefäße für Eingänge oder Treppenaufgänge und natürlich auch ihr Inhalt sollten sorgfältig geplant werden. Sie vermitteln den ersten Eindruck von einem Haus.

OBEN RECHTS *Eine breite, ziemlich flache Schale findet an einem Seiteneingang Platz, wo man die verschiedenen Kräuter gleich zur Hand hat.*

GEGENÜBER *Symmetrisch plazierte Töpfe mit vielerlei Kräutern umrahmen den Treppenaufgang. Sie sind leicht zu bepflanzen und gut zu pflegen.*

Wenn Kübelpflanzen den Hauseingang oder eine Treppe flankieren sollen, ist ihre Plazierung mehr als eine Überlegung wert. Der Eingang verweist bereits auf den Stil des Hauses, deshalb muss er einladend und dekorativ aussehen. Viele Eingangstüren werden von in Form geschnittenen Lorbeerbäumchen in Versailler Kübeln umrahmt. Das wirkt auf den ersten Blick etwas streng, die Pflanzgefäße können dann im Winter durch Zierkohl und Märzveilchen, die im Frühling blühen, belebt

RECHTS *Beschnittene Lorbeerbäumchen in Versailler Kübeln in der Farbe der Eingangstür sind klassische Elemente der Eingangsgestaltung.*

werden. Eine andere Möglichkeit bieten Olivenbäumchen, die immer häufiger als Kübelpflanzen angeboten werden, oder kleine Zitronenbäumchen; sie alle müssen im Winter ins Haus geholt werden.

SCHÖNE TREPPENAUFGÄNGE

Ist die Eingangstür über eine Treppe zu erreichen, kann jede Stufe durch einen Topf mit niedrig wachsenden Kräutern geschmückt sein, die je nach Saison ausgewechselt werden. Auch Treppen, die das Haus mit dem Garten verbinden, könnte man mit Pflanztöpfen dekorieren. Sie sollten aber zum Stil der Treppe passen; alte Terrakotta-Töpfe harmonieren zum Beispiel gut mit Backsteinstufen.

Handelt es sich um einen größeren Aufgang, der vielleicht vom Tiefgeschoss auf eine höher gelegene Terrasse führt, so verteilt man ein paar dem Stil des Hauses entsprechende Kübel oder Töpfe auf der Treppe. Sie könnten mit einer Mischung aus Kräutern und Gemüse bepflanzt sein. Versuchen Sie, dabei eine gewisse Symmetrie zu wahren, damit das Arrangement nicht zufällig wirkt, sondern auch zum Garten passt.

Gärtnern

mit Kübelpflanzen – die Grundlagen

Bei der Topf- und Kübelkultur geht man nicht anders vor als bei der Arbeit im Garten. Auch hier wird ausgesät, Pflanzen müssen wachsen, reifen und geerntet werden – im ewigen Kreislauf der Natur. Kübelpflanzen sind jedoch in ihrem Ausdehnungsdrang beschränkt, sie brauchen daher mehr zusätzliche Nährstoffgaben als frei wachsende Gartenpflanzen. Auch die Bewässerung erfordert mehr Sorgfalt. Darin liegt der entscheidende Unterschied zwischen Container-Gärten und Freilandgärten. Wenn man bei sommerlich heißem Wetter seine Pflanzen nicht täglich gießt, macht man ihnen das Leben schwer.

LINKS *Eine Schale mit gemischten, niedrig wachsenden Kräutern ist in Küchennähe praktisch. Wählen Sie Gewürzkräuter mit unterschiedlichen Blattfarben aus; schon die verschiedenen Grüntöne sind ein reizvoller Anblick.*

Die Auswahl der Pflanzgefäße

Töpfe sollen sich harmonisch in ihre Umgebung einfügen. Leider sind handgemachte Terrakotta-Töpfe teuer: Doch wer hin und wieder in Antiquitätenläden und auf Trödelmärkten stöbert, kann oft »Kostbarkeiten« für wenig Geld auftreiben.

Ganz egal, für welche Art von Töpfen Sie sich entscheiden, achten Sie darauf, dass sie zusammenpassen. Für ein Gärtchen aus lauter Topf- und Kübelpflanzen braucht man Gefäße in verschiedenen Formen und Größen für kleine und große Pflanzen. Will man die Behälter gruppenweise aufstellen, müssen sie auch zusammenpassen. Aus Terrakotta, einem besonders beliebten Material, gibt es Töpfe in zahllosen Formen und Größen. Viele sind dem Geschmack des 19. Jahrhunderts nachempfunden, andere richten sich nach aufwendigeren klassischen Vorlagen. Wenn Sie das etwas seltsame Orangebraun der billigen neuen Töpfe nicht mögen, können Sie sie einfach mit dezenteren Farben überstreichen. Oder lassen Sie sie rasch

Die meisten Pflanzbehälter sind aus Ton bzw. Terrakotta gemacht. Neue Töpfe kann man bemalen oder ihnen nach Wunsch auch Patina geben.

Tontopf
25 cm hoch

Tontöpfe
von 10 cm, 15 cm, 20 cm und 25 cm Durchmesser

Eiförmiger Tontopf
35 cm Durchmesser, 35 cm hoch

Ali-Baba-Krug
38 cm Durchmesser, 50 cm hoch

Tontopf mit glasiertem Rand
32 cm Durchmesser, 28 cm hoch

TÖPFE UND PFLANZTRÖGE

Halbtopf aus Ton
23,4 cm Durchmesser

Dritteltopf aus Ton
32 cm Durchmesser

Große Saatschale aus Ton

Saatschale aus Ton mit Gittereffekt

»altern«, indem Sie sie mit Joghurt oder einer Mischung aus Joghurt und Sauermilch anstreichen; das zieht Algen an, in wenigen Wochen wird der Topf eine ansehnliche grüne Patina haben.

KÜBEL UND TRÖGE

Ein Balkon- oder Terrassengärtchen mit lauter gleichen Pflanzgefäßen wäre langweilig; viel hübscher sieht es aus, statt Topf an Topf auch größere Kübel oder Tröge aufzustellen. Die teuersten und schwersten werden aus Metall gefertigt, es gibt aber auch Behälter aus Stein oder Kunststoff. Alte Spülbecken und Steintröge lassen sich ebenfalls verwenden.

Stellen Sie große Gefäße immer an ihren Platz, bevor Sie sie mit Substrat füllen und bepflanzen, denn dann sind sie oft nicht mehr von der Stelle zu bekommen. Plazieren Sie zuerst alle Töpfe leer an den vorgesehenen Standort, und probieren Sie verschiedene Arrangements aus, bis Ihnen eines am besten gefällt.

Hochtöpfe aus Ton
12,5 cm, 17,5 und 23 cm Durchmesser

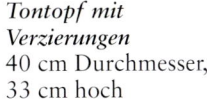

Tontopf mit Verzierungen
40 cm Durchmesser, 33 cm hoch

Steintrog
25 x 28 x 23 cm

Metalltrog
74 x 25 cm

Die Auswahl der Pflanzgefäße – Wandtöpfe und Hängekörbe

Ein Gärtchen auf Balkon, Terrasse oder im Innenhof kann mit Hilfe von Wandtöpfen und Hängekörben in die Vertikale erweitert werden.

Der Platz für Pflanzen lässt sich auch auf kleinem Raum durch Wandtöpfe und Hängekörbe bzw. Ampeln an Wänden oder Pergolen beträchtlich erweitern. Sie bieten besonders auf Balkonen, wo es kaum Platz für Kletterpflanzen an Mauern oder Rankgittern und schon gar nicht für Hochbeete gibt, zusätzliche Möglichkeiten der Bepflanzung.

WANDTÖPFE

Die schönsten Wandtöpfe sind aus Terrakotta gemacht. Es gibt sie in verschiedenen Formen und Designs, sie können auch in Gruppen angeordnet werden; zusammen mit passender Bepflanzung kann das ein malerisches Bild ergeben. Auch Kräuter und Gemüse kann man in solche Töpfe setzen, zum Beispiel Gartenbohnen oder vielleicht kleine Tomaten, die über den Topfrand hängen. Diese Töpfe eignen sich aber nicht für jedes Gewächs, hier ist eine sorgfältige Pflanzenauswahl nötig. Wandtöpfe für Gemüse dürfen nicht

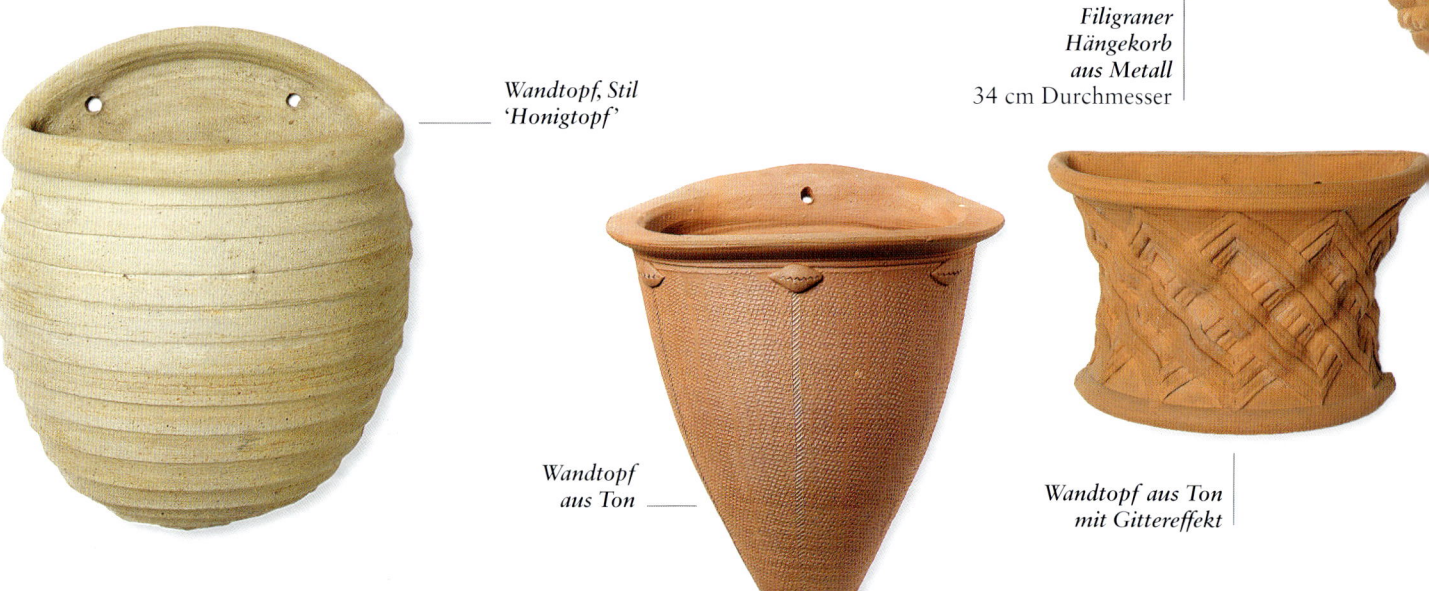

Filigraner Hängekorb aus Metall 34 cm Durchmesser

Wandtopf, Stil 'Honigtopf'

Wandtopf aus Ton

Wandtopf aus Ton mit Gittereffekt

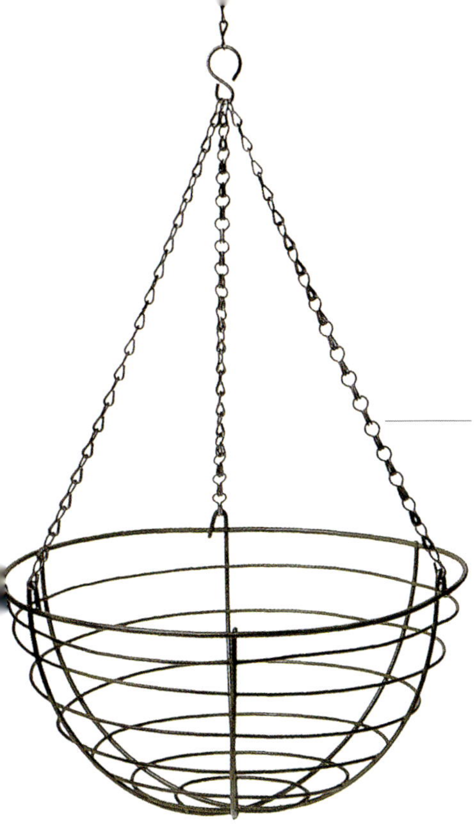

WANDTÖPFE UND HÄNGEKÖRBE

Hängekorb
40 cm
Durchmesser

Hängekorb
25 cm Durchmesser

Wandtopf aus Ton
mit Muscheleffekt
33 cm Durchmesser,
25 cm hoch

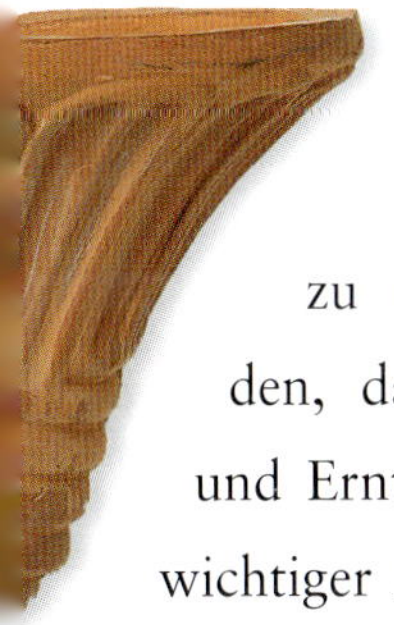

Filigraner Wandtopf
aus Metall

Wandtopf aus Ton
25 cm Durchmesser,
20 cm hoch

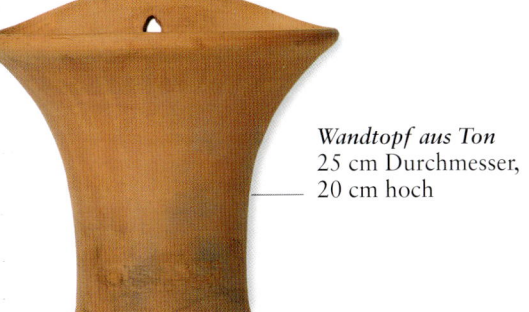

zu hoch angebracht werden, damit sie zum Wässern und Ernten erreichbar sind. Ein wichtiger Aspekt: Wandtöpfe müssen mit der Gießkanne oder einem Schlauch mit Vorsatz problemlos zu wässern sein.

HÄNGEKÖRBE

Bei Ampeln oder Hängekörben ist man flexibler, sie können auch Salatköpfe und vor allem Hängetomaten, die eigens für diesen Zweck gezüchtet wurden, aufnehmen. Zusammen mit Sommerblumen sehen Tomaten besonders attraktiv aus, und sie liefern auch bei fortgeschrittener Saison noch Farbe.

Hängekörbe zu bepflanzen, ist nicht annähernd so schwierig, wie viele meinen. Sie sollten im Spätfrühling bepflanzt, müssen aber, wenn noch Frostgefahr droht, nachts geschützt werden.

Selbst gefertigte Pflanzgefäße – Blumenkästen und Tröge

Oft ist ein Blumenkasten in passender Größe nicht aufzutreiben. Eine gute und einfache Lösung heißt, selber machen; es ist gar nicht so schwer.

Oft ist es schwierig, Pflanzgefäße in gewünschter Form und Größe zu finden. Die Fensterbank ist zu schmal oder zu kurz für die angebotenen Größen; auf dem Balkon braucht man vielleicht einen besonders großen Behälter, weil er sich besser in die Gesamtgestaltung fügt; möglicherweise entsprechen auch die angebotenen Kästen und Pflanztröge nicht den eigenen Vorstellungen. Die perfekte Lösung bieten selbst gebaute Pflanzgefäße. Eine Reihe von Behältern lassen sich ganz einfach aus Holz herstellen. Bei entsprechender Pflege können sie Ihnen lange gute Dienste leisten.

Außerdem haben Sie die Möglichkeit, sich verschiedene Holzgefäße, etwa Tröge oder Versailler Kübel, in unterschiedlichen Formen und Stilrichtungen anzufertigen, ganz wie es Ihrem persönlichen Geschmack entspricht. Viele praktische Bücher zu die-

OBEN *Ein schlichter Holztrog wirkt rustikal und passt zu fast jedem Gartenstil.*

STREICHEN EINES HOLZTROGES

1 Es gibt Holzfarben in unterschiedlichen Tönen, die man auch für Pflanzgefäße verwenden kann. Dieser Holztrog wird in hellem Blau gestrichen. Nach dem Trocknen sollte man ihn abschmirgeln.

2 Der Trog bekommt noch eine zweite Farbschicht aus Terrakotta-Emulsion. Wenn sie getrocknet ist, wird auch diese Schicht abgeschmirgelt, damit sich die beiden Farben verbinden.

3 Das Ergebnis ist ein Anstrich mit Patina. Die Technik kann bei jeder Farbgebung angewendet werden. Zum Schluss streicht man mit einem matten Lack darüber, der das Holz zusätzlich vor Verwitterung schützt.

BLUMENKÄSTEN UND TRÖGE

sem Thema enthalten eine Reihe von Gestaltungsvorschlägen, die Sie Ihren Wünschen anpassen können.

HOLZKÄSTEN

Es gibt Anleitungsbücher zum Bau von Blumenkästen oder Trögen für den kleinen Nutzgarten. Wenn Sie mehrere Kästen und Behälter bauen möchten, lohnt sich die Anschaffung einiger guter Werkzeuge für die Holzbearbeitung.

Messen Sie alles genau aus. Nichts ist ärgerlicher als ein fertig gebauter Fensterkasten, der um eine Idee zu klein, oder noch schlimmer, zu groß ist. Verwenden Sie hartes, dickes Holz mit einer Stärke von mindestens 20 mm. Achten Sie darauf, dass die Seitenwände an den Ecken mit dem Boden fest verbunden sind. Fräsen Sie entweder Rillen in den Boden, in denen die Seitenwände stehen; oder verbinden Sie Seitenwände und den Boden mit Latten, so dass alle Bretter fest zusammenhalten.

Nageln oder schrauben Sie nicht einfach ein Brett ans andere, denn das wird nicht lange halten.

OBEN *Leuchtend blau gestrichene Dosen als Pflanzgefäße passen zu vielerlei Arrangements. Studentenblumen in unterschiedlichen Gelb- und Orangetönen sorgen für Kontrast. Bohren Sie Abzugslöcher in den Boden.*

WEIDENKORB MIT ERDBEEREN

1 Schlagen Sie einen Weidenkorb mit Kunststofffolie aus und befestigen Sie diese mit Heftklammern. Legen Sie ihn mit Sphagnum aus, das die Feuchtigkeit speichert und die Folie kaschiert. Drücken Sie es an allen Rändern gut an.

2 Füllen Sie den Korb mit gutem Pflanzsubstrat, setzen Sie die Erdbeeren fest darin ein. Für einen Korb dieser Größe reichen zwei Pflanzen. Denken Sie daran, dass Erdbeeren regelmäßig gedüngt werden müssen.

3 Der Korb kann am Boden, in einem Regal oder auf dem Fensterbrett stehen. Gewässert und gedüngt wird während der ganzen Wachstumsperiode. Die Pflanzen füllen den Korb bald ganz aus.

Selbst gefertigte Pflanzgefäße – *Blumenkästen und Tröge*

OBEN *Erdbeeren in einem Hochbeet sollte man durch eine Strohschicht schützen.*

ÜBERPRÜFEN SIE IHRE PLANUNG

Achten Sie darauf, dass der Blumenkasten zum Fenster passt und nicht zu fragil oder zu wuchtig wirkt. Das gilt auch für frei stehende Pflanzgefäße im Innenhof oder auf dem Balkon. Behandeln Sie Holz immer mit einem für Pflanzen verträglichen Schutzmittel. Richten Sie Ihr besonderes Augenmerk auf die Kanten. Bohren Sie Abzugslöcher in den Gefäßboden, und legen Sie die Gefäße dick mit Kunststofffolie aus, die Sie mit Heftklammern festmachen. Die Abzugslöcher müssen auch durch die Folie gehen.

HOCHBEETE

Sie können auch mehrere ganz verschiedene Gefäße basteln und sie in vielen Farben streichen. Ein Hochbeet ist der größte und langlebigste Pflanzbehälter, den sie zu Hause anfertigen können – aber auch der vielseitigste. Darin finden sogar Bäumchen und kleine Sträucher Platz, die sonst für einen Kübelgarten nicht in Frage kommen. Ist im Innenhof genügend Platz vorhanden, kommt vielleicht ein Hochbeet in Frage, in dem sich auch größere Pflanzen kultivieren lassen. Platz für ein kleines, frei stehendes Beet findet sich eventuell sogar auf einer großen Terrasse oder einem Dachgarten. Planen Sie sorgfältig, überlegen Sie alles genau, bevor Sie anfangen. Vielleicht wirken zwei kleine Beete besser als ein großes.

SO WIRD EIN HOCHBEET GEBAUT

1 Wenn man genügend Platz hat, ist das Hochbeet ein Gewinn für jeden Innenhof. Markieren Sie den Standort mit einer Schnur und heben Sie einen 30 cm breiten und 30 cm tiefen Graben für ein Betonfundament aus.

2 Lassen Sie den Beton über Nacht trocknen, beginnen Sie dann mit der Innenmauer aus Klinkern. Jeder Klinker wird auf eine 1,2 cm dicke Mörtelschicht gelegt und an einem Ende mit Mörtel festgemacht. Wasserwaage verwenden!

3 Beginnen Sie mit den Mauern jeweils an den Ecken. Mauern Sie dort drei oder vier Ziegel übereinander, spannen Sie eine Richtschnur und mauern Sie dann die Seitenwände, fügen Sie gelegentlich ein Mauerband aus Metall ein.

4 Wenn alle Wände stehen, legen Sie eine letzte Schicht Ziegel quer über die äußere und innere Mauer. Füllen Sie das Hochbeet unten mit Steinen, Kies oder anderem Dränagematerial, darüber kommt gute Pflanzerde.

LINKS *Dieses Hochbeet ist besonders sorgfältig geplant und bepflanzt. Durch wechselnde Höhe, Ausbreitung, Blattgrößen, Farben und Formen der Pflanzen bildet es gleichsam ein essbares Gesamtkunstwerk.*

Ein Hochbeet kann aus Ziegeln, Natursteinen oder Betonblöcken errichtet werden, die man dann verputzt und streicht. Das Material sollte sich möglichst in die Umgebung einfügen. Natürliche Materialien, besonders Holz und gebrannte Ziegel, sehen überall gut aus, können aber auch durch einen Anstrich ihrer Umgebung angepasst werden.

Soll das Hochbeet auf festem Untergrund, etwa in einem Innenhof, gebaut werden, muss man den Grund etwas lockern, damit das Wasser abfließen kann und es nicht zu Staunässe kommt.

UNGEWÖHNLICHE PFLANZGEFÄSSE

Angestrichene alte Autoreifen sind zweifelsohne ungewöhnliche Behälter für Pflanzen, werden aber häufig vor allem für Kartoffeln verwendet. Der unterste Reifen bekommt einen Boden, die anderen werden darüber gestapelt.

Die Auswahl der Pflanzgefäße – *größere Pflanzen*

Für Bäumchen und Sträucher braucht man entsprechende Pflanzgefäße. Sie müssen im richtigen Verhältnis zur Größe der Pflanze stehen und sich in die Gesamtanlage einfügen.

Bei großen Pflanzgefäßen gibt es einiges zu überlegen. Viele große Pflanzen, wie Bäume und Beerensträucher, brauchen einen möglichst großen Pflanzkübel, wenn sie gut gedeihen und auch ihrem Potential einigermaßen entsprechende Erträge liefern sollen.

Größere Pflanzen stehen am besten in Hochbeeten oder speziellen Behältern, die in die Gesamtplanung des Gärtchens passen müssen. Auch bei großen Kübeln muss für eine Dränage gesorgt sein; ein automatisches Bewässerungssystem ist da wirklich eine Erleichterung.

Der Kübel muss zur Pflanze passen

Wählen Sie den Behälter passend zur Pflanze aus. Bäumchen oder Sträucher mit ausladender Wuchsform sehen in weiten Kübeln am besten aus. Große Behälter sind häufig aus Terrakotta, es gibt sie aber auch aus anderen Materialien, etwa aus Stein oder glasiertem Ton; sie sind ebenso geeignet, wenn nur das Wurzelsystem der Pflanze darin genügend Platz findet. Topf und Inhalt müssen in ausgewogenem Verhältnis zueinander

OBEN *Nachbildungen klassischer Urnen und Töpfe gibt es in vielen Gartencentern. Sie eignen sich besonders für streng formale Gärten und Anlagen.*

RECHTS *Ein Rosmarinbäumchen, in Kugelform geschnitten. Die Erziehung von Rosmarin ist kompliziert und erstreckt sich über einen Zeitraum von mehreren Jahren.*

stehen. Ein wachsender Baum kann in einen immer größeren Topf umgesetzt werden, eine kleine Pflanze in einem großen Topf wirkt dagegen verloren und isoliert. Hier füllt man den Leerraum durch niedrige Kräuter oder kleine Gemüsepflanzen aus, damit die Proportionen wieder stimmen.

Halbfässer und hohe Töpfe

Halbfässer sind gute Pflanzgefäße, in denen sich sogar relativ große Bäume unterbringen lassen. Sie wirken natürlich und fügen sich fast in jeden Rahmen ein. Alte Fässer finden Sie vielleicht beim Trödler oder in einer Brauerei.

Hohe Töpfe sind schöne Gestaltungselemente für einen Innenhof. Ali-Baba-Töpfe sehen schon für sich dekorativ aus, auch wenn sie leer sind. Beim Bepflanzen eines sehr hohen Topfes braucht man etwas Fingerspitzengefühl. Nur wenige Pflanzen machen sich in solchen Gefäßen wirklich gut, lassen Sie in jedem Fall Kapuzinerkresse oder ähnliches über den Rand hängen.

Auch über die Aufstellung übergroßer Kübel muss man sich Gedanken machen und dabei den Hintergrund im Auge behalten. Zur Gestaltung eines Kübelgartens gehören viele Elemente, die Farbe des Hintergrundes wird dabei oft vernachlässigt.

RECHTS *An diesem Beispiel lässt sich die Wirkung unterschiedlicher Ebenen durch eine Vielzahl von großen und kleinen Pflanzgefäßen in einem Innenhof trefflich demonstrieren.*

Grundausstattung

Die Grundausstattung für die Gefäßpflanzung ist denkbar einfach. Man braucht weder Rasenmäher noch Spaten, Grabgabel noch Rechen. Kaufen Sie das Wenige, das Sie brauchen, in bester Qualität. Sie werden ein Leben lang damit arbeiten.

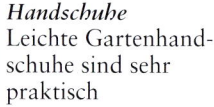

Handschuhe
Leichte Gartenhandschuhe sind sehr praktisch

Spezialwerkzeuge brauchen Sie für Ihr Gärtchen mit Kübelpflanzen keine. Selbst Gabel und Spaten sind überflüssig, wenngleich ein Spaten bei manchen Arbeiten nützlich sein kann, etwa wenn Sie Substrat in Töpfe füllen oder bei Bauarbeiten Sand und Zement bewegen müssen.

ACHTEN SIE AUF QUALITÄT

Bei Werkzeugen lautet der Grundsatz, kaufen Sie das Beste, das Sie bekommen können, und pflegen Sie die Geräte gut. Sie werden Ihnen lange gute Dienste leisten. Die Mindestausstattung ist:

Ambossschere: zum Schneiden und Erziehen von Bäumchen und Sträuchern, auch zum Schneiden von Kräutern und Blumen. Schnabelscheren sind beliebt.

Handgabel und *Handspaten*: zum Pflanzen und Jäten. Kaufen Sie möglichst solche aus rostfreiem Stahl. Vielleicht wäre das ein originelles Geburtstagsgeschenk. Ein schmaler Handspaten ist viel zweckmäßiger, da man damit tiefere, schmalere Löcher ausheben kann, ohne die anderen Pflanzen im Topf zu beeinträchtigen. Eine Handgabel ist auch zum

Sieb (bei Bedarf)

Gießkanne aus verzinktem Metall

Feingelochte Brause | *Verlängerung*

GRUNDAUSSTATTUNG

Lockern des Substrats und im Sommer beim Jäten hilfreich. Sogar auf einem Dachgarten erscheinen Unkräuter ungebeten und ohne Vorwarnung mit dem Wind.

Pflanzholz: nützlich, um Löcher für kleine Pflanzen zu bereiten. Zum Setzen von Lauch verwendet man am besten ein Pflanzholz, auch bei Kohlpflanzen und anderem Gemüse kommt es zum Einsatz.

Handharke: ist unentbehrlich. Mit dem Minikultivator glättet man die Oberfläche des Substrats und entfernt alte Blätter und Unkraut. Er kommt auch beim Ziehen einer Saatrille zum Einsatz.

Heckenschere (bei Bedarf): nur erforderlich, wenn Sie große Pflanzen haben, die im Sommer oder Herbst gestutzt werden müssen.

Gartenmesser: zum Schneiden von Schnur und Raphiabast, Abschneiden von Möhrengrün und für andere Verwendungszwecke.

Hippe und Gartensäge: letztere braucht man nur, wenn ein Ast für die Rosenschere zu dick ist. Normalerweise reicht eine gute Ambossschere.

Gießkanne: am besten eine Kanne mit langer Tülle, mit der auch der hintere Teil der Pflanzgefäße zu erreichen ist.

Sprüher: kleinere Sprühflasche genügt.

Zubehör: Draht, flache und runde Stahlösen, Hammer, Bolzen, Schrauben und verschiedene Nägel zur Herstellung eines Drahtgerüsts.

Anzuchtkasten (bei Bedarf): nur erforderlich, wenn Sie regelmäßig Pflanzen aus Samen oder Stecklingen ziehen wollen.

Vorbereitungsarbeiten

Es folgen die letzten Vorbereitungsarbeiten, bevor Töpfe, Kübel, Substrat und Dränagematerial zum Einsatz kommen. Alles sollte möglichst perfekt sein.

OBEN RECHTS *Schöne alte Blumentöpfe mit viel Patina sind heutzutage fast so begehrt wie Antiquitäten. Der Zinntopf mit dem weiten Henkel passt ausgezeichnet zu dieser Kollektion.*

Sobald die Planung abgeschlossen ist, die Gefäße ausgewählt, Hochbeete errichtet, Blumenkästen angefertigt und befestigt sind, müssen nur noch Töpfe und Kübel besorgt, aufgestellt und bepflanzt werden.

Doch ehe es an die Verwirklichung aller Pläne geht, sind noch ein paar Vorbereitungsarbeiten zu erledigen.

GIESSEN

Ganz gleich, für welches Bewässerungssystem Sie sich entscheiden, Sie müssen dafür sorgen, dass ausreichend Wasser verfügbar und leicht erreichbar ist. Dies kann unter Umständen bedeuten, dass außen noch ein Wasserhahn anzubringen ist; die Installationsarbeiten sollten aber abgeschlossen sein, bevor die Töpfe aufgestellt werden.

BODEN

Terrasse oder Dachgarten benötigen vielleicht einen neuen Boden aus Kies, imprägnierten Holzbrettern, Ziegeln oder frostsicheren Fliesen. Zu dem Zeitpunkt sollten dauerhafte Einrichtungen wie Hochbeete bereits fertig sein. Die Art und Gestaltung des Bodens müssen zum Haus und seinem

---

BEPFLANZEN EINES HALBFASSES

1 Füllen Sie das Fass mit Wasser und lassen Sie es über Nacht stehen, oder stellen Sie es in einen noch größeren Behälter mit Wasser, damit es wasserdicht wird.

2 Legen Sie das Fass um, so dass das Wasser abfließen kann. Denken Sie an die Abzugslöcher im Boden und an die Auskleidung mit Folie.

3 Passen Sie die Auskleidung ein, die Abzugslöcher müssen durch Boden und Folie gehen. Nun kommt grobes Dränagematerial unten ins Fass.

4 Füllen Sie das Substrat hinein und setzen die Pflanzen. Die Folienauskleidung wird am Rand abgeschnitten und mit Heftklammern befestigt. Gut wässern.

Umfeld passen. Kahle Betonböden sehen in keinem Fall ansehnlich aus.

GEFÄSSE

Sobald die Kübel und Töpfe da sind, werden sie probeweise aufgestellt; die Anordnung wird solange verändert, bis alle am richtigen Platz stehen. Nun zeigt sich oft, dass auch Standardtöpfe nicht alle gleich hoch sind. Dann kann man kleine »Füße« unterlegen, was zugleich noch die Dränage verbessert, die vor allem bei Blumenkästen und Trögen wichtig ist; durch Staunässe können sowohl die Pflanzen wie auch die Fensterbank Schaden nehmen.

DRAHTGERÜSTE UND RANKGITTER

Wenn alle Pflanzbehälter ihren Platz haben und der Bepflanzungsplan steht, kann man ein Drahtgerüst für die Erziehung von Obstbäumchen anfertigen. Dazu braucht man einen Bohrer, Kunststoffdübel, Ringschrauben und Spannschrauben sowie 3-mm-Draht. Bringen Sie die Drähte horizontal mit Abständen von 40–45 cm an.

Vielleicht wollen Sie ein Rankgitter anbringen. Das ist in einem Innenhof relativ einfach, dort kann man es an einem Zaun oder einer Wand festmachen. Wollen Sie auf einem Dachgarten einen Zaun oder ein Geländer anbringen, so muss die Befestigung absolut sicher sein, damit auch ein starker Sturm nichts abreißen und hinunterwehen kann.

Zuletzt wird passendes Substrat für die vorgesehenen Pflanzen besorgt, dazu ausreichend Dränagematerial, das unten in die Pflanzbehälter kommt.

GROSSE SAMEN

1 Nehmen Sie einen großen Topf, geben Sie unten für die Dränage eine dicke Kiesschicht hinein. Darüber kommt Universalerde bis zur richtigen Aussaathöhe.

2 Die Samen werden mit dem nötigen Abstand darauf gestreut und in der auf dem Samentütchen angegebenen Höhe mit Substrat bedeckt. Wässern Sie gründlich, und lassen Sie das Wasser einsickern.

BEPFLANZEN EINES HÄNGEKORBS

1 Legen Sie einen Hängekorb mit einer dicken Schicht Sphagnum- bzw. Sumpfmoos aus. Darüber kommt eine Folienauskleidung, in die Sie Löcher für die Pflanzen schneiden.

2 Der Korb wird nun mit speziellem, Feuchtigkeit speicherndem Topfsubstrat gefüllt, dann schiebt man die Pflanzen von außen durch Moos und Folie bis ins Substrat vor. Andrücken und wässern.

Auswahl und Kauf von Kübelpflanzen

Stellen Sie eine Pflanzenliste zusammen. Zwar sehen die bepflanzten Töpfe anfangs leer und kahl aus, doch seien Sie unbesorgt, die Pflanzen wachsen und füllen ihre Behälter bald aus.

Bei der Kultur von Kübelpflanzen ist vor allem zu berücksichtigen, von wo die Sonnenstrahlen einfallen. Auf der Nordhalbkugel kann man in einem Innenhof, der nach Süden weist und geschützt ist, bei einigermaßen mildem Klima auch wärmebedürftige Pflanzen ziehen. Liegt der Standort an der Nordseite, müssten Sie sich auf Gewächse beschränken, die auch bei wenig Sonne gedeihen. Eine Aufstellung geeigneter Pflanzen finden Sie auf den Seiten 154–155.

Kauf und Pflanzung müssen wieder sorgfältig geplant werden. Notieren Sie sich die Pflanzen, die Sie kaufen wollen, und erkundigen Sie sich nach einer auf Kübelpflanzen spezialisierten Gärtnerei in Ihrer Nähe. In diesem Fall können Sie die Pflanzen direkt dort auswählen; vielleicht müssen Sie sie aber auch bei einer Versandgärtnerei bestellen. Der Versand von Pflanzen ist inzwischen kein Problem mehr, die Spezialverpackung garantiert, dass das Pflanzgut in gutem Zustand beim Empfänger ankommt.

Fachgärtnereien sind den Gartencentern vorzuziehen, sie haben die größere Auswahl, und man wird dort besser beraten.

BALLENLOSE PFLANZEN

Pflanzen muss man zur richtigen Jahreszeit setzen, das gilt besonders bei Bäumen und Sträuchern. Meist ist der Herbst optimal, weil dann die oberirdischen Teile in ihre

OBEN *Eine Kübelpflanze muss einen kräftigen Stamm haben, die Blätter sollten gesund und frisch aussehen.*

OBEN *In einem größeren Kräutergarten ist Platz für große Pflanzengruppen mit kontrastierenden Blattfarben. Purpurblättriger Salbei, Schopflavendel und Rabattennelken stehen in eigenen Beeten.*

Ruhephase eintreten, der Boden aber noch warm genug ist, damit sich das Wurzelsystem aufbauen kann. Rosen und Obstgehölze kauft man besser als ballenlose Pflanzen und nicht als Topfware.

Das mag etwas seltsam klingen, schließlich sollen die Pflanzen ja in einem Pflanzbehälter stehen. Aber Jungpflanzen aus Topfkultur haben oft schlechter entwickelte Wurzeln, ballenlose gedeihen besser, wenn sie zum richtigen Augenblick gepflanzt werden. Kein seriöser Händler würde ballenlose Pflanzen zur falschen Jahreszeit versenden.

Einschlagen

Können Bäume oder Sträucher nicht sofort ausgepflanzt werden, gräbt man im Substrat eines großen Pflanztrogs oder eines anderen Gefäßes eine tiefe Rinne, legt die Jungpflanzen mit den Wurzeln in einem Winkel von 45 °C hinein und bedeckt sie gut mit Erde. Hier bleiben sie, bis sie endgültig gepflanzt werden können. Sie nehmen dabei keinen Schaden, wenn das Provisorium nicht zu lange dauert. Bei Frostgefahr schützt man sie mit einer Decke oder einem Sack.

Tipps für den Kauf

Wollen Sie die Pflanzen selbst im Gartencenter auswählen, sollten Sie auf ein paar Dinge achten. Prüfen Sie die Blätter auf Anzeichen von Schädlingen oder Krankheiten sowie auf Laubfall hin. Nehmen Sie keine Pflanzen mit einer Moosschicht auf dem Substrat, sie waren schon zu lang in diesem Topf. Auf die gleiche Ursache verweist der Umstand, dass viele Wurzeln aus den Abzugslöchern wachsen.

Schließlich sollte die Pflanze gesund aussehen und eine schöne Wuchsform mit gleichmäßig verteilten Seitenästen aufweisen. Denken Sie daran, dass Sie den Pflanzbehälter auch einmal drehen wollen, damit im Laufe des Jahres alle Pflanzen gutes Licht bekommen.

OBEN *In diesem Kübelkräutergarten steht ein mit Töpfen beladener Schubkarren im Mittelpunkt.*

GÄRTNERN MIT KÜBELPFLANZEN – DIE GRUNDLAGEN

Eintopfen und Umtopfen

Für das Eintopfen und Umtopfen gelten dieselben Grundsätze. Die Pflanze soll fest im Substrat stehen, so dass keine Luftblasen um die Wurzeln bleiben. Das Wasser muss gut abfließen können, damit es nicht zu Staunässe kommt.

OBEN *Basilikum gehört zu den beliebtesten Küchenkräutern und kann leicht auf der Fensterbank, im Sommer auch im Freien, gezogen werden.*

Das Eintopfen geschieht bei allen Kübelpflanzen auf die gleiche Weise. Sie brauchen einen Pflanzkübel, der ca. 5 cm größer ist als der Wurzelballen der Pflanze. Nehmen Sie die Pflanze aus dem ursprünglichen Topf, ziehen Sie vorsichtig die Wurzeln aus dem dichten Wurzelballen, verletzte Wurzeln werden weggeschnitten. Legen Sie eine Schicht Topfscherben, Kiesel oder Steine unten in den Topf, darüber kommt eine Schicht Substrat. Setzen Sie die Pflanze hinein, so dass die Bodenmarke im neuen Behälter auf der gleichen Höhe ist wie im alten. Füllen Sie an den Seiten Substrat auf, und drücken Sie es fest gegen die Wurzeln. Zum Andrücken des Substrats kann auch ein Pflanzholz verwendet werden; drücken Sie aber nicht zu fest. Klopfen Sie mit dem Topf zwei-, dreimal gegen eine feste Unterlage, damit alle Luftblasen verschwinden. Wässern Sie gründlich und füllen Sie Substrat nach, wenn es einsinkt.

UMTOPFEN

Jungpflanzen müssen je nach Wuchsgeschwindigkeit immer wieder in einen größeren Topf gesetzt werden. Dabei nimmt man jeweils einen nur wenig größeren Topf, 5 cm Durchmesser mehr ist ideal. So bleibt das Wachstum gleichmäßig. Ein deutlich größerer Topf würde das Wurzelwachstum unverhältnis-

RECHTS *Nehmen Sie zum Umtopfen einen Topf, der größer als der Wurzelballen der Pflanze ist, damit die Wurzeln gleichmäßig wachsen.*

56

mäßig fördern und die Pflanze aus dem Gleichgewicht bringen.

Die Frage, wie oft ausgewachsene Pflanzen umgetopft werden sollen, ist schwer zu beantworten. Irgendwann kommt der Zeitpunkt, da kein Umsetzen mehr möglich ist. Auf großen Hochbeeten mit Dauerbepflanzung, meist besteht sie aus Bäumchen oder Sträuchern, lässt sich kaum noch etwas umsetzen. Hier entfernt man möglichst viel Substrat an der Topfoberfläche, ohne die Wurzeln der Pflanze zu verletzen, und ersetzt es durch frische, düngerhaltige Pflanzerde. In Kübeln sollte das Substrat alle zwei Jahre komplett erneuert werden, bei wüchsigen Pflanzen jährlich.

EINTOPFEN EINES GROSSEN STRAUCHES ODER BÄUMCHENS

1 Geben Sie als Dränagematerial Steine oder Topfscherben in den Topf, darüber eine Schicht Substrat. Verwenden Sie möglichst ein Substrat auf Lehmbasis mit etwas Langzeitdünger.

2 Setzen Sie die Pflanze auf das Substrat, breiten Sie ihre Wurzeln etwas aus. Die Bodenmarke muss auf der gleichen Höhe sein wie im alten Topf. Prüfen Sie, ob die Pflanze senkrecht steht.

3 Füllen Sie rundum mit Substrat auf, das Sie fest mit den Händen andrücken. Geben Sie an der Seite eine Stütze in den Topf, ohne dabei den Wurzelballen zu beschädigen.

4 Befestigen Sie die Pflanze an der Stütze und füllen Sie Substrat nach. Heben Sie, wenn möglich, den Topf hoch und klopfen Sie damit gegen den Boden, damit Luftblasen um die Wurzeln verschwinden.

5 Wässern Sie gründlich; prüfen Sie, ob die Pflanze fest im Topf steht. Heben oder rollen Sie den Topf vorsichtig an seinen Standort, wenn er nicht an Ort und Stelle bepflanzt wurde – was natürlich wegen des beträchtlichen Gewichts zu empfehlen ist.

Das richtige Substrat

Es gibt verschiedene Substrate (Aussaaterde, Einheits- oder Mehrzweckerde, Blumenerde) sowie Spezialerden für bestimmte Pflanzen. Im allgemeinen empfiehlt sich eine gute Mehrzweckerde.

Aussaaterde wurde speziell für die Anzucht aus Samen entwickelt, es gibt sie auf Lehm- oder Torf- bzw. Torfersatz-Basis. Sie enthält wenig Nährstoffe und ist sehr feinkörnig, so dass die Samenkörner dicht am Substrat liegen, außerdem hält sie das Wasser gut. Sollen Sämlinge nach der Keimung länger in der Aussaaterde bleiben, bevor sie pikiert werden, müssen sie zusätzliche Nährstoffe erhalten.

EINHEITSERDEN

Wer keine Möglichkeit hat, sich Pflanzerde selbst zu mischen (z. B. aus ²/₃ Torf und ¹/₃ guter Gartenerde, unter Zugabe von Volldünger), verwendet Fertigerden wie Einheitserde P oder T, TKS 1 oder TKS 2, ED 73 mit Dauerdünger, Cultural- oder eine Blumenerde. Günstig ist, die Pflanzerde in jedem Frühjahr zu wechseln, da die Erde vom Vorjahr verbraucht ist und man so auch die Gefahr einer Übertragung von Krankheiten und Schädlingen auf die Pflanzen verringern kann.

 *Pflanzerde auf Torfbasis*

SUBSTRATE AUF TORFBASIS
Setzen sich aus drei Hauptbestandteilen zusammen: Torf oder Torfersatz, Dünger sowie Kies für bessere Durchlässigkeit.

 *Dünger*

 *Torf*

Kies

DEN pH-WERT MESSEN

1 SAUER
Wie sauer der Boden ist, spielt bei Kübelkultur nur für kalkfliehende Pflanzen eine Rolle, sie brauchen unbedingt Erika-Substrat (sauer).

2 NEUTRAL
Die meisten Erden sind neutral. Zur Messung des pH-Wertes gibt man etwas Erde in ein Teströhrchen mit Flüssigkeit und schüttelt es. Es wird sich je nach pH-Wert verfärben.

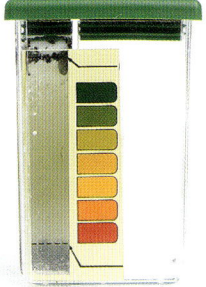

3 ALKALISCH
Neutrale Erde hat einen pH-Wert von 6,5–7, saure Erde einen niedrigeren, alkalische Erde einen höheren. Der pH-Wert lässt sich durch Zugabe von Kalk oder Torf verändern.

Rinden-schnitzel

Glimmer (grob)

TORF ODER TORFERSATZ
Es gibt verschiedene Alternativen zum Torf, darunter Kokosfasern, Kakaoschalen und Rindenschnitzel. Vermikulit und Glimmer verbessern die Durchlässigkeit.

Kokosfaser

Torf

Vermikulit

Kakao-schalen

Blumenerde

Es gibt Blumenerde auf Lehm- und auf Torfbasis. Alle Erden auf Lehmbasis speichern Wasser und Nährstoffe besser als solche auf Torfbasis und eignen sich daher für dauerhaftes Wachstum. Am besten erkundigen Sie sich in einem Fachbetrieb nach der für eingewachsene Pflanzen und Bäume optimal mit Nährstoffen angereicherten Erde auf Lehmbasis.

Erden auf Torfbasis (oder Torfersatz wie Kokosfaser) sind leichter zu bekommen, leichter in der Struktur, sauberer und einfacher zu handhaben. Man verwendet sie generell vor allem für kleinere Pflanzbehälter.

Spezialerden

Es gibt verschiedene Spezialerden, wie etwa ein Erika- und Rhododendron-Substrat für Kalk fliehende Pflanzen, Orchideensubstrat, Erde für Steingartenpflanzen oder für Kakteen, faserreiche Blumenzwiebelerde und Substrat mit wasserhaltendem Granulat für Hängekörbe.

In Regionen mit stark alkalischem Boden sollte man Kalk fliehende Pflanzen in Kübeln kultivieren. Das gilt allerdings eher für Stauden und Sträucher als für Obst und Gemüse.

GÄRTNERN MIT KÜBELPFLANZEN – DIE GRUNDLAGEN

Kübelpflanzen düngen

Damit Kübelpflanzen gute Erträge bringen, müssen sie regelmäßig gedüngt werden. Flüssigdünger ist am einfachsten zu handhaben, achten Sie aber darauf, welche Nährstoffe eine Pflanze am dringendsten braucht.

OBEN RECHTS *Granulierte Langzeitdünger werden zu Beginn der Wachstumsperiode mit der Hand eingearbeitet.*

TROCKENDÜNGER
Es gibt organische und anorganische Trockendünger. Wählen Sie je nach Bedarf.

Alle Pflanzen brauchen Nährstoffe. Im Garten holen sie sich das meiste aus dem Boden, da Kübelpflanzen jedoch mit viel weniger Erde auszukommen haben und auch häufiger gewässert werden, muss man sie regelmäßig düngen, damit sie gut gedeihen und Früchte tragen.

NÄHRSTOFFE UND DÜNGER

Die drei wichtigsten Nährstoffe für die Pflanze sind Stickstoff (N), Phosphor (P) und Kalium (K). Stickstoff benötigt sie für gesundes Blattwachstum, Phosphor für ein kräftiges Wurzelsystem, Kalium aber fördert den Ansatz von Blüten und Früchten.

Pflanzen brauchen auch eine Reihe von Spurenelementen, als wichtigste Mangan und Magnesium. Diese Nährstoffe sind in unterschiedlichem Mengenverhältnis in allen Düngern und Blattdüngern enthalten, auf den Packungen ist normalerweise die jeweilige Zusammensetzung angegeben. Kali-

Anorganische Kopfdüngung Am leichtesten anzuwenden. Lesen Sie die Anweisungen auf der Packung, überprüfen Sie die Zusammensetzung der Nährstoffe.

Granulierter Langzeitdünger Bestens geeignet für Kübelpflanzen. Er gibt die Nährstoffe über einen längeren Zeitraum ab.

Organischer Dünger Am häufigsten bestehend aus Blutmehl, Hornmehl, Knochenmehl oder Fischblut und Knochen.

Langzeitdünger in Pellet-Form Ähnlich dem granulierten Langzeitdünger. Eine Anwendung reicht meist für ein Jahr.

FLÜSSIGDÜNGER

1 Rühren Sie Flüssigdünger sorgfältig in einer Kanne oder Sprühflasche an, die nur für diesen Zweck reserviert ist. Halten Sie sich genau an die Anweisungen des Herstellers und widerstehen Sie der Versuchung, die Düngerkonzentration zu erhöhen; Sie nützen Ihren Pflanzen damit nicht, sondern schädigen sie.

2 Blattdüngung ist besonders im Sommer günstig und sollte in kleinen Dosen mehrfach angewendet werden. Am besten im Abstand von zwei Wochen düngen. Blattdüngung verabreicht man besser mit einer kleinen Sprühflasche als mit der unhandlichen Gießkanne.

reicher Dünger eignet sich zum Beispiel bestens für Tomaten und Obstgehölze, sobald die Pflanzen herangewachsen sind und Früchte tragen; alle empfindlichen Gemüse, wie beispielsweise Paprika, benötigen während des Wachstums jedoch stickstoffreichen Dünger, damit sie sich zu gesunden, kräftigen Pflanzen entwickeln.

Düngergaben

Bei dauerhaften Gewächsen muss das Substrat schon bei der Pflanzung durch einen Düngerzusatz angereichert sein, wenn es nicht sowieso schon Nährstoffe enthält. Hier eignen sich Knochenmehl, Blut- oder Hornmehl.

Vorsicht mit Knochenmehl, wenn es in Ihrer Umgebung Füchse gibt, die die Pflanze dann gern wieder ausgraben. Nach der Pflanzung werden alle Pflanzen mit einer schwachen Düngerlösung gewässert.

Düngung

Kleinere Kräuter brauchen kaum Dünger, weil darunter ihr Aroma leidet, nur wenn sie dünn und kränklich erscheinen, gibt man etwas Blattdünger. Gemüse muss aber großzügig gedüngt werden. Wenn im Frühling das Wachstum einsetzt, gibt man Stickstoffdünger, sobald die Pflanzen heranwachsen, steigt man auf Kalidünger um.

Während der Wachstumsperiode verwendet man Flüssig- oder Blattdünger. Granulierte Langzeitdünger sind unentbehrlich, sie werden zu Beginn des Wachstums ins Substrat gegeben, eine Anwendung reicht bei vielen Pflanzen für das ganze Jahr.

VERWENDUNG VON FLÜSSIGDÜNGER

1 Prüfen Sie, welchen Dünger die Pflanze braucht und welcher dem augenblicklichen Wachstumsstadium entspricht. Heranwachsende Pflanzen brauchen Stickstoffdünger, sobald sie ausgewachsen sind, steigt man auf Kalidünger um.

2 Mischen Sie den Flüssigdünger mit Wasser, gießen Sie nicht direkt auf die Blätter, sie könnten Schaden nehmen. Füllen Sie den Topf bis an den Rand, und lassen Sie das Wasser abfließen. Stellen Sie selbst fest, wie oft die Pflanze gedüngt werden muss.

WÄSSERN

1 Wässern ist besonders im Sommer unerlässlich; bei heißem, trockenem Wetter muss man täglich gießen. Füllen Sie den Topf bis zum Rand, und lassen Sie das Wasser abfließen. Pflanze und Substrat nur leicht zu besprengen, schadet mehr als es nützt.

2 Vorsicht beim Wässern von Kalk fliehenden Pflanzen in Erika-Substrat, wenn das Wasser in Ihrer Gegend sehr hart ist. Geben Sie entweder eine kleine Menge »Schwefelblumen« ins Wasser, oder sammeln Sie zum Gießen Regenwasser in einer Tonne.

Kübelpflanzen wässern

Gießen ist für Kübelpflanzen lebenswichtig, ohne Wasser sterben die Pflanzen ab. Wenn Sie ein automatisches Bewässerungssystem installieren, sind alle Probleme gelöst.

Es ist ziemlich sinnlos, ein Gärtchen aus Topf- und Kübelpflanzen anzulegen, wenn die Pflanzen nicht täglich gewässert werden können. Das heißt nicht, dass sie auch täglich gewässert werden müssen. Wenn es die ganze Woche regnet, ist das sicher nicht nötig. Fahren Sie aber zwei Wochen in Urlaub, und fällt in dieser Zeit kein Tropfen Regen, wird bei Ihrer Rückkehr ein großer Teil der Pflanzen Ihres Balkon- oder Terrassengartens vertrocknet sein.

Kübelpflanzen brauchen weitaus mehr Wasser als Freilandpflanzen. Eine große Pflanze in einem 90-cm-Kübel kann pro Tag bis zu 5 Liter Wasser über die Blätter und durch Verdunstung aus dem Topf selbst abgeben, wenn es heiß und sonnig ist. Aus Terrakotta-Töpfen verdunstet mehr als aus Kunststofftöpfen, das lässt sich vermeiden, wenn man die Töpfe vor der Pflanzung mit Folie auslegt.

PRAKTISCHES

Wenn Sie eine Pflanze gießen, muss sie durch und durch gewässert werden. Füllen Sie den Topf bis an den Rand mit Wasser und lassen Sie es versickern; dann wiederholen Sie den Vorgang. Vermeiden Sie aber ein Übermaß an Wasser. Richten Sie sich

OBEN *Ein langes Endstück für den Schlauch ist besonders praktisch, wenn man mehrere Hängekörbe zu wässern hat.*

Schlauch
Kunststoffschläuche gibt es in verschiedenen Längen. Verstärkte Ausführungen halten länger und sind den höheren Preis wert.

Gießkanne
Dank der langen Tülle dieser Kanne kann man auch die hintersten Winkel erreichen.

KÜBELPFLANZEN WÄSSERN

nach dem Zustand des Substrats. Wenn eine Pflanze zu welken beginnt, ist nicht unbedingt Wassermangel schuld, sie kann auch unter Staunässe oder Nährstoffmangel leiden. Fühlt sich das Substrat bis 2,5 cm unter der Oberfläche trocken an, wird gegossen.

BEWÄSSERUNGSSYSTEME

Für eine große Zahl von Topf- und Kübelpflanzen ist die Installation eines automatischen Bewässerungssystems sinnvoll. Ein Computer gesteuertes System würde Sie aller Sorgen ums richtige Wässern entheben. Die drei wichtigsten Systeme sind Deckenleitungen, Berieselungssysteme und sogenannte Kapillarsysteme. Alle haben Vor- und Nachteile. Deckenleitungen sind wahrscheinlich am einfachsten zu installieren, doch haben sie den höchsten Wasserverbrauch. Berieselungssysteme sind teurer, aber wirkungsvoller. Sie bringen das Wasser direkt an die Wurzeln der Pflanze; es gibt kleinere Varianten für Blumenkästen und Balkone.

Kapillarsysteme, die die Pflanze von unten mit Wasser versorgen, werden in Gärtnereien und Gewächshäusern eingesetzt.

Sprühschlauch
Er wird nahe an die Pflanzen gelegt und versorgt die Wurzeln ständig mit Wasser.

TIPPS

1 Aus einer mit Kies und Wasser gefüllten Schale kann sich die Pflanze gleichmäßig Feuchtigkeit holen, ohne dass es zu Staunässe kommt. Dieses Prinzip wird in vielen Gewächshäusern angewendet.

2 Wirkt eine Pflanze total verwelkt und ausgetrocknet, sollte man noch einen letzten Versuch starten und sie samt Topf in einen Eimer Wasser stellen, bis keine Luftblasen mehr aufsteigen. Sie kann sich unter Umständen noch einmal erholen.

Kultursäcke

Kultursäcke sind einfach zu handhaben. Sie werden hauptsächlich für Tomaten verwendet, eignen sich aber auch für die Kultur anderer Gemüse; besonders praktisch sind sie für Anfänger in Sachen Kübelkultur.

OBEN *Freilandgurken können gut auf Kultursäcken kultiviert werden. Wie Tomaten wachsen sie an Stäben hoch.*

Eine gute Möglichkeit, in die Praxis der Kultur von Gemüse und Kräutern und den Umgang mit verschiedenen Pflanzbehältern einzusteigen, bieten Kultursäcke. Man beginnt besser mit ein paar Pflanzen in Säcken, bevor man sich mit viel Aufwand einen ganzen Garten aus Töpfen und Kübeln anlegt. Die Säcke enthalten Substrat auf Torfbasis mit Nährstoffzusatz, der zunächst für ein gesundes Wachstum ausreicht. Im Ablauf der Vegetationszeit muss dann immer wieder gedüngt werden.

Früher hat man Kultursäcke hauptsächlich für die Kultur von Tomaten im Freien verwendet und zog die Pflänzchen an Bambusstäben vor einer warmen Hausmauer. Doch auch andere Gemüsearten gedeihen zufriedenstellend auf Kultursäcken, darunter Salat, Erbsen, Gartenbohnen, Spinat und Schnittmangold. Erbsen können über den Rand hängen und müssen nicht unbedingt nach oben gezogen werden.

VERWENDUNG VON KULTURSÄCKEN

Kultursäcke sind die denkbar simpelsten Pflanzbehälter. Man legt sie einfach auf den Boden, macht nach den Anweisungen auf dem Sack ein paar Löcher in den Boden, schneidet die Quadrate an der Oberseite aus und setzt die Pflanzen hinein. In einem Kultursack haben meist drei Tomatenpflanzen Platz, Salat oder Erbsen können dichter stehen. Die ausgewachsenen Pflanzen sollten später die Oberfläche des Kultursacks überwachsen. Regelmäßige Gaben von Flüssigdünger sind dazu allerdings notwendig.

NACHTEILE

Die Kultur von Gemüse oder Kräutern auf Säcken hat zwei Nachteile. Sie müssen im Sommer jeden Tag gründlich gewässert werden (moderne Säcke haben schon einen Kunststofftrichter, der das Wasser über die ganze Länge verteilt). Und sie sehen nicht besonders schön aus.

Für eine schon vorhandene Anlage mit Topfpflanzen lohnt es sich, spezielle Kästen oder Tröge anzufertigen, in denen man Kultursäcke unterbringen kann. Man könnte auf der Terrasse auch ein paar Platten aussparen und eine Vertiefung vorsehen, in die ein Kultursack hineinpasst. Dann bleibt die Bepflanzung dezent in Bodenhöhe, niedrige Pflanzen decken den Sack bald zu.

RECHTS *Paprika auf einem Kultursack. Die Säcke lassen sich hinter Stufen verbergen.*

GÄRTNERN MIT KÜBELPFLANZEN – DIE GRUNDLAGEN

Überwintern

Frostempfindliche Pflanzen brauchen ein Winterquartier im Haus. Gibt es dafür keine Möglichkeit, müssen sie bei starkem Frost warm eingepackt werden. Das gilt auch für Kübel aus Ton.

OBEN RECHTS *Tontöpfe müssen ebenso wie Pflanzen vor Frost geschützt werden. Legen Sie einen Drahtring unter den Topfrand.*

Pflanzgefäße werden im Sommer sehr heiß und trocken und kühlen im Winter stärker ab als ihre Umgebung, weil sie den Elementen mehr Angriffsfläche bieten. Kübelpflanzen brauchen deshalb in kalten Wintern besondere Pflege, sie müssen oft schon eingepackt oder hereingeholt werden, wenn es im Innenhof, auf der Fensterbank oder im Dachgarten noch relativ mild ist. Besonders offene Dachgärten sind Wind, Wetter und Kälte voll ausgesetzt.

WINTERHARTES GEMÜSE

Mit Gemüse hat man im Winter weniger Probleme als mit blühenden Pflanzen oder Sträuchern. Fast alle Gemüsearten sind Ein-

RECHTS *Bei sehr kaltem Wetter packt man Töpfe in Polsterfolie ein, die mit einem Stein beschwert wird.*

jährige oder werden einjährig kultiviert; viele sind längst abgeerntet, bevor der Winter kommt. Gemüse, das über den Winter im Pflanzbehälter bleibt, wie etwa Rosenkohl, ist winterhart und verträgt auch Kälte und Frost.

KRÄUTER

Mit Kräutern ist das etwas anderes. Ausdauernde Pflanzen wie Rosmarin, Thymian und Majoran brauchen im Winter Schutz. Wenn sie nicht in einen kühlen, frostfreien Raum umziehen können, packt man sie während der kältesten Monate in schützendes Vlies oder Sackleinen ein. Vlies ist besonders geeignet, weil es Licht und Feuchtigkeit durchlässt, allerdings ist es nicht besonders reißfest, kann also bei starkem Wind an scharfen Kanten einreißen. Halbharte oder frostempfindliche Blütensträucher müssen ebenfalls geschützt werden; die meisten Rosen sind winterhart, nur einige wenige, wie *Rosa banksiae*, brauchen bei sehr kaltem Wetter eine Abdeckung.

PFLEGE DER PFLANZGEFÄSSE

Nicht nur Pflanzen brauchen Winterschutz. Wenn Terrakotta-Töpfe starken Frösten und Regen ausgesetzt sind, können sie Risse bekommen und springen. Binden Sie ein Stück Draht unter den Topfrand, oder packen Sie das Pflanzgefäß zum Schutz vor Frost in Sackleinen. Gut geeignet als Schutz für Töpfe wie auch Pflanzen ist auch eine Polsterfolie aus Kunststoff. Sie dichtet allerdings auch gegen Luftzirkulation ab, und das kann zu Krankheiten führen.

OBEN *Ein Dach für Zwiebeln, die bei schlechtem Wetter geerntet wurden. Sie müssen vor der Lagerung getrocknet werden.*

UNTEN *Legen Sie den Topf um und wickeln Sie ihn in Sackleinen ein. Damit ist er für den Winter gut geschützt.*

GÄRTNERN MIT KÜBELPFLANZEN – DIE GRUNDLAGEN

Rückschnitt, Sicherung und Stützen

Der Rückschnitt ist bei Kübelpflanzen relativ einfach, wenn man die richtige Zeit dafür kennt und die Eigenheiten der Pflanze berücksichtigt. Fragen Sie im Zweifelsfalle im Bekanntenkreis nach.

OBEN RECHTS *An großen Töpfen können Rankgitter für Kletterpflanzen befestigt werden. Bei Holzgefäßen nagelt man sie einfach an die Rückseite.*

Beim Schnitt der Gehölze gibt es mehr Unsicherheit als bei jeder anderen Tätigkeit im Garten. Wenn Sie erst einmal das Ziel des Rückschnitts und seine Technik kennen, ist diese Pflegemaßnahme kein Problem mehr für Sie. Ganz wichtig ist, dass eine Pflanze zum richtigen Zeitpunkt geschnitten wird. Darüber hinaus sind zwei Dinge zu beachten: Erstens blühen und fruchten die verschiedenen Pflanzen nicht alle an Trieben aus demselben Jahr; eine Teehybride bringt ihre Blüten an den neuen Trieben der laufenden Saison hervor, Pfirsiche zum Beispiel blühen und fruchten aber am vorjährigen Holz. Zweitens regt Schneiden das Wachstum an. Zweck des Rück-

Allzweck-Gartensäge

Bügelsäge für dicke Äste

Amboss-Schere

Heckenschere (bei Bedarf)

Langstielige Astschere (bei Bedarf)

RICHTIGER RÜCKSCHNITT

Bei der Pflanzung können junge Pflanzen auf einige kräftige Triebe zurückgeschnitten werden. Jeder Trieb muss zwei gesunde Augen aufweisen, aus denen im folgenden Jahr neue Triebe in der erwünschten Richtung wachsen. Bei Rosen und Johannisbeersträuchern macht man einen Pflanzschnitt. Dazu benötigt man eine scharfe Ambossschere, die saubere Schnittflächen hinterlässt; ausgefranste Ränder können Krankheiten begünstigen. Schnabelscheren sind ideal, gerade Klingen würden die Triebe beim Schnitt zusammendrücken. Einzelheiten über den Rückschnitt lesen Sie auf der gegenüberliegenden Seite und auf S. 144.

schnitts ist es daher, das Wachstum an genau der richtigen Stelle zu fördern, um möglichst viele Blüten und Früchte zu bekommen.

Rückschnitt bei Kübelpflanzen

Kletterrosen: Die besten Kletterrosen auf begrenztem Raum sind solche mit Blüten in Teehybrid-Form, oder die kletternden Formen von Teehybriden und Floribunda-Rosen.

Bei der Pflanzung werden verletzte Wurzeln weggeschnitten, Triebe festgemacht und beschädigte Äste eingekürzt; schwache Seitentriebe entfernt man besser. Im nächsten Sommer befestigt man dann die inzwischen kräftig entwickelten Seitentriebe und erzieht sie in Fächerform. Nach der Blüte wird alles Welke und Verblühte entfernt. Im Frühling schneidet man dann die Blütentriebe auf 3-4 Augen oder 15 cm Länge zurück und macht alle Triebe fest. Das wiederholt sich jährlich, ältere Triebe, die bereits erschöpft wirken, werden nach ein oder zwei Jahren bis auf 5 cm über dem Grund zurückgeschnitten. Dadurch wird an der Basis neuer Wuchs angeregt.

Kletterpflanzen

Jasmin: Sommerjasmin ist eine wüchsige Pflanze, die durch Rückschnitt in Schranken gehalten werden muss. Nach der Blüte dünnt man die Pflanze aus und schneidet bis zu einem Drittel der Triebe heraus. Junge Triebe werden laufend am Rankgerüst festgemacht.

Winterjasmin: Geschnitten wird nach der Blüte im Vorfrühling. Dabei kürzt man alle abgeblühten Triebe um ein Drittel ein. Schwache oder beschädigte Triebe werden ganz entfernt.

Hopfen: Die wüchsige Kletterpflanze wird im Frühling bis auf 60–90 cm über dem Grund zurückgeschnitten.

STÜTZEN

Kübelpflanzen brauchen Halt, den ihnen eine Stütze bietet. Stecken Sie diese an der Seitenwand des Topfes ins Substrat, und machen Sie die Pflanze daran fest, bevor sie über den ihr zustehenden Platz hinauswächst. Große Pflanzen sollten möglichst an einer Mauer oder an einem Drahtgerüst befestigt werden. Bei der Pflanzung von Bäumchen gibt man eine möglichst große Stütze in den Topf.

- *Holzstäbe*
- *Bambusstäbe*
- *Geölter Gartenzwirn*
- *Gartenzwirn*
- *Kunststoffanbinder*
- *Blumendraht*
- *Aluminium-Etiketten*
- *Kunststoff-Etiketten*

Rückschnitt, Sicherung und Stützen

RECHTS *Neu gepflanzte Bäumchen müssen mit einem Baumgurt an der Stütze befestigt werden, damit die Rinde nicht durchgescheuert wird.*

KRÄUTER UND STRÄUCHER

Strauchige Kräuter wie Thymian, Salbei und Majoran benötigen im Vorfrühling einen Erhaltungsschnitt, darüber hinaus aber keinen speziellen Rückschnitt.

Rosmarin: Unordentliche Triebe werden im Frühling zurückgeschnitten. Vorsicht! Rosmarin erneuert sich nicht aus altem Holz.

Lavendel: Lavendel schneidet man jedes Mal zur Frühlingsmitte kräftig zurück, um neuen Wuchs anzuregen. Alle abgeblühten Triebe werden zurückgenommen, und zwar um 2,5 cm des vorjährigen Holzes.

OBSTBÄUME UND JOHANNISBEERSTRÄUCHER

Der Rückschnitt von Feigen-, Pfirsich-, Apfel- und Birnbäumen wird in dem Kapitel Obst behandelt. Bei Feigen ist der Rückschnitt kompliziert; deshalb empfiehlt es sich, fachmännischen Rat dazu einzuholen. Quitte und Mispel brauchen praktisch keinen Rückschnitt, man entfernt nur schwache und sich überkreuzende Zweige.

Pflaumen: Sobald die Grundform aufgebaut

RANKGERÜSTE

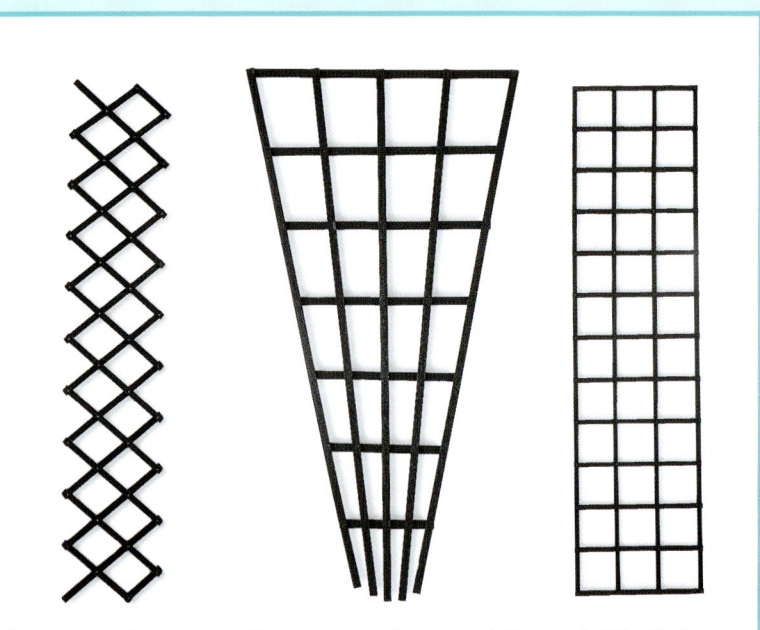

Rankgerüste gibt es in jedem Gartencenter. Messen Sie aus, wie groß das Gerüst sein muss. Achten Sie beim Kauf auf eine solide Ausführung. Bei beschränktem Platz müssen Sie das Gerüst vielleicht selbst bauen, damit es wirklich passt.

Es wird mit Dübeln an der Wand befestigt, mindestens 3-4 cm Abstand sind dabei für die Luftzirkulation erforderlich. Fädeln Sie Pflanzen wie etwa Rosen niemals durch das Gitter. Die Triebe werden immer an der Vorderseite mit Gartenzwirn befestigt.

BÄNDER UND STÜTZEN

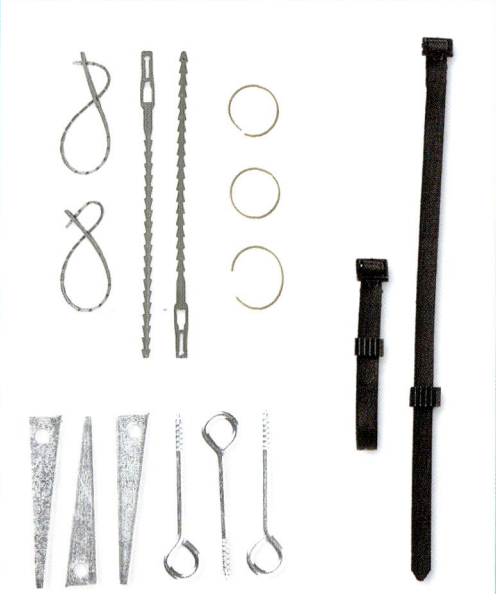

Es gibt verschiedene Bänder, mit denen große Äste und Bäumchen an Stützen befestigt werden sollten. So vermeidet man, dass die Rinde durchgescheuert wird und Krankheitserreger eindringen. Stahlösen und Schrauben braucht man, um das Drahtgerüst sicher an der Wand zu befestigen. Stahlösen können direkt in die Wand geschlagen werden, für Schrauben sind Dübel erforderlich.

ist, muss nur noch wenig geschnitten werden; der richtige Zeitpunkt dafür ist der Sommer, nicht Winter oder Vorfrühling.

Kirschen und Sauerkirschen: Bei der Erziehung eines Kirschbaums als Fächer verfährt man wie auf Seite 144 für Pfirsichbäume beschrieben. Der Rückschnitt des aufgebauten Fächers ist dem des Pfirsichfächers ganz ähnlich. Vielleicht müssen einige ältere Seitentriebe in jedem Frühling auf 7,5–10 cm über dem Ansatz zurückgeschnitten werden, um neuen Wuchs aus den Basalknospen anzuregen.

Johannisbeeren: Der Rückschnitt ist im Pflanzenverzeichnis (S. 146) beschrieben.

Sicherung

Bei starken Böen können Töpfe und Kübel leicht umfallen, besonders solche mit kopflastigen Bäumen oder Sträuchern auf einem exponierten Dachgarten. Es ist daher wichtig, dass alle Gefäße gut gesichert sind, vielleicht müssen sie sogar mit Halteseilen oder Draht an Ringschrauben im Dach oder in der Mauer festgemacht werden.

Stützen

Achten Sie darauf, dass alle Pflanzen angebunden sind. Kleine Kletterpflanzen können an Gittern, die man in den Topf steckt, oder an Spalieren an der Wand hochgezogen werden. Ein Rankgitter kann auch direkt an das Pflanzgefäß angeschraubt sein.

Bäume und Sträucher müssen schon bei der Pflanzung mit einem stützenden Stab verbunden sein, hoch wachsende Pflanzen können rundum mit Bambusstäben gestützt werden. Alle Bäume brauchen bereits bei der Pflanzung eine starke Stütze.

Obstgehölze in unverrückbaren Behältern werden an dem schon vor der Pflanzung angebrachten Drahtgerüst erzogen.

ERBSEN IN TOPFKULTUR

1 Wählen Sie einen Topf von entsprechender Größe und geben Sie eine Schicht Dränagematerial hinein. Darüber kommt Pflanzerde bis etwa 2,5 cm unter den Rand.

2 Nehmen Sie die Pflanzen einzeln aus dem Multitopf und drücken Sie sie mit jeweils 10 cm Abstand am Topfrand entlang ins Substrat.

3 Stecken Sie Stützen zwischen die Pflanzen. Dafür eignen sich Haselreiser am besten, die auch noch unwillkommene Vögel abschrecken können.

4 Achten Sie darauf, dass die Wurzeln der Pflänzchen von den Haselreisern nicht verletzt werden. Binden Sie die Reiser eventuell zusammen.

GÄRTNERN MIT KÜBELPFLANZEN – DIE GRUNDLAGEN

Vermehrung – Aussaat und Pflanzung

Der erste Schritt zum eigenen Gemüse ist die Aussaat. Lesen Sie die Angaben auf den Samentütchen genau durch. Behandeln Sie die Sämlinge mit aller Vorsicht.

OBEN RECHTS *Ein Vermehrungskasten mit Feuchtigkeits- und Temperaturregler ist für Aussaat oder Vermehrung durch Stecklinge sehr praktisch.*

Aussaat ist die einfachste aller Vermehrungsmethoden. Im Kübelpflanzengarten werden nur solche Pflanzen direkt gesät, die schwer zu pikieren und umzusetzen sind: Möhren, Rote Bete und Weiße Rüben zum Beispiel. Anderes Gemüse wird in Saatschalen gesät; dann pikiert man die Pflänzchen und pflanzt sie, wenn sie groß genug sind, schließlich aus.

HINWEISE FÜR DIE AUSSAAT

Saatschalen müssen Abzugslöcher haben. Man füllt sie mit Aussaaterde, wässert sie und lässt das Wasser abfließen. Dann sät man, wie auf der Samentüte angegeben. Für die Direktsaat muss man die Stelle festlegen, an der die Pflanzen später im Topf stehen sollen. Das Substrat wird sorgfältig vorbereitet, und an jede markierte Stelle kommen einige Samen. Bei großen Samenkörnern, wie etwa Erbsen oder Bohnen, sät man immer zwei und entfernt dann das schwächere Pflänzchen. Bei feinen Samen, wie Möhren oder Schnittlauch, sät man den Samen so dünn wie möglich und dünnt die Pflänzchen nach dem Aufkeimen aus.

OBEN *Kleine Samen können in Einweg-Multitöpfe aus Pappe gesät werden. Säen Sie jeweils zwei Samen, wenn beide keimen, wird der schwächere Sämling entfernt.*

KLEINE SAMEN AUSSÄEN

1 Geben Sie gute Anzuchterde in die Saatschale. Sie soll bis etwa 1cm unter den Rand reichen. Den Samen gleichmäßig auf der Oberfläche verteilen.

2 Wenn der Samen im Dunkeln keimen muß, streuen Sie Anzuchterde durch ein feines Sieb darüber. Die Deckschicht darf aber nicht zu dick sein.

3 Stellen Sie die Saatschale in eine flache Schüssel mit Wasser, bis das Substrat durchfeuchtet ist. Wasser abtropfen lassen. Mit einer Glasscheibe abdecken und warm stellen.

Pikieren und Auspflanzen

Bald nachdem die Sämlinge erscheinen, müssen sie pikiert werden. Man wartet, bis sie zwei Blattpaare haben und löst sie dann vorsichtig aus dem Substrat, um sie in Einheitserde einzutopfen. Fassen Sie die Sämlinge an den Keimblättern, also den unteren, und nicht am Stängel. Pflanzen Sie sie gleich tief wieder ein und drücken Sie das Substrat rundum leicht an. Wenn die Sämlinge groß genug sind, werden sie abgehärtet und an ihren endgültigen Standort gepflanzt.

Temperatur

Alle Samen brauchen zum Keimen über eine längere Zeitspanne eine Mindesttemperatur; sie ist von Pflanze zu Pflanze verschieden und auf der Samenpackung angegeben. Gemüse keimt normalerweise erst, wenn die Bodentemperatur im Pflanzgefäß mindestens eine Woche lang 7 °C beträgt.

Pflege der Sämlinge

Sämlinge neigen mitunter zur Umfallkrankheit, einer Pilzinfektion, die gern auftritt, wenn die Sämlinge zu eng stehen oder das Substrat zu kalt und zu nass ist. Besprühen Sie die Sämlinge von Zeit zu Zeit vorbeugend mit einem geeigneten Fungizid oder mit Ackerschachtelhalmtee, und halten Sie alle Gefäße so sauber wie möglich.

Schalen auf der Fensterbank sollten täglich gedreht werden, damit die Pflanzen nicht einseitig zum Licht wachsen. Man stellt sie möglichst bald nach draußen und schützt sie anfangs vor direktem Sonnenlicht. Bleiben die Pflänzchen länger in der Aussaaterde, müssen sie verdünnten Flüssigdünger bekommen.

OBEN *Wenn die Sämlinge groß genug sind, werden sie einzeln in eine Schale mit Anzuchterde gesetzt, wo sie jeweils 4–5 cm Platz um sich herum haben.*

GROSSE SAMEN AUSSÄEN

1 Säen Sie der Einfachheit halber große Samen in einen Pflanzkübel. Geben Sie Anzuchterde hinein und streichen Sie sie glatt.

2 Damit es keine Lufteinschlüsse im Substrat gibt, drücken Sie die Oberfläche mit einem Glas leicht zusammen und glätten sie wieder.

3 Achten Sie darauf, daß genügend Platz zwischen Erdoberfläche und Gefäßrand ist. Die Samen gleichmäßig verteilen.

4 Decken Sie den Samen mit Substrat ab, falls sie Dunkelkeimer sind. Von unten wässern und den Topf mit einer Glasscheibe abdecken.

Vermehrung – Stecklinge und Teilung

Pflanzen durch Stecklinge oder Teilung zu vermehren, ist eine der aufregendsten Erfahrungen beim Gärtnern. Dabei ist beides gar keine Kunst, man muss nur wissen, wie es gemacht wird.

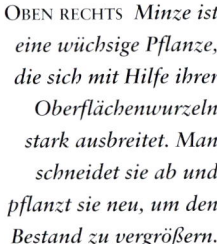

OBEN RECHTS *Minze ist eine wüchsige Pflanze, die sich mit Hilfe ihrer Oberflächenwurzeln stark ausbreitet. Man schneidet sie ab und pflanzt sie neu, um den Bestand zu vergrößern.*

Es gibt verschiedene Arten von Stecklingen, das Prinzip ist aber bei allen das gleiche. Man schneidet ein Stück von der Pflanze ab, taucht es in Bewurzelungshormon und setzt es in feuchtes Substrat. Danach hält man die Stecklinge feucht.

HALBREIFE STECKLINGE

Halbreife Stecklinge werden im Spätsommer von neuen, diesjährigen Trieben genommen, und zwar immer von solchen, die nicht blühen. Die normale Länge beträgt etwa 5–10 cm. Man schneidet sie knapp

STECKLINGE ABNEHMEN

1 Schneiden Sie im Sommer einige Triebe ab (hier ist Rosmarin zu sehen). Am besten eignen sich Triebe ohne Blüten.

2 Entfernen Sie die unteren Blätter, so dass nur der Stängel übrig bleibt; den stecken Sie ins Substrat.

3 Besprühen Sie alle Stecklinge mit Wasser, bevor Sie sie ins Substrat stecken. Stecklinge müssen feucht gehalten werden.

4 Mischen Sie das Substrat mit grobem Sand, damit der Boden durchlässig ist, setzen Sie die Stecklinge am Topfrand ein.

5 Befestigen Sie einen Drahtbügel, z. B. einen Draht-Kleiderbügel, und ziehen Sie einen großen Plastikbeutel darüber.

6 Prüfen Sie, ob das Substrat feucht genug ist, und befestigen Sie den Beutel mit einem breiten Gummiband am Topfrand.

7 Die Stecklinge haben sich bewurzelt und sind doppelt so groß geworden. Sie können einzeln getopft werden.

8 Setzen Sie jeden Steckling in einen Topf mit guter Dränage. Anschließend geben Sie etwas Flüssigdünger.

unter einem Blattansatz ab und entfernt die unteren Blätter. Der Feuchtigkeitsverlust lässt sich verringern, wenn man einige Blätter wegnimmt. Tauchen Sie den Steckling mit der Schnittfläche in Bewurzelungshormon, und setzen Sie ihn in Stecklingserde.

Manche Sträucher und Kräuter vermehrt man am besten durch Ansatzstecklinge vom alten Holz. Dabei zieht man den Trieb nach unten von der Pflanze ab, so dass an der Wunde ein kleiner Keil bleibt.

VERHOLZTE STECKLINGE

Verholzte Stecklinge werden im Herbst von neuen Trieben nach ihrem ersten Jahr abgenommen. Man teilt sie in 25–30 cm lange Stücke und schneidet sie oben knapp über einem Augenpaar, unten knapp unter einem Augenpaar ab. An der Basis entfernt man einen kleinen Rindenstreifen. Dann steckt man sie mindestens zur Hälfte, mit Abständen von 7,5–10 cm, in das Substrat, unten im Topf muss zur Verbesserung der Dränage grober Sand oder Kies sein. Es kann lange dauern, bis Stecklinge anwachsen.

TEILUNG

Die einfachste Vermehrungsmethode ist die Teilung, sie wird oben erklärt.

WURZELTEILUNG

Nehmen Sie eine passende Pflanze, die sich durch die Bildung neuer Wurzeln ausbreitet, im Frühling oder nach der Blüte auf. Ziehen Sie die Pflanze mit den Fingern oder mit zwei Gabeln auseinander, oder schneiden Sie den Wurzelballen mit einem Messer in zwei Stücke. Die Teilstücke werden sofort wieder eingepflanzt. Eine Pflanze, die sich gut durch Teilung vermehren lässt, ist zum Beispiel die Kissenprimel.

OBEN *Manche Pflanzen bewurzeln sich problemlos in einem Glas Wasser, ganz ohne Substrat. Stellen Sie sie auf die Fensterbank; wenn die Wurzeln ausgebildet sind, werden sie einzeln eingetopft.*

KNOBLAUCH VERMEHREN

1 Knoblauch ist leicht mit den einzelnen Zehen der Zwiebel zu vermehren. Man legt sie direkt in die Erde oder gibt sie in einen Plastikbeutel, wo sie zu sprießen beginnen, und pflanzt sie dann aus.

2 Verschließen Sie den Beutel und warten Sie, bis Sprosse erscheinen, die gut zu erkennen sind. Ausgepflanzt wird im Frühling und zwar 5 cm tief, geerntet zu Ende des Sommers.

BEWURZELUNGSHORMON

Viele halbreife Stecklinge, etwa von Pelargonien, bewurzeln sich besser, wenn sie in Bewurzelungshormon getaucht werden, bevor man sie in das Substrat setzt.

GÄRTNERN MIT KÜBELPFLANZEN – DIE GRUNDLAGEN

Pflege der Pflanzgefäße

Die sorgfältige Pflege von Kübeln und Töpfen ist wichtig, sie müssen sauber gehalten werden und trocken stehen. Stellt man sie auf Klötzchen, kann die Luft darunter zirkulieren, und der Topfboden wird geschont.

OBEN RECHTS *Holzfässer müssen vor der Verwendung über Nacht gewässert werden, damit sich die Dauben schließen.*

Pflanzgefäße sollten zweckmäßig sein, zur Pflanze passen und ausreichend Substrat aufnehmen, damit sie darin gedeihen kann. Sie müssen ständige Feuchtigkeit vertragen. Überschüssiges Wasser soll durch ihre Abzugslöcher abfließen.

ABZUGSLÖCHER

Alle gekauften Pflanzgefäße haben in der Regel Abzugslöcher, wenn nicht, muss man Löcher in den Topfboden bohren. Dasselbe gilt für selbst gebaute Pflanzbehälter. Prüfen Sie, ob die Abzugslöcher ausreichen. Ist der Topf mit Folie ausgekleidet, müssen die Abzugslöcher von Folie und Topfboden deckungsgleich sein.

DRÄNAGESCHICHT

Zuerst kommt eine Schicht grobes Material, Topfscherben oder kleine Steine, in den Topf, damit das Substrat von unten gut belüftet und beim Gießen nicht durch die Abzugslöcher weggespült wird.

Dränagematerial, das zusammen mit Rhododendronerde verwendet wird, darf keinen Kalk enthalten! Zerkleinerter Kalk-

EIN PFLANZGEFÄSS REINIGEN

1 Der Topf wird gesäubert, indem man altes Substrat und Pflanzenreste mit einer Drahtbürste oder Haushaltsbürste innen und außen schrubbt.

2 Dann wird der Behälter mit warmem Wasser und Spülmittel ausgewaschen und mehrmals mit klarem Wasser ausgespült, bevor frische Pflanzerde hineinkommt.

stein oder alte Mörtelbrocken enthalten sicher Kalk und dürfen nicht verwendet werden.

REINIGUNG

Pflanzgefäße müssen nach jedem Ausleeren des Substrats gründlich gesäubert werden, um die Ausbreitung von Krankheiten zu verhindern. Sie werden von allem sichtbaren Schmutz befreit und, wenn nötig, sogar über Nacht in Seifenwasser gelegt. Vor der Wiederverwendung müssen Pflanzgefäße völlig trocken sein.

HOLZBEHÄLTER

Gefäße aus Holz sollten vor der ersten Verwendung mit einem Holzschutzmittel behandelt werden. Achten Sie darauf, dass das Mittel für Pflanzgefäße geeignet ist und Pflanzen auf keinen Fall schadet, und halten Sie sich an die Anweisungen des Herstellers. Es gibt nämlich Holzschutzmittel, die für Pflanzen nicht nur schädlich, sondern sogar tödlich sind.

Die Lebensdauer eines Holzbehälters lässt sich durch eine Kunststofffolie verlängern. Befestigen Sie sie mit Heftklammern am Gefäß und schneiden Sie in den Boden der Folie Abzugslöcher.

Auch bei Kupfer-, Eisen- oder Bleigefäßen ist eine Auskleidung günstig, damit keine durch Oxidation entstehenden Verbindungen ins Substrat gelangen können und die Pflanzen schädigen.

LUFTZIRKULATION

Stellen Sie alle Kübel, Tröge und Töpfe auf Holz- oder Tonklötzchen, um eine bessere Dränage und damit auch eine gute Luftzirkulation, zum Beispiel unter einem Pflanztrog, zu erreichen. Das ist bei Holzbehältern besonders wichtig, denn sie verrotten, wenn sie zu lange feucht stehen.

SCHWERE PFLANZGEFÄSSE

Schwere Behälter mit Pflanzen sind oft kaum noch von der Stelle zu bewegen. Es gibt Möglichkeiten, sich den Transport von einem Standort zum andern zu erleichtern. Versuchen Sie, ein Stück Sackleinen unter das Pflanzgefäß zu schieben, und ziehen Sie es an dieser Unterlage zum neuen Standplatz. Sie können auch ein Brett mit kleinen Rollen unterlegen – nach dem Prinzip, wie früher Schiffe vom Stapel gelassen wurden. Oder Sie legen ein Geschirr aus Seilen um das Pflanzgefäß, befestigen es an einem dicken Holzpflock, und organisieren einige starke Männer, die das Gefäß damit transportieren. In allen Fällen sollten die Pflanzen zur Vorsicht eingepackt werden, bis der Kübel an seinem endgültigen Platz ist.

Eine Möglichkeit zum Transport des Pflanzgefäßes besteht darin, ein Brett unterzuschieben und Rohrstücke als Rollen darunter zu legen.

GÄRTNERN MIT KÜBELPFLANZEN – DIE GRUNDLAGEN

Schädlinge, Krankheiten

Vorbeugen ist besser als Heilen. Sehen Sie täglich nach Ihren Schützlingen und greifen Sie sofort ein, wenn Sie Anzeichen von Krankheiten oder Schädlingen entdecken.

Bei einer befallenen Pflanze kann man gegen Ohrwürmer Fallen stellen. Stülpen Sie kleine Blumentöpfe über Bambusstäbe und füllen Sie sie mit Stroh aus. Leeren Sie sie täglich. Die Ohrwürmer verkriechen sich tagsüber im Stroh und kommen erst in der Dämmerung heraus.

Jede Pflanze kann von Schädlingen und Krankheiten befallen werden. Das beste Mittel dagegen ist, Pflanzen optimale Bedingungen zu schaffen. Ob Sie sich für organische oder anorganische Mittel entscheiden, bleibt Ihnen überlassen. Für die meisten Pestizide gibt es heute bereits organische Alternativen. Die Art des Pflanzenschutzes spielt eine wichtige Rolle. Es gibt zur Abwehr der meisten Krankheiten und Schädlinge auch organische Sprays; allerdings sind sie nicht immer so wirksam wie anorganische. Wichtig ist, die Anweisungen des Herstellers ganz genau zu befolgen. Ein gut funktionierendes Gegenmittel sind Pflanzennachbarschaften, und mit etwas Sorgfalt lässt sich auch das Raupenproblem giftfrei lösen.

BELÜFTUNG IST WICHTIG

Sorgen Sie für gute Belüftung, sie kann auf einem kleinen Balkon oder in einem engen

HÄUFIGE SCHÄDLINGE

Blattläuse
Die häufigsten Blattläuse sind grün oder schwarz. Alle saugen Saft aus der Pflanze und schwächen sie.
Bekämpfung: Von Blattläusen befallene Dicke Bohnen werden entspitzt. Befallene Triebe spritzt man mit scharfem Wasserstrahl ab oder besprüht sie mit Schmierseifenlösung.

Minierfliegen
Kleine Insektenlarven in den Blättern zerstören schließlich das ganze Blatt.
Bekämpfung: Befallene Blätter entfernen oder sofort beim Auftreten mit einem organischen Pestizid spritzen. Bei starkem Befall muss in jedem Fall in vierzehntägigen Intervallen gespritzt werden.

Rote Spinnmilben
Winzige, orangerote oder gelbliche Milben mit schwarzer Zeichnung. Saugen den Saft aus der Pflanze und richten im Gewächshaus beträchtlichen Schaden an.
Bekämpfung: Luftfeuchtigkeit erhöhen, mit organischem Pestizid spritzen. Im Gewächshaus Bekämpfung mit Hilfe der Raubmilbe *Phytoseiulus persimilis*.

Dickmaulrüssler-Larven
Häufige Schädlinge, die die Pflanzen welken, umkippen und absterben lassen. Untersuchen Sie die Wurzeln der Pflanze auf weiße Larven.
Bekämpfung: Die parasitischen Nematoden *Heterorhabditis megidis* sind bei betroffenen Topfpflanzen die beste Bekämpfungsmöglichkeit.

SCHÄDLINGE, KRANKHEITEN

Innenhof manchmal nicht ausreichend sein. Bei Obstgehölzen ist regelmäßiger Rückschnitt wichtig, damit die Mitte der Pflanze offen bleibt und die Luft zirkulieren kann.

Pflanzennachbarschaften

Manche Pflanzen schützen sich gegenseitig; so halten beispielsweise Studentenblume und Tomaten Kohlweißlinge davon ab, ihre Eier auf benachbarten Kohlpflanzen abzulegen. Ebenso positiv wirken Minze und andere stark duftende Kräuter.

Häufige Schädlinge

Ameisen: Sie leben vom Honigtau der Blattläuse und schleppen diese beim Sammeln von einer Pflanze zur anderen. Außerdem unterminieren sie die Pflanzenwurzeln und fressen frisch gesäte Samen.

Zerstören Sie Ameisenhaufen mit kochendem Wasser. Bestäuben Sie befallene Bereiche mit speziellen Mitteln, zum Beispiel mit Borax und Zucker.

Vögel: Sie können bei Obst und Kopfkohl besonders lästig werden, stellen aber im Balkon- oder Terrassengarten weniger an als im großen Nutzgarten. Nur ein Netz, das man über gefährdete Pflanzen legt, kann wirklich helfen.

Möhrenfliege: Die Larven der Möhrenfliege bohren sich in die Wurzeln der Gemüsepflanzen. Errichten Sie um die Möhren eine Barriere, denn die Möhrenfliege fliegt nicht hoch; 60 cm sind meist ausreichend.

> **DIE DIAGNOSE STELLEN**
>
> Schädlingsbefall ist meist leicht zu erkennen. Bei Krankheiten und Mangelerscheinungen ist dies schon schwieriger, denn sie zeigen oft ähnliche Symptome. Bevor Sie vorschnell auf Feuerbrand oder Falschen Mehltau schließen, testen Sie das Substrat mit einem Testsatz. Falls es lange nicht erneuert worden ist, kann auch ein Mangel an Nährstoffen wie Stickstoff, Phosphor oder Kalium vorliegen, der verhältnismäßig leicht zu beheben ist.

Ohrwürmer
Können bei jungen Gemüsepflanzen beträchtlichen Schaden anrichten, sie fressen die Blätter an.
Bekämpfung: Stülpen Sie strohgefüllte Blumentöpfe über Bambusstäbe und stecken sie zwischen die Pflanzen. Die Ohrwürmer verkriechen sich dort tagsüber und können entfernt und gegen Blattläuse eingesetzt werden.

Schildläuse
Ein weiterer saugender Schädling, der häufig bei Obstgehölzen und im Gewächshaus auftritt. Manche sondern Honigtau ab, der zur Bildung von Rußtaupilzen führt.
Bekämpfung: Biologische Bekämpfung durch die Schlupfwespe *Metaphycus helvolus*. Mit organischem Insektizid spritzen.

Schnecken
Können auf Balkon oder Terrasse kaum zu einem ernsthaften Problem werden, im Innenhof aber jungem Kopfkohl und Salat arg zusetzen.
Bekämpfung: Mit Fallen, entweder unter einer leeren Grapefruit-Hälfte oder in einem flachen Gefäß mit süßer Flüssigkeit oder Bier. Kein Schneckenkorn einsetzen!

Drahtwürmer
Die kleinen gelben Larven fressen die Wurzeln vieler Pflanzen an. Die Blätter färben sich gelb und welken. Junge Sämlinge sterben dadurch meist ab.
Bekämpfung: Bei Topf- und Kübelpflanzen kommt es fast nie zu einem Befall mit diesen Schädlingen; sie sind daher auf Balkon oder Terrasse kaum ein Problem.

Schädlinge, Krankheiten

Raupen: Hier sind Pflanzennachbarschaften hilfreich. Werden Raupen am Gemüse zum Problem, sammelt man sie am besten von Hand ab.

Älchen: Obwohl sie ernsthafte Schäden bei Gartenpflanzen anrichten, hat man als Laie kaum eine Handhabe gegen sie. Sie werden aber meist über die Gartenerde übertragen und sind deshalb bei Topfpflanzen kaum anzutreffen.

Sägewespen: Sie können dem Obst schaden, besonders den Stachelbeeren; Äpfel, Birnen und Kirschen sind ebenfalls anfällig. Sprühen Sie ein Mittel, das Bienen nicht schadet.

Eichhörnchen: Vögel mögen Räuber sein, doch Eichhörnchen sind viel schlimmer. Eine Möglichkeit, mit ihnen fertig zu werden, besteht darin, alle Pflanzen unter einem festen Drahtgestell vor ihnen in Sicherheit zu bringen – ein Netz ist nämlich nicht stark genug. Nur in der Nähe von Parks oder Wäldern werden sie aber wirklich lästig.

Weiße Fliegen: Die Nymphen dieser kleinen Fliegen befallen im Garten den Kopfkohl,

RECHTS *Die Ursache für Mangel an grünen Pigmenten in den Blättern (Chlorose) kann zuviel Kalk im Substrat sein.*

HÄUFIGE KRANKHEITEN

Grauschimmel (Botrytis)
Wird durch feuchte Bedingungen ausgelöst, tritt bei Obst, z. B. Erdbeeren, auf. Die Bekämpfung ist schwierig. Sorgen Sie bei Ihren Kübelpflanzen für ein trockenes Milieu und optimale Belüftung, entfernen Sie befallene Früchte und Blätter.
Bekämpfung: Sprühen Sie Ackerschachtelhalmbrühe und schaffen Sie Ihren Pflanzen günstigere Bedingungen, auch wenn das in nasskalten Sommern oft schwierig ist.

Falscher Mehltau
Wird von verschiedenen Pilzen verursacht, besonders anfällig sind junge Sämlinge, die meisten sterben ab. Zeigt sich als mehlartiges Pilzmyzel an den Blattunterseiten, die Oberseiten werden fleckig oder verfärben sich.
Bekämpfung: Die Krankheit kann verhindert werden, wenn man bei jungen Pflanzen die Wurzeln feucht hält. Auch bessere Belüftung hilft; vermeiden Sie, dass Ihre Pflanzen zu dicht stehen. Sprühen Sie mit Ackerschachtelhalmbrühe.

Feuerbrand
Eine schwere Krankheit, die nur in der Familie der Rosengewächse auftritt. Die Pflanzen wirken dunkel und verbrannt, auf den Zweigen entstehen grünlich braune Geschwüre. Glücklicherweise erscheint der Feuerbrand recht selten.
Bekämpfung: Es gibt nur eine Möglichkeit der Bekämpfung: Graben Sie die befallene Pflanze aus und entsorgen Sie sie sofort. Pflanzen Sie mindestens drei Jahre keine Rosengewächse mehr in der Nähe.

Echter Mehltau
Er unterscheidet sich vom Falschen Mehltau durch einen weißen, mehlartigen Pilzbelag auf Blättern und Trieben. Ist bei Rosen, Erbsen und Stachelbeeren sowie manchem Gemüse recht häufig. Betroffene Blätter fallen oft ab.
Bekämpfung: Durch Sprühen mit Ackerschachtelhalmbrühe im Sommer; entfernen und entsorgen Sie befallene Blätter und Triebe. Mulchen und wässern Sie alle Pflanzen gründlich während der Wachstumsperiode.

SCHÄDLINGE, KRANKHEITEN

auch im Gewächshaus sind sie häufig anzutreffen, an Kübelpflanzen seltener.

KRANKHEITEN

Schwarzfleckigkeit: Häufig bei Rosen. Befallene Blätter vernichten.

Baumkrebs: Eingesunkene Wucherungen an den Trieben von Gehölzen, besonders bei Obstbäumen im Sommer. Entfernen und entsorgen Sie befallene Triebe sofort, bestreichen Sie die Wunde mit Fungizidsalbe.

Pilzkrankheiten: Verursachen Schimmelpilze, Mehltau und Welke, sie treten häufig unter feuchten Bedingungen auf. Pilzkrankheiten sind schwer zu bekämpfen, bessere Belüftung ist die beste Vorbeugungsmaßnahme. Dasselbe gilt für Blattflecken. Spritzungen mit Ackerschachtelhalmbrühe wirken unterstützend.

Schorf: Bei Obst und Kartoffeln; er zeigt sich zunächst in Form von schwarzen Flecken auf jungen Blättern. Entfernen Sie alle kranken Blätter und vernichten Sie sie.

PFLANZEN-PROBLEME

Neben Krankheiten und Schädlingen gibt es bei Pflanzen noch weitere Schäden und Ausfälle. Oft sind sie verursacht durch Frost oder anhaltende Trockenheit. Werfen Sie durch Spätfröste geschädigte Pflanzen nicht vor Mitte des Sommers weg, wässern Sie bei Trockenheit. Andere Probleme sind Mangel an Nährstoffen oder Spurenelementen im Boden. Testen Sie den Gehalt an Stickstoff, Kalium und Phosphor, und düngen Sie bei Bedarf.

Rotpustelkrankheit
Diese Krankheit tritt bei Kübel- und Topfpflanzen selten auf, weil sie meist nur altes Holz befällt, in wenigen Fällen greift sie von abgestorbenen Ästen auf lebende über. Manchmal werden Obstgehölze wie Apfelbäume und Stachelbeeren befallen.
Bekämpfung: Entfernen Sie das befallene Holz im Sommer. Schneiden Sie dabei bis ins gesunde Holz zurück und entsorgen Sie sofort alle abgeschnittenen Pflanzenteile.

Bleiglanz
Eine schwere Krankheit, die bei Pflaumen und Kirschen auftritt. Sie zeigt sich als silbriger Glanz auf den Blättern, die Pflanzen welken und sterben ab, am abgestorbenen Holz erscheint der Pilzbelag.
Bekämpfung: Die Krankheit ist nur im Winter aktiv, daher müssen alle Pflaumensorten im Sommer geschnitten werden. Betroffene Bäume werden bis ins gesunde Holz zurückgeschnitten. Bei starkem Befall muss der Baum vernichtet werden.

Umfallkrankheit
Eine Krankheit, bei der die Sämlinge umfallen und absterben. Wird meist durch feuchtkaltes Substrat oder zu geringe Abstände zwischen den Pflänzchen verursacht. Nach einiger Zeit erscheint an der Oberfläche ein flaumiger weißer Pilzbelag.
Bekämpfung: Werfen Sie alle Sämlinge einer befallenen Saatschale weg und desinfizieren Sie die Schale. Verwenden Sie beim nächsten Mal sterilisierte Aussaaterde und Saatgut, das entsprechend vorbehandelt wurde.

Mosaikvirus
Es gibt verschiedene Viren, die unterschiedliche Pflanzen befallen, aber alle verursachen die gleichen Symptome. Das Virus lebt in und von der Pflanze. Blätter werden gelb, der Wuchs ist deformiert, nur wenige, missgebildete Früchte. Betroffen sind vor allem Tomaten und Himbeeren.
Bekämpfung: Kaufen Sie als virusfrei ausgewiesene Pflanzen. Bekämpfen Sie Blattläuse rigoros. Befallene Pflanzen werden sofort entfernt und entsorgt. Fruchtwechsel bei Gemüse.

GÄRTNERN MIT KÜBELPFLANZEN – DIE GRUNDLAGEN

Ernte und Lagerung

Reife Früchte und Gemüse können nicht warten. Bringen Sie Ihre Ernte ein; was nicht gleich verzehrt wird, können Sie für später einschlagen, einfrieren oder trocknen.

OBEN *Junges Gemüse erntet man immer frisch; viele Arten werden sonst überreif. Was nicht sofort verbraucht wird, kann man gleich nach der Ernte einfrieren.*

OBEN RECHTS *Viele Gemüsearten können bis zur Verwendung zum Trocknen aufgehängt werden. Zwiebeln sind das beste Beispiel dafür.*

Es ist gewiss nicht sehr wahrscheinlich, dass der Ertrag des kleinen Nutzgartens Ihre Lagerkapazitäten erschöpft. Sie haben wirklich allen Grund, dafür Sorge zu tragen, dass nichts verdirbt, dass Gemüse und Obst optimal genutzt werden. Essen Sie selbstgezogene Früchte aus Ihrem Balkon-, Terrassen- oder Innenhofgärtchen mit Genuss, freuen Sie sich an frischem Salat und an den Kräutern.

VERNÜNFTIGE PLANUNG

Achten Sie beim Planen Ihrer Kulturen darauf, dass nicht zu viel von einer Gemüseart gleichzeitig zur Ernte ansteht. Überschätzen Sie Ihren Bedarf nicht.

Legen Sie die Pflanzung so an, dass nach und nach geerntet werden kann. Vielleicht wollen Sie im Sommer nur jeden zweiten Tag grünen Salat essen. Pflanzen Sie also nicht zwölf Kopfsalate auf einmal, die alle gleichzeitig erntereif sind, sondern lieber nur sechs, und setzen Sie zwei Wochen später wieder sechs.

LAGERN UND TROCKNEN

Wenn Sie im Keller oder in der Speisekammer Platz genug haben, kann manches Gemüse, wie Zwiebeln und Kartoffeln, getrocknet und an einer kühlen, trockenen, dunklen Ecke einige Wochen gelagert werden. Möhren und Rote Bete werden am besten in Sand eingeschlagen.

Andere Gemüsearten lassen sich gut einfrieren. Meist müssen sie vorher blanchiert werden, also für einige Minuten in kochendes Wasser gegeben und mit kaltem Wasser abgeschreckt werden. Lassen Sie sie vor dem Einfrieren gut abtropfen. Genauere

Anleitungen finden Sie in einem Buch über sinnvolle Vorratshaltung.

OBST

Die Früchte Ihres Fleißes sollten möglichst frisch gegessen werden, selbst wenn Sie dazu noch ein paar Freunde einladen müssen. Das gilt besonders für Erdbeeren, die beim Tiefgefrieren so viel von ihrem feinen Aroma verlieren; essen Sie sie frisch geerntet oder püriert als feine Sauce zum Dessert.

Äpfel können, wenn sie wirklich makellos sind, an einem kühlen, trockenen Platz gelagert werden; manche Sorten halten sich besser als andere, im allgemeinen sind späte Sorten länger zu lagern als frühe. Auch Birnen halten sich, einzeln in Papier gewickelt, einige Zeit an einem kühlen, dunklen Ort.

Die meisten anderen Früchte, wie Johannisbeeren oder Brombeeren, aber auch Aprikosen und Zwetschgen, können Sie problemlos einfrieren. Beeren aus der Tiefkühltruhe bringen einen Hauch von Sommer auf den winterlichen Speisezettel. In der kalten Jahreszeit, wenn Ihre Kübelpflanzen Winterpause machen, schmecken Kirschkompott, Aprikosenkuchen oder Stachelbeertorte besonders gut.

KRÄUTER

Kräuter erntet man möglichst, bevor sie blühen, und zwar in völlig trockenem Zustand, am besten am späten Vormittag. Dann haben sie nämlich das intensivste Aroma.

Viele würzige Kräuter können zum Haltbarmachen getrocknet werden. Am einfachsten ist es, sie nach der Ernte zu bündeln und an einem luftigen Platz aufzuhängen. Sie können sie aber auch auf Papier auslegen und zwischendurch öfter mal wenden, damit sie gleichmäßig trocknen.

Manche Würzkräuter für die Küche, darunter Basilikum, Estragon, Fenchel, Kerbel, Dill und Schnittlauch, lassen sich auch gut einfrieren. Sie kommen im ganzen in Plastikbeutel oder werden vorher feingehackt und in kleine Dosen gefüllt.

UNTEN *Möhren und Rote Bete schlägt man für den Winter in trockenem Sand ein.*

Pflanzen
für Balkon und Terrasse

Die folgenden Pflanzen sind in drei Gruppen zusammengefasst: Gewürzpflanzen, Gemüse und Obst. In jeder Gruppe werden sie unter ihrem botanischen, also lateinischen Namen in alphabetischer Reihenfolge aufgelistet. Jedes Porträt bringt eine Beschreibung der jeweiligen Pflanze und Anleitungen für ihre Kultur sowie Hinweise für ihre Verwendung.

Die Pflanzen werden nach Frosthärte eingeteilt.
FROSTEMPFINDLICH verträgt Temperaturen bis 5 °C.

HALBHART verträgt Temperaturen bis 0 °C.

FROSTHART verträgt Temperaturen bis –5 °C.

WINTERHART verträgt Temperaturen bis –15 °C.

LINKS *Ein schöner alter Topf mit Kräutern – für die Küche unentbehrlich und im Innenhof leicht erreichbar. Die unterschiedlichen Blattformen und Farben von Minze, Salbei, Petersilie und Schnittlauch bilden einen hübschen Kontrast.*

Gewürzpflanzen

Gewürzpflanzen zieht man am besten in der Nähe der Küche, wo man jederzeit ein paar Kräutlein abzupfen kann. Die meisten sind leicht zu kultivieren, und im allgemeinen genügt schon ein kleiner Blumentopf für den täglichen Bedarf. Wenn Gewürzpflanzen in Gefäßen gezogen werden, gibt es drei verschiedene Möglichkeiten: Man hat für jede Gewürzpflanze einen eigenen Topf, das bietet sich besonders für Pflanzen an, die sich stark ausbreiten, wie etwa die Minze; man unterteilt einen großen Pflanzbehälter in mehrere Bereiche, ganz so wie beim traditionellen Kräutergärtlein; oder man bringt verschiedene Pflanzen gemeinsam in einem Gefäß unter und ordnet sie hübsch nach Farben und Formen an. Dass frische Kräuter jedes Gericht würziger machen und viel besser und aromatischer schmecken als getrocknete, ist eine Binsenweisheit.

ACHTUNG Manche Kräuter haben zwar eine heilsame Wirkung, dürfen aber nicht ohne ärztliche Verschreibung angewendet werden. Die Giftpflanze Roter Fingerhut, *Digitalis purpurea*, beispielsweise ist für die Schulmedizin und für die Homöopathie wichtig; sie wird bei Herzleiden eingesetzt, ist aber im Grün- bzw. Rohzustand und in der Hand des Laien extrem gefährlich.

HINWEIS Die Ansprüche der Pflanzen an den Boden beziehen sich auf Garten oder Freiland. Daraus lässt sich aber ableiten, welches Substrat und welche Kulturbedingungen für die Topfpflanzen erforderlich sind.

Achillea millefolium — Schafgarbe

Die Schafgarbe ist eine dekorative ausdauernde Pflanze, die jedes Kräutergärtlein ziert. Sie wurde früher als Hausmittel zum Blutstillen, bei Leber- und Gallenbeschwerden und zur Anregung der Verdauung genutzt, aber auch zum Färben verwendet. Die jungen Blätter können in kleinen Mengen zum Salat gegeben oder getrocknet werden. Die Schafgarbe breitet sich stark aus und ist meist in Rabatten zu finden. Es gibt verschiedene Sorten, die Farbe der Blüten variiert von Weiß bis Tiefrot und Gelb. Die Blütenköpfchen können geschnitten, getrocknet und auch für Blumengestecke verwendet werden.

WINTERHART
HÖHE 15–60 cm
BLÜTEN Weiß, rosa oder rot, je nach Sorte, in flachen, endständigen Doldenrispen
BLÜTEZEIT Hochsommer bis Herbst
BLÄTTER Lanzettlich, mit vielen Fiedern, die wie zarte Spitzen aussehen; daher *millefolium*, wörtlich 'tausendblättrig'
BODEN Gut durchlässig. Auf Wiesen, Weiden, Schuttplätzen zu finden
STANDORT Sonne oder Halbschatten
VERMEHRUNG Durch Aussaat im Frühling oder Teilung im Frühling oder Herbst
VERWENDUNG Heilkraut, Gewürz, Trockenblumen
ANDERE ARTEN UND SORTEN
A. millefolium 'Cerise Queen', *A.m.* 'Sammetriese', *A. ptarmica* (Sumpfgarbe)

Adonis vernalis — Adonisröschen

Der Sage nach soll diese hübsche gelbe Mehrjährige aus dem Blut von Adonis, dem Liebhaber der Venus, entstanden sein, der einem Wildschwein zum Opfer fiel. Man bereitet daraus ein Herztonikum. Die Blüten sind reizend anzusehen, wenn sie sich im Frühling öffnen und der Sonne zuwenden. Die Pflanze gedeiht in Töpfen bei Sonne oder Halbschatten und bevorzugt durchlässigen, nährstoffreichen Boden mit etwas Blatthumus.

WINTERHART
HÖHE UND AUSBREITUNG 20 cm
BLÜTEN Goldgelb, sternförmig, an kurzen Stielen, mit bis zu 20 Blütenblättern
BLÜTEZEIT Vorfrühling
BLÄTTER Hellgrün, fein geschlitzt
BODEN Durchlässig, lehmig mit etwas Kalk
STANDORT Sonne oder Halbschatten
VERMEHRUNG Durch Direktaussaat im Herbst, Teilung nach der Blüte
VERWENDUNG Heilkraut, doch keine Selbstbehandlung; stark giftig
ANDERE ARTEN UND SORTEN
A. aestivalis, *A. amurensis*, *A. a.* 'Flore pleno', *A. annua*

RECHTS *Die gelben Blüten und das zarte Laub des Adonisröschens bringen schon früh im Jahr Farbe in die Kräuterpflanzung.*

GEWÜRZPFLANZEN

Agastache foeniculum
Anis-Ysop

Diese aus der nordamerikanischen Prärie stammende Mehrjährige trägt von Hochsommer bis Frühherbst lange, veilchenblaue Blütenähren, die zahllose Bienen anlocken. Die Blätter duften nach Anis. Ein Kräutertee aus den Blättern lindert Husten und Erkältungen, die Blätter können auch als Gewürz verwendet werden. Die getrockneten Blüten eignen sich gut für Potpourris.

WINTERHART
HÖHE UND AUSBREITUNG
90–150 x 30 cm
BLÜTEN Intensives Veilchenblau, lange Blütenähren
BLÜTEZEIT Spätsommer bis Herbst
BLÄTTER Dreieckig, scharf gezähnt, an kurzen Stielen
BODEN Durchlässig, lehmig
STANDORT Volle Sonne
VERMEHRUNG Durch Aussaat im Frühling bei 13–18 °C. Durch Teilung im Frühling oder halbreife Stecklinge im Spätsommer. Im Winter vor Frost schützen.
VERWENDUNG Heilkraut, Gewürz, Bienenweide
ANDERE ARTEN UND SORTEN
A. barberi, *A. foeniculum* 'Alabaster' (weiße Blüten), *A. mexicana*

Allium sativum
Knoblauch

Knoblauch ist eine Gewürzpflanze, kann aber auch zu den Gemüsen gezählt werden. Er ist mit der Zwiebel nah verwandt, Aussehen und Wirkung sind ähnlich. Knoblauch ist eine der beliebtesten Gewürzpflanzen. Es gibt viele berühmte Knoblauchgerichte, wie etwa Aïoli, eine Knoblauchmayonnaise aus der Provence. Knoblauch wird in der Pflanzenheilkunde zur Behandlung von Verdauungsstörungen und Bluthochdruck hoch geschätzt. Er wird auch zur Vorbeugung von Arteriosklerose empfohlen.

WINTERHART
HÖHE 30–60 cm
BLÜTEN Jede Pflanze trägt einen doldenartigen Blütenstand mit blassrosa oder grünlich weißen Blüten und hat mehrere Brutzwiebeln.
BLÜTEZEIT Sommer
BLÄTTER Flach, aufrecht, graugrün
BODEN Durchlässig, leicht, eher sauer
STANDORT Offen und sonnig
VERMEHRUNG Pflanzen Sie einzelne Zehen im Herbst etwa 5 cm tief mit einem Abstand von 10 cm; sobald das Laub eintrocknet, kann geerntet werden. Nicht in frisch gedüngten Boden setzen.
VERWENDUNG Gewürz, Heilpflanze
ANDERE ARTEN *A. cernuum*, *A. ursinum* (Bärlauch), *A. vineale*

Allium schoenoprasum
Schnittlauch

Die ausdauernde Pflanze ist eine hübsche Umrandung für Pflanzbehälter und Rabatten. Sie bildet kleine Horste und bevorzugt fruchtbaren, stets feuchten Boden. Blätter und Blüten werden in der Küche als Gewürz und zur Dekoration von Suppen und Salaten verwendet. Überschüssige Blätter können für den Winter eingefroren werden, denn das Laub stirbt im Winter völlig ab. Wird Schnittlauch als Gewürz und nicht als Zierpflanze gezogen, sollte er während des Sommers zwei bis drei Mal bis auf den Grund zurückgeschnitten werden, um neuen Wuchs anzuregen.

WINTERHART
HÖHE 20–30 cm
BLÜTEN Rosa oder purpurrote Blüten mit vielen Blütenblättern, an langen Stielen
BLÜTEZEIT Sommer
BLÄTTER Lang, röhrenartig dünn
BODEN Feucht, nährstoffreich, lehmig
STANDORT Offen und sonnig, auch halbschattig
VERMEHRUNG Im Frühling durch Aussaat in Saatschalen im Haus, Auspflanzen in Büscheln von drei oder vier Sämlingen. Die Wurzelballen können alle drei bis vier Jahre im Frühling oder Herbst geteilt werden.
VERWENDUNG Gewürz
ANDERE ARTEN UND SORTEN *A. schoenoprasum* var. *sibiricum* (Sibirischer Schnittlauch), *A. s.* 'Forescate' (rosa Blüten)

RECHTS *Hell purpurfarbene Blüten zeigt der Schnittlauch (*Allium schoenoprasum*) im Sommer. Er eignet sich gut als Randbepflanzung von großen Kübeln.*

Aloysia triphylla
Zitronenstrauch

Dieser laubabwerfende Strauch muss auch im gemäßigten Klima zur kalten Jahreszeit vor Frost geschützt werden. Die nach Zitrone duftenden Blätter sind hoch aromatisch, das daraus gewonnene ätherische Öl (Spanisches Verbenaöl) wird als Kuchengewürz, zum Aromatisieren von Obstsalat und Getränken sowie für Potpourris verwendet. Aus den Blättern bereitet man duftenden Tee, der als leichtes Beruhigungsmittel und gegen Blähungen wirkt.
VORSICHT Größere Mengen oder Anwendung über längere Zeit können Störungen hervorrufen.

HALBHART
HÖHE 180 cm oder mehr in freier Natur
BLÜTEN Blasslila bis weiß, in schlanken rispenförmigen Ähren
BLÜTEZEIT Spätsommer
BLÄTTER Schmal, lanzettlich, hellgrün, mit Öldrüsen an den Unterseiten
BODEN Nährstoffreich, durchlässig
STANDORT Volle Sonne
VERMEHRUNG Halbreife Stecklinge werden im Sommer geschnitten und unter Besprühen bewurzelt
VERWENDUNG Gewürz, Heilpflanze
ANDERE ARTEN UND SORTEN Keine

Anethum graveolens
Dill

Das zierliche, hoch wachsende Doldengewächs hat fein gefiederte Blätter und flache, gelbe Dolden mit einer Vielzahl von kleinen, hellgelben Einzelblüten. Dill ist eine uralte Gewürz- und Arzneipflanze. Man setzt ihn bei Appetitlosigkeit und Blähungen ein. In der Küche wird er für Salate, Gemüse, Fischgerichte und zum Einlegen von Gurken sowie zur Bereitung des berühmten »Gravad Laks« verwendet. Seine Blütendolden lassen sich gut trocknen und für Blumengestecke gebrauchen. In der Küche werden hauptsächlich die Blätter verwendet (man kann sie einfrieren), aber auch die Samen. Letztere schmecken intensiver als die Blätter.

WINTERHARTE EINJÄHRIGE
HÖHE 60-90 cm
BLÜTEN Klein und gelb, in flachen Dolden
BLÜTEZEIT Sommer
BLÄTTER Blaugrün, fein gefiedert
BODEN Trocken, nährstoffreich
STANDORT Volle Sonne
VERMEHRUNG Direktaussaat im Frühling, auf 20 cm Abstand ausdünnen
VERWENDUNG Gewürz- und Heilpflanze, Trockenblumen
ANDERE ARTEN UND SORTEN
A. graveolens 'Dukat', *A.g.* 'Sowa'

Anthriscus cerefolium
Kerbel

Kerbel ist in Aussehen und Geschmack ein feines, zartes Gewürzkraut. Er hat mehrfach gefiederte, nach Anis duftende Blätter und kleine, weiße Blüten. Kerbeltee wird als Blutreinigungsmittel und zur Förderung der Verdauung eingesetzt. Man verwendet die Pflanze aber vorwiegend als Gewürz für Suppen und Eintöpfe; er soll nicht lange mitkochen. Am besten gedeiht die Pflanze im Schatten und lässt sich gut in Blumenkästen ziehen.

WINTERHARTE EINJÄHRIGE
HÖHE UND AUSBREITUNG 60 x 30 cm
BLÜTEN Winzige weiße Blüten in mehrstrahligen Dolden
BLÜTEZEIT Frühling bis Sommer
BLÄTTER Weich, hellgrün, fiederteilig mit kerbig gezähnten Abschnitten
BODEN Leicht, nährstoffreich, nicht zu trocken
STANDORT Halbschatten
VERMEHRUNG Durch Direktaussaat im Frühling und Spätsommer. Auf 15 cm Abstand ausdünnen und im Sommer regelmäßig wässern. Im Vorfrühling gesäte Pflanzen sind nach sechs Wochen ernteeif. Folgesaaten alle zwei Wochen sind günstig.
VERWENDUNG Gewürz- und Heilpflanze
ANDERE ARTEN UND SORTEN *A. cerefolium* 'Brussels Winter', *A. sylvestris* (Wiesenkerbel)

LINKS *Dill (Anethum graveolens)* *ist nicht nur ein beliebtes Küchenkraut von ganz besonderem Geschmack, sondern sieht auch mit seinen gelben Blütendolden wunderhübsch aus. Die würzigen Samen werden zum Einlegen von Gurken verwendet.*

GEWÜRZPFLANZEN

Arctostaphylos uva-ursi
Bärentraube

Die Bärentraube ist ein hübscher immergrüner Strauch und eine traditionsreiche Heilpflanze. Sie wird zur Behandlung von Blasen- und Niereninfektionen eingesetzt, aber wie viele andere Heilpflanzen sollte man sie auf keinen Fall zur leichtfertigen Selbstmedikation verwenden. Die Bärentraube gedeiht auf sauren Böden und kann zusammen mit Koniferen in einen Pflanzbehälter gesetzt oder im Garten als Bodendecker bei saurem Boden verwendet werden. Mit ihren immergrünen Blättern bleibt sie den ganzen Winter über recht attraktiv.

WINTERHART
HÖHE UND AUSBREITUNG 15 x 60 cm
BLÜTEN Klein, weiß, mit rosa Spitzen in endständigen Trauben, gefolgt von glänzend roten Beeren im Herbst
BLÜTEZEIT Frühsommer
BLÄTTER Dunkelgrün, glänzend, löffelförmig, an langen, kriechenden Trieben
BODEN Leicht, sauer, humos
STANDORT Halbschatten
VERMEHRUNG Durch Ableger im Sommer; krautige Triebstecklinge im Sommer schneiden
VERWENDUNG Heilpflanze
ANDERE ARTEN UND SORTEN *A. glandulosa*, *A. stanfordiana*, *A. uva-ursi* 'Massachusetts', *A. u-u.* 'Vancouver Jade'

Armeria maritima
Gemeine Seegrasnelke

Diese ausdauernde Pflanze ist ideal für den vorderen Rand eines Troges oder sonstigen Pflanzbehälters und bringt zahllose rosa Blüten an hohen Stielen hervor, die aus dichten Blattpolstern entspringen. Sie findet sich häufig in Gegenden mit sandigen Böden und braucht viel Sonne. Gut passt sie in Stein- und Heidegärten, aber auch in entsprechende Troggärtchen. Die Blüten duften zart nach Honig. Früher wurde in der Volksheilkunde ein Tee aus frischen oder getrockneten Blättern als Desinfektionsmittel und zur Behandlung von nervösen Leiden verwendet.
VORSICHT Die Seegrasnelke steht im Verdacht, allergische Reaktionen auszulösen.

WINTERHART
HÖHE UND AUSBREITUNG 10-25 cm
BLÜTEN Blütenköpfchen bilden dichte rosafarbene, gelegentlich weiße Kugeln
BLÜTEZEIT Sommer
BLÄTTER Schmal, immergrün, bildet Polster
BODEN Durchlässig, leicht bis sandig
STANDORT Offen, sonnig
VERMEHRUNG Durch Aussaat im Herbst; im Sommer durch Stecklinge oder Teilung
VERWENDUNG Früher als Heilpflanze, Trockenblumen
ANDERE ARTEN UND SORTEN *A. maritima* 'Alba', *A.m.* 'Düsseldorfer Stolz', *A.m.* 'Rotfeuer', *A.m.* 'Vindictive'

Arnica montana
Arnika

Die auch als Bergwohlverleih bezeichnete Mehrjährige ist eine hochgeschätzte Heilpflanze, Arnikasalbe wird bei Blutergüssen und Verstauchungen angewendet. In der Homöopathie wird sie auch zur Behandlung von Venenentzündungen, Blutergüssen, Arteriosklerose und Angina pectoris eingesetzt. Die Pflanze eignet sich nicht zur Selbstbehandlung. In der freien Natur ist sie streng geschützt und darf nicht gesammelt werden! Die Pflanze eignet sich mit ihren hübschen gelben Korbblüten auch gut für die Topfkultur.

WINTERHART
HÖHE UND AUSBREITUNG
30–60 x 15 cm
BLÜTEN Goldgelb, Gänseblümchen ähnlich, an langem Stiel
BLÜTEZEIT Hochsommer bis Frühherbst
BLÄTTER Vier bis acht, rosettig angeordnet, fein behaart
BODEN Humos, lehmig, schwach sauer
STANDORT Offen, sonnig
VERMEHRUNG Aussaat im Herbst im kalten Kasten; Teilung im Frühling
VERWENDUNG Medizinische Heilpflanze (alle Teile giftig!)
ANDERE ARTEN *A. chamissonis*, *A. sachalinensis*

LINKS *Ein weiteres geschätztes Küchenkraut ist Kerbel, mit dem man Suppen und Gemüsegerichte würzt. Die Pflanzen gedeihen an sonnigen Standorten, aber auch im Halbschatten.*

PFLANZEN FÜR BALKON UND TERRASSE

Artemisia dracunculus
Estragon, Dragon

Das ausdauernde Gewürzkraut wird in der Küche als Essigwürze und zur Verfeinerung von Geflügel- und Fischgerichten gebraucht. Zur Verwendung des frischen Krauts werden junge Blätter geerntet; für den Wintervorrat entfernt man alle Blütenköpfchen, dann werden die Triebe getrocknet. Sobald die Pflanze trocken ist, zupft man die Blätter ab und lagert sie in Schraubdeckelgläsern. Estragon wird auch als entkrampfendes, wassertreibendes Heilkraut verwendet. In rauhen Lagen ist Winterschutz nötig.
VORSICHT *Artemisia* kann auch toxische Wirkung haben; verwendet werden dürfen nur *A. dracunculus* oder *A.d. dracunculoides*.

WINTERHART
HÖHE UND AUSBREITUNG
60–90 x 60 cm
BLÜTEN Unscheinbar, weiß oder grau
BLÜTEZEIT Sommer
BLÄTTER Stengelblätter linealisch-lanzettlich, Grundblätter mit dreilappiger Spitze
BODEN Locker, nahrhaft
STANDORT Sonnig, windgeschützt
VERMEHRUNG Wurzeln im Frühling teilen, krautige Stecklinge im Sommer schneiden
VERWENDUNG Gewürz, Heilpflanze
ANDERE ARTEN *A. abrotanum* (Eberraute; ätherische Öle vertreiben Ungeziefer, kein Heilmittel), *A. absinthium* (Wermut; Wermutöl ist ein gefährliches Gehirngift)

Artemisia vulgaris
Beifuß

Beifuß ist eine Pflanze der Geröllhalden und des Ödlands, er wurde früher zur Behandlung von Magenleiden und zur Krampflösung eingesetzt. Auch hält man sich mit dem ausdauernden, zum Wuchern neigenden Kraut allerlei Insekten vom Leib. Gelegentlich wird Beifuß als Gewürzkraut für Fleischgerichte, vor allem von Gänsebraten, verwendet. Die Pflanze erreicht eine Höhe von fast 2 m und braucht daher sehr viel Platz, in einem größeren Pflanzbehälter kann sie deshalb nur ganz hinten stehen. Man erntet die Blütentriebe noch vor der Blüte, dabei zupft man die bitteren Blätter ab.

WINTERHART
HÖHE 180 cm
BLÜTEN Klein, rötlich braun
BLÜTEZEIT Juli bis September
BLÄTTER Grundblätter gestielt, gefiedert, Stengelblätter mit lanzettlichen Abschnitten
BODEN Karg, durchlässig, etwas kalkhaltig
STANDORT Offen und sonnig
VERMEHRUNG Durch Direktsaat im Frühling; Stecklinge im Sommer schneiden
VERWENDUNG Gewürz, Heilpflanze
ANDERE ARTEN *A. dracunculus* (Estragon), *A. absinthium* (Wermut), *A. abrotanum* (Eberraute)

Atriplex hortensis var. rubra
Rote Gartenmelde, Roter Spanischer Spinat

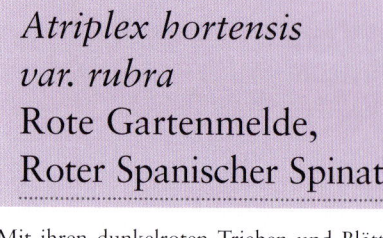

Mit ihren dunkelroten Trieben und Blättern und den hübschen, kleinen, roten Blütenähren eignet sich die einjährige Rote Gartenmelde gut als Blickfang im Kräutergarten, aber auch in einem großen Pflanztrog auf dem Balkon. Sie wird bis zu 1,5 m hoch. Früher war sie ein beliebtes Gemüse und wurde in der Volksheilkunde sogar als Mittel gegen Halsentzündungen und Gelbsucht verwendet. Für ein wohlschmeckendes Gemüse erntet man besser die jungen Blätter (ab 15 cm Höhe), da sie später recht hart werden. Zubereiten kann man sie wie Spinat. Die Triebe der reifen Pflanze werden geschnitten und für Trockenblumengestecke verwendet.

HALBHARTE EINJÄHRIGE
HÖHE UND AUSBREITUNG 150 x 60 cm
BLÜTEN Kleine, rote oder grüne Blütenähren, je nach Art und Sorte
BLÜTEZEIT Sommer bis Frühherbst
BLÄTTER Gegenständig, gestielt, dreieckig, gezähnt
BODEN Feucht, humos
STANDORT Offen, sonnig
VERMEHRUNG Aussaat im Frühling, sobald die Bodentemperatur 10 °C beträgt. Auf 45 cm Abstand ausdünnen. Bei Trockenheit wässern, damit die Pflanzen nicht schießen.
VERWENDUNG Gemüse, früher Heilpflanze, Trockenblumen
ANDERE ARTEN UND UNTERARTEN *A. hortensis*, *A. h.* grünblättrig, *A.h.* goldblättrig

LINKS *Jahrhunderte lang spielte Beifuß (Artemisia vulgaris) in der Kräutermedizin und als Mittel gegen Insekten eine Rolle; es wird aber auch als Würzkraut (z.B. für Gänsebraten) verwendet.*

GEWÜRZPFLANZEN

RECHTS *Mitten im Hochsommer prangt Steinquendel in seiner rosa Blütenpracht.*

Calamintha grandiflora
Steinquendel

Die hübsche kleine, buschige Mehrjährige hat Blätter, die nach Minze duften. Sie findet sich seit dem 16. Jahrhundert in unseren Gärten. Ein Extrakt aus Blättern und jungen Trieben wurde früher bei Fieber angewendet, denn die Pflanze wirkt schweißtreibend und schleimlösend. In alten Kräuterbüchern wird Steinquendel gegen Melancholie empfohlen; ein Tee aus frischen oder getrockneten Blättern wirkt jedenfalls angenehm belebend.

WINTERHART
HÖHE 45 cm
BLÜTEN Viele hängende rosa Blütenköpfchen aus bis zu fünf Blüten
BLÜTEZEIT Hochsommer
BLÄTTER Eiförmig, gezähnt, weich behaart
BODEN Durchlässig
STANDORT Halbschatten
VERMEHRUNG Aussaat im Frühling im kalten Kasten, Teilung im Frühling
VERWENDUNG Heilpflanze
ANDERE ARTEN UND SORTEN
C. alpina, *C. cretica*, *C. nepeta*,
C.n. 'White Cloud', *C.n.* 'Blue Cloud'

Bellis perennis
Gänseblümchen

Viele betrachten Gänseblümchen im Garten als störendes Unkraut, dabei eignen sich die hübschen Mehrjährigen mit vielen Varietäten in Weiß, Rosa und Rot bestens als bunte Umrandung für Pflanzkübel. Früher wurde das Gänseblümchen mitunter für Breiumschläge bei Blutergüssen verwendet, heute wird es kaum noch als Heilpflanze genutzt. In der Küche finden die jungen Blätter im Salat Verwendung, die Blüten dienen als reizende, essbare Dekoration. Man kann die Blüten sogar marinieren.

WINTERHART
HÖHE UND AUSBREITUNG 7,5 x 15 cm
BLÜTEN Die Naturform hat weiße, rosa behauchte Blüten mit gelber Mitte; Zuchtformen gibt es in allen Rosa-, Weiß- und Rottönen
BLÜTEZEIT Frühling bis Sommer
BODEN Frisch, kräftig, nahrhaft
STANDORT Sonne oder Halbschatten
VERMEHRUNG Aussaat im Frühling oder Sommer
VERWENDUNG Gewürz und Dekoration
ANDERE ARTEN UND FORMEN
B.p. Goliath Mixed (große, gefüllte Blüten),
B.p. Pomponette-Formen (gefüllte Blüten mit bis zu 4 cm Durchmesser)

Borago officinalis
Borretsch, Gurkenkraut

Das Rauhblattgewächs ist beliebt zum Aromatisieren von Sommergetränken mit Obstsäften und Wein; die strahlend blauen Blüten schmecken ähnlich wie Gurken. Die Blätter können zu Salaten gegeben, die Blüten als essbare Dekoration verwendet werden. Sie lassen sich auch kandieren oder in Teig fritieren. Borretsch ist eine Heilpflanze, die dank ihrer Schleimstoffe eine lösende Wirkung hat und darüber hinaus als herzstärkend und kräftigend gilt.

WINTERHARTE EINJÄHRIGE
HÖHE UND AUSBREITUNG
60–90 x 45 cm
BLÜTEN Leuchtend blaue Blütensterne mit fünf Blütenblättern, werden später rosa
BLÜTEZEIT Sommer
BLÄTTER Dunkelgrün mit Gurkenduft, ungewöhnlich rauh behaart
BODEN Nährstoffreich, durchlässig
STANDORT Offen, sonnig
VERMEHRUNG Aussaat im Spätfrühling. Die Sämlinge auf 30 cm Abstand ausdünnen. Stütze erforderlich. Wegen der langen Pfahlwurzel braucht man ein tiefes Pflanzgefäß.
VERWENDUNG Gewürz, Heilpflanze
ANDERE ARTEN UND SORTEN *B. officinalis* 'Alba' (weiße Blüten), *B. pygmaea*

PFLANZEN FÜR BALKON UND TERRASSE

Calendula officinalis
Gartenringelblume

Die einjährige Sommerblume gehört zu den fröhlichsten und am einfachsten zu kultivierenden Kräutern. Früher wurde sie sogar als Gemüse gegessen, die ziemlich bitteren Blätter sind allerdings nicht sehr wohlschmeckend. Einzelne junge Blätter kann man zum Salat geben, die Blüten als Dekoration über Salate und Suppen streuen. Man verwendet letztere auch getrocknet zum Färben oder als Ersatz für Safran. Eine Salbe aus Ringenblumen verwendet man bei schlecht heilenden Wunden und Geschwüren, Ringelblumentee dient als Gurgelwasser bei Halsschmerzen.

WINTERHART
HÖHE UND AUSBREITUNG
30–60 x 20 cm
BLÜTEN Blass bis tief orangefarben, in der Form wie große Gänseblümchen
BLÜTEZEIT Sommer
BLÄTTER Blassgrün, spitz oder löffelförmig, behaart
BODEN Trocken, normal
STANDORT Sonne
VERMEHRUNG Direktsaat im Frühling, Sämlinge auf 15 cm Abstand ausdünnen.
VERWENDUNG Küche, Heilpflanze, zum Färben
ANDERE FORMEN UND ARTEN Viele Sorten, darunter *C. officinalis* Bon-Bon-Formen, *C.o.* Pacific-Beauty-Formen, *C.o.* Prince-Formen

Cardamine pratensis
Wiesenschaumkraut

Diese Wildstaude wird in der Küche ähnlich wie Kresse verwendet, dient aber wegen ihres Gehalts an Vitamin C und Senfölglykosiden als Heilpflanze; man verwendet sie u.a. bei Magenkrämpfen. Als Salatzutat entwickelt sie einen angenehmen, leicht scharfen Geschmack und passt gut zu Eintöpfen und Suppen. Die Pflanze mit den zierlichen Blüten kommt vor allem auf feuchten, frischen Wiesen vor. Die Wildformen samen sich leicht selber aus.

WINTERHART
HÖHE UND AUSBREITUNG 30 x 25 cm
BLÜTEN Purpurn, zartlila oder weiß, in Rispen, hochstehend
BLÜTEZEIT Frühling bis Frühsommer
BLÄTTER Die unteren rundlich oder nierenförmig, bilden eine Rosette, die oberen Blätter schmal und fiedrig
BODEN Feucht, lehmig
STANDORT Sonnig bis halbschattig
VERMEHRUNG Aussaat im Sommer oder Herbst in einen kalten Kasten, Auspflanzen im Frühling; Pflanzen nach der Blüte teilen oder im Spätsommer Stecklinge nehmen und über den Winter in den kalten Kasten geben.
VERWENDUNG Heilpflanze, Gewürz
ANDERE ARTEN UND SORTEN *C. pratensis* 'Plena' (gefüllte Blüten), *C. trifolia* (Klee- oder Waldschaumkraut)

Carum carvi
Kümmel

Der Kümmel ist eine kleine, meist zweijährige Pflanze aus der Familie der Doldengewächse und sieht ähnlich aus wie Dill und Fenchel. Er hat kleine, weiße Einzelblüten in mehrstrahligen Dolden und zwei- oder dreifach fiederschnittige Blätter. Letztere können jung unter Salate gemischt werden, häufiger verwendet man aber die getrockneten Samen als Gewürz für Brot und anderes Gebäck; Kartoffel- und Fleischgerichte werden mit Kümmelsamen bekömmlicher. Wegen seines ätherischen Öls wird Kümmel bei Blähungen, Darmkrämpfen und Appetitlosigkeit eingesetzt, die Homöopathie nutzt seine Wirkstoffe gegen Rheuma und Gicht.

WINTERHART
HÖHE UND AUSBREITUNG
30–75 x 30 cm
BLÜTEN Klein und weiß
BLÜTEZEIT Sommer
BLÄTTER gefiedert, zart, grün
BODEN Tiefgründig, durchlässig mit etwas Kalk
STANDORT Volle Sonne
VERMEHRUNG Direktsaat im Spätsommer. Auf 15 cm Abstand vereinzeln. Die Pflanze trägt erst im zweiten Jahr Samen.
ANDERE ARTEN Keine

RECHTS *Blüten und Blätter der Ringelblume finden in der Küche Verwendung. Außerdem hat die traditionelle Heilpflanze auch eine entzündungshemmende und wundheilende Wirkung.*

GEWÜRZPFLANZEN

LINKS *Die zierlichen blauen Blütenköpfchen der Kornblume sind in Blumensträußen und Trockengestecken gleichermaßen beliebt.*

Chamaemelum nobile
Römische Kamille, Edelkamille

Diese Duftstaude ist ein Bodendecker und bildet einen Duftrasen, der einen köstlichen Apfelduft ausströmt. Die Sorte 'Treneague' blüht nicht und braucht nicht geschnitten zu werden. Die Kamille wird auch als magenstärkender Tee sowie bei Appetitlosigkeit und Blähungen verwendet, ebenso auch zur Linderung von Insektenstichen eingesetzt. Aus den Blüten bereitet man ein Haartonikum, das blondes Haar aufhellt. Die Kamille kann gut in einem Pflanzkübel als Deckpflanze gezogen werden, die kleinen, weißen, Gänseblümchen-ähnlichen Blüten geben im grünen Kräutergarten einen hübschen Akzent.

WINTERHART
HÖHE UND AUSBREITUNG 30 x 30 cm
BLÜTEN Weiß, Gänseblümchen-ähnlich mit gelber Mitte, an einzelnen Trieben
BLÜTEZEIT Sommer
BLÄTTER wechselständig, grün, fiederteilig
BODEN Sandig, humos
STANDORT Sonne oder Halbschatten
VERMEHRUNG Direktsaat im Frühling, Teilung im Frühling
VERWENDUNG Heilpflanze, Duftrasen
ANDERE ARTEN UND SORTEN *C. nobile* 'Flore pleno' (gefüllte weiße Blüten)

Centaurea cyanus
Kornblume

Die einjährige Kornblume war es, die früher ihr leuchtendes Blau in die Getreidefelder brachte, heute ist sie auf den Äckern kaum noch zu sehen. Doch man sollte sich einige Kornblumen in einem großen Topf heranziehen; sie sind ein leuchtend blauer Blickfang im Atrium oder auf der Terrasse. Wie alle Flockenblumen hat die früher als Mittel gegen Appetitlosigkeit und Blasenstörungen genutzte Pflanze eine Körbchenblüte. Wegen ihrer hübschen Samenkapseln wird die Kornblume gern für Gestecke verwendet. Die Pflanze liefert auch einen blauen Farbstoff. Moderne Sorten gibt es in Blau, Weiß und Rosa.

WINTERHARTE EINJÄHRIGE
HÖHE UND AUSBREITUNG
30–90 x 20 cm
BLÜTEN Tiefblau mit dunkler Mitte
BLÜTEZEIT Sommer
BLÄTTER Graugrün, dünn, lanzettlich
BODEN Nährstoffreich, humos
STANDORT Sonnig bis leicht schattig
VERMEHRUNG Aussaat ins Freiland im Herbst. Im Frühling vereinzeln.
VERWENDUNG Schnitt- und Trockenblumen, zum Färben
ANDERE ARTEN UND SORTEN
C. cyanus 'Blauer Junge', *C.c.* 'Diadem', *C.c.* 'Rosa Ball'

Centaurea scabiosa
Skabiosen-Flockenblume

Diese Verwandte der Kornblume ist eine Staude mit auffallenden, rötlich purpurnen Blütenköpfchen, die hübsch in Blumengestecken aussehen. Sie gilt auch als Heilpflanze und wurde früher zur Wundheilung und Linderung von Halsschmerzen und Husten eingesetzt. In einem Pflanzgefäß braucht sie ziemlich viel Platz und darf durch andere Pflanzen nicht zu sehr eingeengt werden. Wegen ihrer schönen Blüten sorgt diese Flockenblume noch für farbliche Akzente, wenn die meisten anderen Blumen bereits verblüht sind.

WINTERHART
HÖHE UND AUSBREITUNG
30–90 x 60 cm
BLÜTEN Purpur- bis scharlachrot, Körbchenblüte
BLÜTEZEIT Spätsommer
BLÄTTER Dunkelgrün, ganzrandig, die oberen sitzend und fiederteilig
BODEN Trocken, humos
STANDORT Offen, sonnig
VERMEHRUNG Aussaat im Vorfrühling in einen kalten Kasten, Teilung im Frühling. Samt aus, breitet sich rasch aus.
VERWENDUNG Trockenblumen, früher auch Heilpflanze
ANDERE ARTEN *C. dealbata, C. hypoleuca, C. nigra, C. simplicicaulis*

PFLANZEN FÜR BALKON UND TERRASSE

Consolida ajacis syn. *Consolida ambigua*
Gartenrittersporn

Das einjährige schwach verzweigte Kraut, ein naher Verwandter des Rittersporns fand früher auch in der Pflanzenheilkunde Verwendung. Die Pflanze ist jedoch giftig, vor allem die mancherorts als Insektenmittel genutzten Samen; daher sollte man keinerlei Teile davon gebrauchen. Die Blumen werden wegen ihrer schönen Farben und auch zum Trocknen gezogen, die getrockneten Stängel und Früchte sehen besonders dekorativ aus. Für die Topfkultur eignen sich Zwergformen am besten, sie leuchten im Sommer in bunter Farbenpracht.

WINTERHARTE EINJÄHRIGE
HÖHE UND AUSBREITUNG
30–90 x 30–45 cm, je nach Form
BLÜTEN Blau, purpurfarben, weiß und rosa, in aufrechten Trauben
BLÜTEZEIT Sommer
BLÄTTER Dunkelgrün, gefiedert, fein geschlitzt
BODEN Nährstoffreich, durchlässig, darf nicht zu feucht sein
STANDORT Offen, sonnig
VERMEHRUNG Direktsaat bei mildem Klima im Herbst, sonst im Frühling; Herbstsaat liefert frühere Blüten und kräftigere Pflanzen.
VERWENDUNG Schnitt- und Trockenblumen
ANDERE ARTEN UND FORMEN
C. ajacis Dwarf-Rocket-Formen,
C.a. Dwarf-Hyacinth-Formen

RECHTS *Koriander, den man auch Cilantro nennt, wird seit mehr als 3000 Jahren als Gewürz verwendet. Die Blütendolden in Weiß und Rosa erscheinen im Sommer.*

Coriandrum sativum
Koriander

Die ausdauernde Kulturpflanze ist sowohl eine hübsche Pflanze für den Garten als auch ein beliebtes Gewürz. Blätter und Beeren werden für verschiedene orientalische und fernöstliche Gerichte verwendet. Als Heilpflanze wirkt Koriander magenstärkend, blähungstreibend und soll sogar der Lebenserwartung und dem Liebesleben förderlich sein. Auch als Rheumamittel wird er eingesetzt. Wegen der langen Pfahlwurzel (die mitunter als Gemüse verzehrt wird) eignet sich die Pflanze nicht unbedingt für die Kultur in Pflanzgefäßen; man muss genau überlegen, wo man sie hinsetzen kann. Säen Sie den Sommer über Folgesaaten, um immer wieder frische Blätter zu haben. Wenn die Blüten absterben, bilden sich Früchte; diese werden getrocknet und als Gewürz verwendet. Gemahlener Koriander ist auch im Curry enthalten.

EINJÄHRIGE
HÖHE UND AUSBREITUNG
30–60 x 23 cm
BLÜTEN Kleine weiße und rosa Blüten in flachen Dolden
BLÜTEZEIT Sommer
BLÄTTER Aromatisch, untere hellgrün, glänzend und gestielt, obere schmaler und gefiedert
BODEN Durchlässig mit etwas Kalk
STANDORT Volle Sonne
VERMEHRUNG Aussaat im Frühling und Frühsommer, vereinzeln auf 15 cm Abstand
VERWENDUNG Gewürz, Heilpflanze
ANDERE ARTEN UND SORTEN *C. sativum* 'Cilantro', *C.s.* 'Morocco', *C.s.* 'Santo'

Crocus sativus
Safran, Safrankrokus

Das ausdauernde Schwertliliengewächs ist eine hübsche Topfpflanze, die im Herbst lilafarbene Blüten hervorbringt. Eine Pflanze produziert jedoch nur eine winzige Menge des begehrten Gewürzes – für nur 28 g werden etwa 2000 Pflanzen benötigt. Es empfiehlt sich also, den Safrankrokus als Zierpflanze und nicht wegen des teuren gelben Pulvers zu kultivieren. In der Homöopathie wird Safran zur Beruhigung und bei Depressionen empfohlen.

FROSTHART
HÖHE UND AUSBREITUNG 15 x 15 cm
BLÜTEN Blasslila mit dunklen Adern und orangeroter Narbe
BLÜTEZEIT Herbst
BLÄTTER Fein, schmal linealisch, erscheinen meist kurz nach den Blüten
BODEN karg, durchlässig
STANDORT Sonne oder Halbschatten
VERMEHRUNG Knollen im Spätsommer pflanzen, Teilung nach der Blüte
VERWENDUNG Gewürz, zum Färben
ANDERE ARTEN Herbstblühende Krokusse sind *C. banaticus*, *C. nudiflorus*, *C. serotinus.*; viele Sorten

GEWÜRZPFLANZEN

Cymbopogon citratus
Seregras, Zitronellgras

Dieses in Indien beheimatete, derbe, ausdauernde Ziergras hat Blätter mit Zitronenaroma, die in der orientalischen Küche verwendet werden und früher auch Bestandteil pflanzlicher Arzneimittel und Kosmetika waren. Die schmalen, blaugrünen Blätter können fein geschnitten frisch gebraucht oder getrocknet und zu einem Pulver zerrieben werden. Der Name leitet sich vom griechischen *kymbe* (Boot) und *pogon* (Bart) ab, was sich auf die Form des Kelches bezieht. Aus den Blättern kann ein Tee bereitet werden, das Lemongrasöl wird in der Kosmetik zur Hautreinigung verwendet.

HALBHART
HÖHE UND AUSBREITUNG 60–90 cm
BLÜTEN Klein, grünlich weiß, wie bei Gräsern in endständigen Ähren oder Trauben
BLÄTTER Schmal, blaugrün; werden beim Trocknen braun
BODEN Nährstoffreich, durchlässig
STANDORT Verträgt keinen Frost, wird im Winter besser im Gewächshaus oder Wintergarten untergebracht. Wird erst an einen warmen Platz im Freien gestellt, wenn die Frostgefahr vorbei ist.
VERMEHRUNG Aussaat bei 13–18 °C im Vorfrühling; Vermehrung meist durch Teilung im Spätfrühling
VERWENDUNG Gewürz, Heilpflanze
ANDERE ARTEN *C. martinii*, *C. nardus*

Daucus carota
Wilde Möhre

Die Wilde Möhre wurde in der Pflanzenheilkunde zur Behandlung von Nieren- und Blasenleiden, besonders von Nierensteinen verwendet, ein Absud der Samen bei Verdauungsstörungen eingenommen (niemals während einer Schwangerschaft). Die Wilde Möhre ist eine winterharte Zweijährige mit hübschen weißen Blüten, manchmal mit rosa oder purpurfarbenen Rändern. Die Samenkapseln können für winterliche Trockenarrangements abgeschnitten werden.

WINTERHART
HÖHE UND AUSBREITUNG 90 x 30 cm
BLÜTEN Kompakte, weiße, flache oder konvexe Doldenblüten
BLÜTEZEIT Hochsommer
BLÄTTER Mittelgrün, fein gefiedert
BODEN Lockerer, sandiger Lehm
STANDORT Volle Sonne
VERMEHRUNG Aussaat im Frühling; samt aus
VERWENDUNG Heilpflanze, Trockenblumen
ANDERE ARTEN UND SORTEN Viele verschiedene Gartenmöhren

Dianthus caryophyllus
Gartennelke

Ein paar Nelken am vorderen Rand des Pflanzgefäßes sehen an einem sonnigen Platz besonders gut aus. Sie sind hübsche Mehrjährige mit köstlichem Duft, besonders die älteren Sorten. Sie dienten zur Zeit der Kreuzzüge als Ersatz für Echte Gewürznelken. Die Blüten der Gartennelke können für Liköre, zum Aromatisieren von Getränken und als Dekoration für Suppen und Salate verwendet werden. Nelken gedeihen auf leichten Kreideböden in sonnigen Lagen, sie brauchen nicht sehr fruchtbare Böden. Die Pflanzen mögen keine Staunässe im Winter und benötigen deshalb als Topfpflanzen durchlässiges Substrat und nur wenig Dünger.

WINTERHART (Grenzfall)
HÖHE UND AUSBREITUNG 60 x 45 cm
BLÜTEN Rosa; bei anderen Sorten reicht die Palette von Rot bis Weiß.
BLÜTEZEIT Sommer
BLÄTTER Graugrün, dünn, steif, an vielen dünnen Stängeln
BODEN Leicht, locker
STANDORT Offen, sonnig
VERMEHRUNG Durch Aussaat oder Stecklinge (der mittlere Teil eines Sprosses wird glatt abgebrochen, das untere Blattpaar entfernt)
VERWENDUNG Gewürz
ANDERE ARTEN *D. barbatus*, *D. chinensis*, *D. deltoides*, *D. superbus*

LINKS *Rittersporn ist zwar giftig und absolut nicht essbar, doch auf seine spektakulären Blütenstände sollte man auch im Balkon- und Terrassengarten nicht verzichten.*

PFLANZEN FÜR BALKON UND TERRASSE

Echinacea purpurea Roter Sonnenhut

Die ausdauernde Heilpflanze ist eigentlich in Nordamerika heimisch, wo die Indianer der Prärien die getrockneten, zu Pulver geriebenen Wurzeln als Mittel gegen Tollwut, Schlangenbisse und Blutvergiftung verwendeten. Heute wird Sonnenhut äußerlich in Form einer Salbe gegen Hautkrankheiten eingesetzt; die bakterientötende Wirkung ist wissenschaftlich nachgewiesen. Als homöopathisches Mittel verwendet man Sonnenhutpräparate zur Stärkung der Abwehrkräfte, als Mittel gegen grippale Infekte und Erkrankungen der Atemwege. Beim Roten Sonnenhut gehen die purpurnen Strahlenblüten von den dunkleren, aufgewölbten Scheibenblüten in der Mitte aus, ähnlich wie bei einem riesigen Gänseblümchen, das ja zur selben Familie gehört. Der Name leitet sich vom griechischen *echinops* (»Igel«) her und verweist auf die borstig behaarten Brakteen der Blüten.

WINTERHART
HÖHE UND AUSBREITUNG
30–60 x 23 cm
BLÜTEN Purpurrosa, Gänseblümchen-ähnlich mit aufgewölbter, goldbrauner, konischer Mitte
BLÄTTER Grundblätter dunkelgrün, oval, gezähnt, behaart, Mittelblätter lang, lanzettlich, gezähnt; Stängel grün mit leichter Rotfärbung
BODEN Nährstoffreich, durchlässig, feuchtigkeitsspeichernd
STANDORT Sonne oder Halbschatten
VERMEHRUNG Aussaat im Frühling bei 13 °C. Teilung im Frühling, Wurzelschnittlinge im Spätherbst.
VERWENDUNG Heilpflanze
ANDERE ARTEN UND SORTEN *E. purpurea* 'Leuchtstern', *E.p.* 'Magnus', *E.p.* 'White Lustre'

RECHTS *Roter Sonnenhut (*Echinacea purpurea*) zählt in der Volksheilkunde wie in der Homöopathie zu den am häufigsten verwendeten Heilpflanzen.*

Echium vulgare Natternkopf

Die traditionsreiche zweijährige Heilpflanze hat blauviolette Blüten und ist im Steingarten besonders reizvoll. Wegen der langen Pfahlwurzel kann sie nur in besonders tiefe Töpfe gesetzt werden. Früher benutzte man sie für Breiumschläge bei Schlangenbissen, ihre Zeichnung erinnert an den Kopf einer Natter. Die Blüten haben eine leicht antiseptische Wirkung und können in Getränke gemischt oder kandiert, die Blätter sogar als Gemüse zubereitet werden. Sie schmecken ähnlich wie Spinat.

WINTERHART
HÖHE UND AUSBREITUNG
45–60 x 30 cm
BLÜTEN Leuchtend blau (Knospe rosa-violett), in kurzen Ähren
BLÜTEZEIT Früh- bis Hochsommer
BLÄTTER Borstig behaart, lanzettlich, graugrün
BODEN Trocken, steinig, durchlässig
STANDORT Volle Sonne
VERMEHRUNG Aussaat im Spätfrühling. Keimtemperatur von 13 bis 16 °C.
VERWENDUNG Früher Heilpflanze, Gemüse
ANDERE ARTEN UND SORTEN
E. vulgare 'Blue Bedder' (hellblaue Blüten), *E. v.* Zwerghybriden (45 cm, rosa, blaue und weiße Blüten)

Eschscholzia californica Schlafmützchen

Wie viele Mohngewächse wirkt die Pflanze betäubend, sie wurde früher von den Indianern Nordamerikas als Mittel gegen Zahnschmerz eingesetzt. Beim Schlafmützchen handelt es sich um reizende Blumen, die auch auf trockenen Böden, sogar im Kies wachsen können und fleißig aussamen. Man kann sie direkt in den Topf aussäen, sie ergeben wunderschöne Schnittblumen.

EINJÄHRIGE
HÖHE UND AUSBREITUNG
30–60 x 15 cm
BLÜTEN Bunt, Mohn-ähnlich, mit vier Blütenblättern von Blassgelb bis Orange, manchmal auch Rot und Weiß
BLÜTEZEIT Sommer
BLÄTTER Graugrün, Matten bildend, fiederteilig
BODEN Trocken, durchlässig
STANDORT Offen, vollsonnig
VERMEHRUNG Direktsaat im Frühling
VERWENDUNG Früher Heilpflanze, Schnittblumen
ANDERE ARTEN UND SORTEN
E. californica 'Ballerina', *E.c.* 'Dali', *E.c.* Thai-Silk-Formen

GEWÜRZPFLANZEN

Filipendula ulmaria
Mädesüß

Die reizvolle Wildstaude ist vor allem auf feuchten Wiesen und an Bachrändern häufig anzutreffen. Da die Pflanze heilwirksame Inhaltsstoffe, darunter Salicylsäureverbindungen, enthält, ist sie seit dem Mittelalter ein beliebtes Mittel gegen alles, was wir heute mit Aspirin behandeln. Blätter und Wurzeln der Pflanze wurden auch zum Färben verwendet. Ein Tee aus den Blättern hat schweiß- und harntreibende Wirkung, die getrockneten Blüten dienen als Würze für mancherlei Getränke. Mädesüß ist eine hübsche Pflanze mit cremeweißen, duftenden Blütenrispen und tief geteilten, dunkelgrünen Blättern.

WINTERHART
HÖHE UND AUSBREITUNG
60–90 x 45 cm
BLÜTEN Cremeweiß, klein, duftend, in endständigen Rispen
BLÜTEZEIT Früh- bis Spätsommer
BLÄTTER Oben dunkelgrün, Unterseite weiß und weich behaart
BODEN Frisch, Feuchtigkeit-speichernd
STANDORT Sonne und Halbschatten
VERMEHRUNG Teilung oder Stecklinge
VERWENDUNG Heilpflanze, Würze, zum Färben
ANDERE ARTEN UND SORTEN *F. ulmaria* 'Aurea', *F.u.* 'Multiplex', *F. vulgaris*

LINKS *Mädesüß wurde traditionell als Mittel gegen allerlei Beschwerden eingesetzt, die man heute mit Aspirin behandelt.*

Galium odoratum
Waldmeister

Ein hübscher, ausdauernder Bodendecker, der in Töpfen im Schatten oder Halbschatten gezogen werden kann. Früher wurden die Blätter zwischen die Wäsche oder auf die Kissen gelegt, weil sie angenehm nach frischem Heu duften. Wegen seiner zahlreichen Inhaltsstoffe ist Waldmeister eine wirksame Heilpflanze, doch sollte man die Fertigpräparate (z. B. gegen Venenentzündung und Durchblutungsstörungen) nur nach ärztlicher Verordnung einsetzen. Die Gefäß erweiternde Wirkung kann zu schweren Komplikationen führen. Sogar als Bowlenkraut meidet man Waldmeister besser.

WINTERHART
HÖHE UND AUSBREITUNG 30 cm breit
BLÜTEN Klein, weiß, sternförmig, duftend, in Scheindolden
BLÜTEZEIT Frühsommer
BLÄTTER Hellgrün, klein, lanzettlich, in Quirlen
BODEN Nährstoffreich, Feuchtigkeitspeichernd
STANDORT Schatten oder Halbschatten
VERMEHRUNG Aussaat im Spätsommer. Der Samen keimt im nächsten Frühling. Teilung im Sommer.
VERWENDUNG Heilpflanze, Aromapflanze
ANDERE ARTEN *G. mollugo* (Wiesenlabkraut), *G. verum*

Geranium robertianum
Ruprechtskraut

Für viele Gärtner ist die Pflanze, die auch stinkender Storchschnabel heißt, ein lästiges Unkraut. Und doch hat sie ihren Reiz und kann zusammen mit anderen Heilkräutern in einem Pflanzgefäß stehen. Seit dem Mittelalter wird das Kraut zur Wundbehandlung verwendet. Die Homöopathie nutzt seine Wirkstoffe auch bei inneren Blutungen. In der Volksheilkunde setzt man die Pflanze bei Magen-Darm-Katarrh sowie bei Gicht und Rheuma ein. Gegen Halsentzündungen werden Mundspülungen mit dem Tee empfohlen.

WINTERHARTE EIN- ODER ZWEIJÄHRIGE
HÖHE UND AUSBREITUNG
15–45 x 30 cm
BLÜTEN Klein, rosa, mit Längsstreifen
BLÜTEZEIT Sommer
BLÄTTER Fiederteilig, zart, grün mit etwas Rot, an hellroten Stielen
BODEN Feucht, stickstoffhaltig
STANDORT Schattig
VERMEHRUNG Aussaat im Spätherbst oder Frühling; samt aus
VERWENDUNG Heilpflanze
ANDERE ARTEN *G. pratense* (Wiesenstorchschnabel), *G. maculatum*, *G. sylvaticum* (Waldstorchschnabel)

Geum urbanum
Echte Nelkenwurz

Das ausdauernde »Unkraut« mit hübschen Blüten und Blättern fand früher in der Volksheilkunde Verwendung. Die Pflanze hat eine ziemlich große, dicke, rosa Wurzel, die getrocknet und gerieben wurde. Man setzte die Droge bei Durchfall und auch bei Halsentzündungen sowie gegen Zahnschmerzen ein. Die jungen Blätter der Pflanze können als Salat oder Gemüse gegessen werden. Wie der Name Nelkenwurz sagt, hat man die Wurzel auch als Gewürz für mancherlei Gerichte verwendet.

WINTERHART
HÖHE UND AUSBREITUNG
30–60 cm x 30 cm
BLÜTEN Klein, gelb, in lockeren Blütenständen
BLÜTEZEIT Sommer
BLÄTTER Dunkelgrün, oval, in Rosetten, die größten am Grund, tief gelappt
BODEN Feucht, nährstoffreich
STANDORT Sonne oder Halbschatten
VERMEHRUNG Direktsaat im Frühling
VERWENDUNG Heilpflanze, früher Gewürz
ANDERE ARTEN *G. rivale* (Bachnelkenwurz), *G. triflorum*

Helianthus annuus
Sonnenblume

Die Topfkultur von Sonnenblumen lohnt sich nur im sonnigen Innenhof oder auf einem warmen Balkon, wo die Sonnenblumen festgemacht werden können. Sie sind jedoch eindrucksvolle Pflanzen und bei Kindern und Vögeln sehr beliebt. Die Samen können getrocknet und als Vogelfutter verwendet werden, Sonnenblumenkerne aus kommerziellem Anbau werden zu Öl verarbeitet. Die Pflanze braucht reichlich Wasser, die Köpfe sollten abgeschnitten und getrocknet werden, sobald sie zu welken beginnen. Die Pflanzenreste sind reich an Kaliumkarbonat und wandern in den Kompost.

EINJÄHRIGE
HÖHE UND AUSBREITUNG 300 x 45 cm. Topfpflanzen eher kleiner
BLÜTEN Groß mit gelben Strahlenblüten und goldbrauner Mitte aus vielen Röhrenblüten, die die Samen bilden
BLÜTEZEIT Hoch- bis Spätsommer
BLÄTTER Groß, gestielt, grün, behaart
BODEN Nährstoffreich, feucht
STANDORT Volle Sonne
VERMEHRUNG Durch Aussaat im Frühling bei 16 °C
VERWENDUNG Öl, Vogelfutter, Schnittblumen
ANDERE ARTEN UND SORTEN *H. annuus* 'Autumn Beauty', *H.a.* 'Russian Giant'

Helichrysum italicum ssp. *serotinum*
Strohblume, Sonnengold

Die aromatische Staude mit schmalen, silbergrauen Blättern und kleinen, gelben Blütenköpfchen wird im Garten für Einfassungen verwendet; sie kann als Topfpflanze Akzente in einer Gruppe von Kräutern setzen. Die Blätter und Blüten duften bei Berührung nach Curry. Die Pflanze wird gelegentlich als Gewürz empfohlen, doch hat sie mit dem Curry nichts zu tun, und ihr Genuss kann Unverträglichkeitsreaktionen hervorrufen. Die Blüten können für Blumengestecke geschnitten und getrocknet oder für Potpourris verwendet werden. Die Pflanze benötigt durchlässigen Boden und braucht im Topf über den Winter kaum gewässert zu werden.

WINTERHART (Grenzfall)
HÖHE UND AUSBREITUNG 60 x 60 cm
BLÜTEN Klein, strohgelb, in hübschen Köpfchen
BLÜTEZEIT Sommer
BLÄTTER Silbergrau, schmal
BODEN Durchlässig
STANDORT Volle Sonne, geschützt
VERMEHRUNG Krautige, halbreife Stecklinge im Sommer schneiden
VERWENDUNG Trockenblumen
ANDERE ARTEN UND FORMEN
H. italicum, H. petiolare, H. splendidum

LINKS *Die Strohblume oder Sonnengold hat silbergraue Blätter und Stiele und wirkt in einem Kübel mit niedrigen Kräutern durchaus als Blickfang.*

GEWÜRZPFLANZEN

Heliotropium arborescens
Heliotrop, Sonnenwende

Die schöne, alte Gartenpflanze wird in gemäßigten Klimazonen meist als Einjährige kultiviert. In ihrer Heimat Peru wächst sie zu einem buschigen Strauch heran, der wegen seines Vanilledufts geschätzt wird. Heliotrop eignet sich aber auch gut als Kübelpflanze, denn es braucht eine Temperatur von mindestens 8 °C und kann für die Wintermonate ins Haus gestellt werden. Vor allem die duftenden Blüten werden für Potpourris verwendet; früher hat man die Pflanze in der Homöopathie eingesetzt. Die Blüten sollen sich nach der Sonne drehen, was der Pflanze ihren hübschen deutschen Namen eingetragen hat.

HALBHART (meist einjährig kultiviert)
HÖHE UND AUSBREITUNG 60 cm
BLÜTEN Purpurfarben oder lavendelblau, in flachen Doldentrauben
BLÜTEZEIT Sommer
BLÄTTER Dunkelgrün, manchmal mit etwas Rot, glänzend
BODEN Nährstoffreich, durchlässig
STANDORT Volle Sonne
VERMEHRUNG Aussaat im Frühling bei 16–18 °C. Halbreife oder Kopfstecklinge im Sommer schneiden.
VERWENDUNG Parfum, Potpourris; früher Heilpflanze
ANDERE ARTEN UND SORTEN
H. arborescens 'Chatsworth', *H.a.* 'Marine',

RECHTS *Wegen ihres köstlichen Dufts sind getrocknete Blüten von Heliotrop eine begehrte Zutat für Pflanzen-Potpourris.*

Hesperis matronalis
Nachtviole

Die kurzlebige ausdauernde oder zweijährige Frühlingsblume findet sich noch in manchen Bauerngärten. Sie hat hübsche, endständige, weiße, purpurfarbene oder violette Blüten in reich verzweigten Blütenständen, die schmalen Blätter werden mancherorts zum Salat gegessen. Am besten gedeiht sie auf nährstoffreichem Boden. Hält man sie als Kübelpflanze, muss Substrat mit Düngerzusatz verwendet werden. Die Blüten duften besonders am Abend, worauf auch der vom griechischen *hesperos* abgeleitete Name hinweist.

WINTERHART (Grenzfall)
HÖHE UND AUSBREITUNG 90 x 45 cm
BLÜTEN Weiß, purpurfarben oder violett
BLÜTEZEIT Sommer
BLÄTTER Dunkelgrün, oval, spitz
BODEN Bevorzugt nahrhaften, feuchtigkeitsspeichernden Boden
STANDORT Sonne oder Halbschatten
VERMEHRUNG Direktsaat im Frühling, vereinzeln auf 45 cm Abstand
VERWENDUNG Duftpflanze
ANDERE ARTEN UND SORTEN
H. matronalis 'Alba Plena', *H.m.* 'Lilacina Flore Plena'

Humulus lupulus
Gemeiner Hopfen

Die mehrjährige, wüchsige Kletterpflanze eignet sich auch für die Kübelkultur, sofern eine stützende Mauer Anlehnungsmöglichkeiten bietet. Die Blätter sind sehr hübsch; die Varietät 'Aureus' hat goldfarbene Blätter und wird besonders häufig kultiviert. Man kauft am besten weibliche Pflanzen und versucht gar nicht erst, Hopfen aus Samen zu ziehen, denn die Blüten sind zweihäusig. Hopfen wird zum Bierbrauen benötigt; aus den zarten Sprossspitzen kann man ein Spargel ähnliches, köstliches Gemüse bereiten. Als Heilmittel wirkt er beruhigend und ist daher Bestandteil von pflanzlichen Schlafmitteln. Er kann auch als Kissenfüllung oder für Blumengestecke verwendet werden.

WINTERHART
HÖHE 3-6 m, je nach Form
BLÜTEN Grünlichgelb, in großen, lockeren, Zapfen-ähnlichen Dolden herabhängend
BLÜTEZEIT Spätsommer
BLÄTTER Dunkelgrün, herzförmig
BODEN Nährstoffreich, feucht
STANDORT Sonnig
VERMEHRUNG Aussaat bei 15–18 °C im Frühling oder durch krautige Stecklinge im Frühling
VERWENDUNG Gemüse, Heilpflanze, Trockenblumen

Hyssopus officinalis
Ysop

Der Ysop ist ein hübscher ausdauernder Halbstrauch mit leuchtend blauen, gelegentlich rötlichen oder weißen Blüten und ein traditionsreiches Gewürz- und Heilkraut. Er gedeiht gut zusammen mit anderen duftenden Kräutern, wie beispielsweise Lavendel und Salbei. Die Pflanze enthält ätherische Öle, Gerbstoffe und Glykosid. Man verwendet die blühenden Triebspitzen und Blätter. Sie werden getrocknet und gut verschlossen aufbewahrt. Die Droge wirkt appetitanregend, verdauungsfördernd und schleimlösend. Mit den frischen Blättern würzt man Suppen, Salate, Kartoffelgerichte und Kalbsbraten. Ysop wurde früher in Klostergärten für die Herstellung von Chartreuse und Benediktinerlikör herangezogen. Auch für die Parfümherstellung wird er genutzt. Die Pflanze lockt Bienen und Schmetterlinge an.

WINTERHART
HÖHE UND AUSBREITUNG 60 x 45 cm
BLÜTEN Leuchtend blaue Lippenblüten in Scheinähren
BLÜTEZEIT Sommer
BLÄTTER Dunkelgrün, schmallanzettlich, aromatisch
BODEN Locker, durchlässig
STANDORT Volle Sonne
VERMEHRUNG Aussaat im Herbst, krautige Stecklinge im Sommer schneiden
VERWENDUNG Heil- und Aromapflanze, Gewürz, Bienenweide
ANDERE ARTEN UND FORMEN
H. officinalis f. *albus*, *H.o.* ssp. *aristatus*, *H.o. roseus*

RECHTS *Mit Ysop hat man schon seit Jahrhunderten Suppen und Gemüsegerichte gewürzt. Einen Aufguss aus dem Kraut trank man bei Schmerzen in der Brust.*

Jasminum officinale
Echter Jasmin

Der aufrechte oder windende Strauch wächst mit Vorliebe an Zäunen und Gartenmauern. Im Gegensatz zu anderen Arten ist der Echte Jasmin laubabwerfend, kann in milden Wintern aber einige Blätter behalten. Er lässt sich gut als Topfpflanze ziehen, denn er ist wüchsig, und seine hübschen weißen Blüten duften köstlich. Die Form *affine* wurde zur Parfümherstellung verwendet; chinesischer Jasmintee besteht aus Grünem Tee und getrockneten Jasminblüten. *J. nudiflorum*, der Winterjasmin, hat im Winter leuchtend gelbe, rötlich angelaufene Blüten an rutenförmigen, vierkantigen, überhängenden Zweigen.

WINTERHART (Grenzfall)
HÖHE 1,8–5 m
BLÜTEN Stark duftende, weiße Blütensterne in Doldentrauben
BLÜTEZEIT Sommer
BLÄTTER Dunkelgrün, oval, mit 5–9 Fiedern
BODEN Nährstoffreich, durchlässig
STANDORT Sonnig, geschützt
VERMEHRUNG Halbreife Stecklinge im Sommer, Ableger im Herbst
VERWENDUNG Parfum, Tee, früher Heilpflanze
ANDERE ARTEN, FORMEN UND SORTEN *J. nudiflorum* (Winterjasmin), *J.o.* f. *affine*, *J. o.* 'Argenteovariegatum'

Juniperus communis
Wacholder

Manche Wacholder werden zu großen, immergrünen Bäumen, doch gibt es auch langsam wachsende Zwergformen, die sich gut als Kübelpflanzen eignen. Ideal sind *J. communis* 'Compressa' und *J.c.* var. *depressa*, ein ausgebreiteter Strauch. Wacholder hat locker angeordnete, nadelförmige Blätter in dreizähligen Wirteln. Die Beerenzapfen sind anfangs grün, zur Reife schwarzblau und bereift. Sie werden als Gewürz für Wildgerichte, Sauerkraut und dunkle Saucen verwendet. Außerdem haben sie krampflösende, desinfizierende und blähungstreibende Wirkung; in höherer Dosierung aber können sie die Nieren reizen.

WINTERHART
HÖHE UND AUSBREITUNG 90 x 45 cm
BLÜTEN Klein, gelbgrün
BLÜTEZEIT Frühsommer
BLÄTTER Dünn, nadelförmig, blaugrün
BODEN Durchlässig
STANDORT Sonne oder Halbschatten
VERMEHRUNG Aufzucht aus Samen, die Keimung kann aber 5 Jahre dauern.
VERWENDUNG Gewürz, Heilpflanze
ANDERE ARTEN UND SORTEN
J.c. 'Depressa Aurea'

GEWÜRZPFLANZEN

Laurus nobilis
Lorbeer

In seiner Heimat wird Lorbeer zu einem bis 15 m hohen Baum. Bei uns ist er ein dekorativer immergrüner Strauch, der gern als Kübelpflanze verwendet wird. Lorbeer hat glänzende, schmal elliptische Blätter, die getrocknet als Gewürz für Sauerkraut, Eintöpfe und würzige Bratensaucen verwendet werden. Die Römer schmückten ihre siegreichen Kriegshelden einst mit einem Lorbeerkranz. Der Strauch ist leicht zu kultivieren, er muss für ein gesundes Wachstum nur ausreichend gedüngt und ein- oder zweimal im Jahr in Form geschnitten werden. Das geschieht am besten mit der Gartenschere, da durchgeschnittene Blätter unansehnlich sind.

WINTERHART
HÖHE UND AUSBREITUNG Je nach Schnitt 1–3 m
BLÜTEN Klein, cremegelb, in achselständigen Büscheln; Früchte glänzende, schwarze Beeren
BLÜTEZEIT Frühsommer
BLÄTTER Dunkelgrün, glänzend, schmal elliptisch
BODEN Durchlässig
STANDORT Sonne oder Halbschatten
VERMEHRUNG Aussaat im Herbst oder halbreife Stecklinge im Sommer schneiden
VERWENDUNG Gewürz, Kübelpflanze
ANDERE ARTEN, FORMEN UND SORTEN *L. nobilis* f. *angustifolia*, *L.n.* 'Aureus' (goldgelbe Blätter)

Lavandula
Lavendel

Auch Lavendel ist ein aromatisch duftender, immergrüner Strauch, der in Töpfen nahe am Haus kultiviert werden kann. Er braucht viel Sonne, um sich voll zu entfalten. Niedrig wachsende Formen können ein ganzes Pflanzgefäß füllen, einige wenige Pflanzen als Umrahmung eines größeren Kübels dienen. Lavendel wurde im Mittelalter als Heilpflanze verwendet; er wird zur Ölgewinnung angebaut. Im Haushalt braucht man ihn hauptsächlich für Trockensträuße und Potpourris, hängt ihn in duftenden Säckchen in den Kleiderschrank oder legt ihn zwischen die Wäsche. Die Pflanzen sollten im Frühling auf 2,5 cm über dem vorjährigen Wuchs zurückgeschnitten werden. Auch nach der Blüte kann man sie leicht zurückstutzen, um die schöne Form zu erhalten.

WINTERHART
HÖHE UND AUSBREITUNG Bis 90 cm, je nach Form
BLÜTEN Purpurfarben, blau, weiß oder rosa; lange Scheinähren aus dichten Scheinwirteln
BLÜTEZEIT Sommer
BLÄTTER Obere grau oder graugrün, linealisch lanzettlich, untere weißfilzig
BODEN Trocken, kalkhaltig
STANDORT Offen, sonnig
VERMEHRUNG Aussaat im Frühling in einen kalten Kasten. Halbreife Stecklinge im Herbst schneiden.
VERWENDUNG Aromapflanze, Potpourris
ANDERE ARTEN UND SORTEN Niedrig wachsende Formen sind: *L. angustifolia* 'Little Lady', *L.a.* 'Little Lottie', *L.a.* 'Imperial Gem', *L.a.* 'Walberton's Silver Edge'

RECHTS *Lavendel wird während der Blütezeit geerntet; man nutzt das getrocknete Kraut für Potpourris und als Duftspender in Schränken und Kommoden.*

Leucanthemum vulgare
Wiesenmargerite

Die Margerite oder Wucherblume (auch *Chrysanthemum leucanthemum*) ist eine ausdauernde Pflanze, die auch als Kübelpflanze wunderschön aussieht. Die jungen, frischen Blätter werden in bunte Sommersalate gemischt; früher fand die Margerite auch als Heilpflanze zur Behandlung von Husten und Katarrh Verwendung und wurde äußerlich zur Wundheilung gebraucht. Die Pflanze samt bereitwillig aus, daher müssen unerwünschte Sämlinge bei Kübelpflanzen entfernt werden.

WINTERHART
HÖHE UND AUSBREITUNG
30–60 x 30 cm
BLÜTEN Gänseblümchen-ähnliche, weiße, zungenförmige Blüten um die auffälligen, gelben Röhrenblüten
BLÜTEZEIT Frühsommer
BLÄTTER Wechselständig, grob gezähnt bis gelappt, untere gestielt, obere sitzend
BODEN Nährstoffreich, durchlässig
STANDORT Volle Sonne
VERMEHRUNG Aussaat im Spätsommer oder Frühling, Teilung nach der Blüte
VERWENDUNG Früher Heilpflanze, Schnittblume
ANDERE ARTEN UND SORTEN
L. vulgare 'Maikönigin', *L. maximum*

PFLANZEN FÜR BALKON UND TERRASSE

Levisticum officinale
Liebstöckel, Maggikraut

Liebstöckel sollte man nur ziehen, wenn man genügend Platz auf Balkon oder Terrasse oder im Innenhof zur Verfügung hat, denn er kann einen ganzen Kübel für sich beanspruchen. Die mehrjährige Pflanze braucht einige Jahre, bis sie ihre volle Größe erreicht hat; wer dieses Gewürzkraut mag und kultivieren möchte, ersetzt die Pflanze am besten nach zwei oder drei Jahren durch eine neue. Die Blätter des Liebstöckels nutzt man als Würzmittel für Suppen und Eintöpfe, die Stiele, nicht aber der Blütenstiel in der Mitte, können blanchiert gegessen, die Samen als Brotgewürz verwendet werden. Der Geschmack ähnelt dem des Sellerie, ist allerdings etwas schärfer und sollte deshalb sparsam verwendet werden. Liebstöckel galt im Mittelalter als Aphrodisiakum und war in Liebestränken enthalten. Die Liebstöckeldroge hat harntreibende Wirkung und wird auch bei Menstruationsbeschwerden sowie Blähungen eingesetzt.

WINTERHART
HÖHE UND AUSBREITUNG 1,2–2,5 m x 90 cm
BLÜTEN Sternförmig, gelbgrün, in flachen Dolden; sie werden abgeschnitten, wenn man die Samen nicht benötigt
BLÜTEZEIT Hochsommer
BLÄTTER Dunkelgrün, glänzend, Sellerieähnlich, hoch aromatisch
BODEN Nährstoffreich, tiefgründig
STANDORT Volle Sonne
VERMEHRUNG Am besten kauft man Jungpflanzen, Aussaat im Herbst oder Frühling ist aber möglich
VERWENDUNG Gewürzkraut, Heilpflanze
ANDERE ARTEN *Ligusticum scoticum*

Matricaria recutita
Echte Kamille

Die heute als *Chamomilla recutita* geführte und auch als *Matricaria chamomilla* bezeichnete Kamille findet man im Frühsommer an Wegrändern und auf Ödland. Sie hat duftende, kleine, weiße, Gänseblümchen-ähnliche Blüten mit gelber Mitte. Die Droge enthält heilwirksame Stoffe und hat krampflösende, entzündungshemmende sowie allgemein beruhigende Wirkung. Kamillentee wird gegen Darmkrämpfe, Blähungen und Magenbeschwerden getrunken; äußerlich wendet man den Tee bei Ekzemen und Augenentzündungen an, nutzt ihn als Badezusatz und für Dämpfe gegen Erkältungen. In Kultur ist meist die Römische Kamille, *Chamaemelum nobile*.

EINJÄHRIGE
HÖHE UND AUSBREITUNG 45 x 30 cm
BLÜTEN Kleine, endständige, Gänseblümchen-ähnliche Blütenköpfchen aus weißen Zungen- und goldgelben Röhrenblüten
BLÜTEZEIT Frühsommer
BLÄTTER Grüne Fiederblätter
BODEN Nährstoffreich, gut durchlässig
STANDORT Offen, sonnig
VERMEHRUNG Aussaat im Frühling
VERWENDUNG Heilpflanze, Kosmetikum
ANDERE ARTEN UND SORTEN *Chamaemelum nobile* 'Flore Pleno', *C.n.* 'Treneague' (blütenlose Sorte für Duftrasen)

Melissa officinalis
Zitronenmelisse

Die ausdauernde Gewürz- und Heilpflanze ist leicht zu kultivieren, aber eher unauffällig; allerdings hat die panaschierte Form 'All Gold' schöne, gelb und grün gefleckte Blätter. Die Blätter sind hoch aromatisch und duften nach Zitrone; sie werden für Salate, Suppen, Fruchtdesserts und Mixgetränke verwendet. Melisse spielt in der Pflanzenheilkunde eine wichtige Rolle. Da sie Bitter- und Gerbstoffe, Harz, Schleim und ätherisches Öl enthält, setzt man die Droge zur Behandlung von Erkältungen, Grippe, Schlaflosigkeit, aber auch bei Magen- und Darmbeschwerden ein; zudem gilt sie als wertvolles Beruhigungsmittel. Die kleinen Blüten sind eine gute Bienenweide.

WINTERHART
HÖHE UND AUSBREITUNG 60 x 45 cm
BLÜTEN Klein, blassgelb bis weiß
BLÜTEZEIT Hochsommer
BLÄTTER Hellgrün, herzförmig, eher grob
BODEN Humos, durchlässig
STANDORT Sonne oder Halbschatten
VERMEHRUNG Teilung im Frühling
VERWENDUNG Gewürz, Heilpflanze, Bienenweide
ANDERE ARTEN UND SORTEN
M. officinalis 'All Gold', *M.o.* 'Aurea'

RECHTS *Die panaschierten Blätter dieser Zitronenmelisse geben Tees und Fruchtspeisen einen angenehm säuerlichen Geschmack.*

GEWÜRZPFLANZEN

Mentha x *piperita*
Pfefferminze, Edelminze

Das mehrjährige Heilkraut wird auch als Gewürz sowie für Kosmetika und Seifen verwendet. Die duftende Pflanze wird bis zu 90 cm hoch. In Pflanztrögen und Töpfen sieht sie mit ihren roten Stängeln und den rot angelaufenen Blättern auch noch hübsch aus. Medizinisch ist sie die wertvollste unter allen Minzen, sie wird großflächig angebaut und kommerziell genutzt. Der wichtigste Wirkstoff der Pflanze ist das Menthol enthaltende Pfefferminzöl, es hat krampflösende, schmerzstillende und desinfizierende Wirkung und wird auch bei Atemwegsinfektionen eingesetzt. Der Tee sollte aber nicht über einen längeren Zeitraum getrunken werden. Mit Minzeblättchen würzt man feine Saucen, Suppen und Fruchtsalate. Die Pflanze ist eine Kreuzung zwischen Bachminze, *M. aquatica*, und Ährenminze, *M. spicata*.

VORSICHT Alle Minzen breiten sich stark aus. Sie müssen in Schranken gehalten werden; deshalb setzte man sie früher in einen alten Eimer ohne Boden und versenkte diesen in der Erde. Für die Topfkulturpflanzen eignen sich kleinere Gefäße, etwa ein alter Blumentopf.

Die behaarten Blätter der Pflanze können zu Hautreizungen und -ausschlägen führen.

WINTERHART
HÖHE UND AUSBREITUNG 90 x 45 cm oder mehr
BLÜTEN Rosaviolett oder weiß, in Ähren-ähnlichen Blütenständen
BLÜTEZEIT Sommer
BLÄTTER Dunkelgrün, teilweise rot angelaufen, spitzoval
BODEN Locker, feucht
STANDORT Offen, sonnig
VERMEHRUNG Durch Ausläufer im Herbst oder Stecklinge; die Aufzucht aus Samen ist nicht möglich
VERWENDUNG Gewürz, Heilpflanze, Kosmetika
ANDERE ARTEN UND FORMEN
M. x *piperita* var. *citrata*, *M. aquatica* (Bachminze), *M. spicata* (Ährenminze)

LINKS Nicht nur zur Fliegenabwehr hat man die Poleiminze früher verwendet, sondern auch zum Aromatisieren von Speisen.

Mentha pulegium
Poleiminze

Botanisch ist die Minze eine komplizierte Pflanze, denn sie bildet viele natürliche Bastarde. Die Poleiminze ist eigentlich gar nicht so gut geeignet für die Topfkultur, denn sie breitet sich rasch aus und wird in manchen Gärten als Bodendecker gepflanzt. Aber als Duftkraut hat sie ein köstliches, intensives Aroma und wurde daher in alter Zeit zum Überdecken von üblen Gerüchen benutzt. Auch in der Volksheilkunde spielte sie eine Rolle, wird heute aber wegen eines giftiges Inhaltsstoffes (Pulegon) nicht mehr eingesetzt. Man hat sie einstmals sogar verwendet, um sich vor Flöhen zu schützen.

WINTERHART
HÖHE UND AUSBREITUNG
20 x 30 cm oder mehr
BLÜTEN Lila bis malvenfarben, Ähren-ähnlich, in dichten Wirteln
BLÜTEZEIT Sommer
BLÄTTER Dunkelgrün, oval
BODEN Locker, feucht
STANDORT Sonne oder Halbschatten
VERMEHRUNG Aussaat hinter Glas im Frühling. Teilung im Frühling.
VERWENDUNG Duftpflanze
ANDERE ARTEN UND FORMEN
M. x *piperita*, *M. requienii*

Mentha spicata
Ährenminze, Grüne Minze

Diese Minze trifft man in englischen Gärten am häufigsten an, sie wird für die berühmte Minzesauce und Minzegetränke verwendet, schmeckt aber auch in sommerlichen Getränken und Fruchtdesserts erfrischend. Andere als Gewürzpflanzen beliebte, ausdauernde Minzen sind *M. suaveolens* (Apfelminze) oder ihre panaschierte Form *M.s.* 'Variegata' mit hübschen weißen und grünen Blättern. Auch eine krausblättrige Varietät der Grünen Minze (*M.s.* var. *crispa*) wird sehr häufig kultiviert, deren ätherisches Öl allerdings kein Menthol enthält.

WINTERHART
HÖHE UND AUSBREITUNG 60 x 20 cm
BLÜTEN Zylindrische, Ähren-ähnliche Blütenstände mit rosa, weißen oder lila Blüten in Wirteln
BLÜTEZEIT Sommer
BLÄTTER Hellgrün, lanzettlich
BODEN Locker, feucht
STANDORT Sonne oder Halbschatten
VERMEHRUNG Durch Teilung im Herbst oder Frühling
VERWENDUNG Gewürzpflanze
ANDERE ARTEN UND FORMEN
M. suaveolens, *M.* x *villosa alopecuroides* Bowles' Minze

PFLANZEN FÜR BALKON UND TERRASSE

Meum athamanticum
Bärwurz

Ein anderer Name für diese Staude ist Dillblattwurz oder Bärenfenchel. Die Blätter werden als Würze zu Salat und anderen Gerichten gegeben, die Wurzeln hat man früher als Gemüse gegessen und in der Volks- und Tierheilkunde verwendet. Von ihrer Nutzung als Heilpflanze wird heute abgeraten, weil man sie mit ähnlich aussehenden giftigen Doldenblütlern verwechseln könnte. Bärwurz ist besonders in den skandinavischen Ländern beliebt, sie wurde dem nordischen Gott Balder, dem Gott der Sommersonne, geweiht. Die Pflanze enthält ein duftendes ätherisches Öl. Der Geschmack erinnert ein wenig an Curry. Als Kübelpflanze braucht Bärwurz einen tiefen Pflanzbehälter, auch wenn die Wurzeln erst nach zwei oder drei Jahren ihre volle Größe erreichen. Die dekorative Staude macht sich gut in der Nachbarschaft anderer Kräuter.

WINTERHART
HÖHE UND AUSBREITUNG 30 x 20 cm
BLÜTEN Weiß, rosa behaucht oder gelblich, in kleinen Dolden
BLÜTEZEIT Frühsommer
BLÄTTER Grasgrün, grundständig, sehr fein fiederschnittig mit fadenförmigen Abschnitten
BODEN trocken bis frisch; sandiger Lehm, der kalkarm sein sollte
STANDORT Sonne oder Halbschatten
VERMEHRUNG Direktsaat im Frühling, auf 15 cm Abstand vereinzeln
VERWENDUNG Gewürz, Kübelpflanze
ANDERE ARTEN Keine

RECHTS *Süßdolde oder Myrrhenkerbel* wurde schon immer auch als Topfpflanze kultiviert. Man nützte sie als Abführmittel und bereitete heilende Salben daraus.

Monarda didyma
Indianernessel, Pferdeminze

Diese aromatische Staude ist in Nordamerika zu Hause, die wohlriechenden, nach Melisse duftenden Blätter wurden früher von den Oswego-Indianern als Tee aufgebrüht. Sie enthalten ätherisches Öl, Gerb- und Bitterstoffe; man sagte der Pflanze früher sogar eine antidepressive Wirkung nach. Die aparten, tiefroten Blüten sind in jeder Kräuterpflanzung und Rabatte ein Blickfang. Allerdings breitet sich die Indianernessel stark aus und muss deshalb gebremst werden, am besten durch einen in die Erde versenkten Topf. In einem nicht zu großen Pflanzbehälter lässt sie sich gut in Zaum halten. Die Blüten werden gerne für Potpourris verwendet, denn sie duften stark nach Zitrone und sind kräftig gefärbt; außerdem ist die Pflanze eine gute Bienenweide.

WINTERHART (Grenzfall)
HÖHE UND AUSBREITUNG 45–60 cm
BLÜTEN Scharlachrote Lippenblüten mit rot behauchten Deckblättern, in Quirlen
BLÜTEZEIT Spätsommer
BLÄTTER Dunkelgrün, länglich, geädert; manche Sorten haben rot geäderte Blätter.
BODEN Locker, nicht zu nass und schwer
STANDORT Sonne oder Halbschatten
VERMEHRUNG Durch Teilung im Frühling oder Herbst
VERWENDUNG Potpourri, Kübelpflanze
ANDERE ARTEN UND SORTEN *M. fistulosa*, *M. menthifolia*, *M.* 'Cambridge Scarlet'

Myrrhis odorata
Süßdolde, Myrrhenkerbel

Eine hübsche ausdauernde Pflanze mit hellgrünen, Farn-ähnlichen Blättern und weißen Blütendolden, sie erinnert an Wiesenkerbel. Süßdoldenblätter wurden früher wegen des Anisgeschmacks als Gemüse und Gewürzkraut gebraucht, die Wurzeln hat man gekocht und als Gemüse gegessen. Die Pflanze war in jedem Bauern- und Klostergarten zu finden. Man setzte sie vor allem in der Tierheilkunde, aber auch in der Volksheilkunde zur Behandlung von Geschwüren sowie als Tonikum und leichtes Abführmittel ein. Als Kübelpflanze muss sie alle zwei bis drei Jahre erneuert werden, da sie sonst zu groß wird.

WINTERHART
HÖHE UND AUSBREITUNG 60–90 cm oder mehr
BLÜTEN Kleine, weiße Blütensterne in flachen Dolden
BLÜTEZEIT Frühsommer
BLÄTTER Hellgrün, Farn-ähnlich, an behaarten Stängeln
BODEN Feucht, durchlässig, kalkhaltig
STANDORT Halbschatten
VERMEHRUNG Aussaat ins Freiland im Herbst oder Teilung im Frühling
VERWENDUNG Gewürz, Gemüse
ANDERE FORMEN UND ARTEN Keine

GEWÜRZPFLANZEN

Nigella sativa
Schwarzkümmel

Von dieser besonders reizvollen Einjährigen kann man einige wenige Pflanzen in ein Pflanzgefäß setzen, um eine Gruppe von Kräutern im Hochsommer mit ihren weißen und blassblauen Blüten freundlich zu beleben. Am häufigsten in Kultur findet man aber N. damascena und ihre wüchsigen Hybriden mit dem romantischen Namen Jungfer im Grünen. Die blauen Blüten werden von einem grünen Nebel aus hauchzarten Blättern umrahmt. Schwarzkümmel, N. sativa, ist nicht mit dem Kümmel verwandt; er wird auch wegen seiner schwarzen, aromatischen Samen mit Muskatgeschmack kultiviert und als Ersatz für Pfeffer sowie als Brotgewürz verwendet. Wegen seiner heilwirksamen Inhaltsstoffe diente er auch zur Behandlung von Darmkatarrh und Blähungen. In Indien wird Speiseöl aus den Samen gepresst.

WINTERHARTE EINJÄHRIGE
HÖHE UND AUSBREITUNG 45 x 15 cm
BLÜTEN Blaugrüne Blüten, später hübsche Früchte, die gerne für Gestecke verwendet werden
BLÜTEZEIT Sommer
BLÄTTER Graugrüne, fadenförmig geschlitzte Blätter
BODEN Nährstoffreich, schwer
STANDORT Offen und sonnig
VERMEHRUNG Direktsaat im Frühling oder Herbst. Nach Herbstaussaat ist ein gewisser Schutz erforderlich.
VERWENDUNG Gewürz, Heilpflanze, Trockenblumengestecke
ANDERE ARTEN N. damascena, N. hispanica

Ocimum basilicum
Basilikum

Basilikum ist eines der beliebtesten Küchenkräuter. Es stammt aus Indien und seine Spuren wurden schon in den Grabkammern der ägyptischen Pyramiden gefunden. Schon im 12. Jahrhundert gelangte die duftende einjährige Pflanze unter der Bezeichnung »Königskraut« nach Mitteleuropa. Bei gemäßigtem Klima kann es im Topf oder Blumenkasten auf einer heißen, sonnigen Fensterbank oder auf dem Balkon stehen; es mag allerdings keinen starken Wind. Im Freien muss es im Sommer häufig gewässert werden, und zwar am besten um die Mittagszeit. Mit Basilikum lassen sich viele Gerichte der Mittelmeerküche würzen, am besten schmeckt es mit Tomaten und Mozzarella oder in einer *Soupe au Pistou*. Als Heilkraut wirkt es krampflösend und wird bei Magen- und Verdauungsbeschwerden eingesetzt. Es gibt mehrere Formen mit verschieden gefärbten Blättern von Dunkelrot bis Hellgrün.

FROSTEMPFINDLICHE EINJÄHRIGE
HÖHE UND AUSBREITUNG 45 x 30 cm
BLÜTEN Kleine, weiße, purpurrosa behauchte, zweilippige Blüten in Scheinquirlen
BLÜTEZEIT Spätsommer
BLÄTTER Äußerst aromatisch, hell, glänzend, leicht gewölbt
BODEN Nährstoffreich, sandig lehmig, feucht
STANDORT Sonnig, windgeschützt
VERMEHRUNG Aussaat bei 13 °C im Frühling oder Direktsaat im Sommer
VERWENDUNG Gewürz, Heilkraut
ANDERE ARTEN UND SORTEN O. basilicum 'Dark Opal' (purpurrote Blätter), O.b. 'Green Ruffles' (grüne, gekräuselte Blätter), O.b. 'Purple Ruffles' (purpurrote gekräuselte Blätter), O.b. var. minimum

RECHTS *Schwarzkümmel ist eine einjährige Sommerblume und beliebte Kübelpflanze. Sie ist aber nicht mit dem Kümmel verwandt.*

Origanum majorana
Majoran

Majoran gehört zur selben Gattung wie der Oregano, O. vulgare, und botanisch sind die Pflanzen ganz ähnlich. Beide sind beliebte Küchenkräuter, doch sie stammen aus verschiedenen Teilen der Erde und schmecken unterschiedlich. Majoran stammt aus Nordafrika und Indien, ist aber auch in Südwesteuropa an der Mittelmeerküste zu finden. Er hat ein süßliches, etwas blumiges Aroma. Der immergrüne Halbstrauch eignet sich bestens als Topfpflanze, denn so kann er den Sommer im Freien verbringen und bei Frostgefahr ins Winterquartier gebracht werden. Wegen seiner heilwirksamen Stoffe wird Majoran bei Magenkrämpfen, Appetitlosigkeit sowie bei Husten eingesetzt.

HALBHART
HÖHE UND AUSBREITUNG 80 x 45 cm
BLÜTEN Rosa oder weiß, in Scheinähren
BLÜTEZEIT Sommer
BLÄTTER Weich, behaart, spatelig, graugrün
BODEN Nährstoffreich, durchlässig, möglichst trocken
STANDORT Sonnig, warm
VERMEHRUNG Aussaat im Frühling bei 10-13 °C. Teilung im Frühling oder grundständige Stecklinge im Frühling schneiden.
VERWENDUNG Gewürz, Heilkraut
ANDERE ARTEN O. dictamnus (Diptamdosten), O. microphyllum, O. rotundifolium

Origanum vulgare
Oregano, Dost

Oregano ist eine buschige Bergstaude mit reich verzweigten Wurzeln und vielen weißrosa Blüten an aufrechten Stielen; sie erheben sich aus purpurnen Tragblättern und locken viele Bienen und Insekten an. Es gibt auch einige natürlich auftretende Farbvariationen. Viele Formen wurden für Kräuterbeet und Kräuterkasten gezüchtet, darunter O.v. 'Aureum' mit goldenen Blättern, 'Aureum Crispum' mit gekräuselten, goldenen Blättern sowie 'Compactum', die kleinere Wuchsform. 'Heiderose' steht aufrecht und hat rosa Blüten. Das Kraut wird zum Würzen von Eintöpfen und Nudelgerichten verwendet. Als Heilkraut wirkt es nervenstärkend und krampflösend.

WINTERHART
HÖHE UND AUSBREITUNG
30–60 x 20–30 cm
BLÜTEN Dichte, endständige, Rispen bildende Blütenstände mit weißen bis tiefrosa Blüten
BLÜTEZEIT Spätsommer
BLÄTTER Dunkelgrün bis golden, je nach Form, rundlich oder oval
BODEN Trocken, durchlässig
STANDORT Warm, Sonne bis Halbschatten
VERMEHRUNG Teilung im Frühling; samt aus.
VERWENDUNG Gewürz, Heilkraut
ANDERE ARTEN *O. onites*, *O. hirtum*

Pelargonium
Duftpelargonie

Einige Pelargonien haben aromatisch duftende Blätter. Nur in warmen Klimazonen können sie als Mehrjährige im Freien gezogen werden, sie sind aber nicht frosthart und müssen bei rauherem Klima im Winter ins Haus gebracht werden. Dort sind sie attraktive Zimmerpflanzen. Die Blätter können als Gewürz für Süßspeisen und Kuchen verwendet werden. Blüten und Blätter werden getrocknet und zu Potpourris gegeben.

HALBHART
HÖHE 20–60 x 10–30 cm
BLÜTEN Weiß, purpurn, rosa oder orangefarben, in gestielten Dolden
BLÜTEZEIT Sommer
BLÄTTER meist grün, manchmal panaschiert, golden oder silbern, herzförmig, tief gelappt
BODEN Locker, durchlässig
STANDORT Offen, sonnig
VERMEHRUNG Im Sommer oder Frühling Stecklinge von nicht blühenden Trieben schneiden
VERWENDUNG Gewürz, Kübel- und Zimmerpflanze
ANDERE ARTEN, SORTEN UND FORMEN Zu den Duftpelargonien gehören:
P. 'Aroma', *P.* 'Atomic Snowflake', *P.* 'Clorinda', *P.* Fragrans-Formen, *P.* 'Lilian Pottinger', *P.* 'Royal Oak'.

Pelargonium graveolens
Rosenpelargonie

Die Rosenpelargonie ist ein wüchsiger immergrüner Strauch mit kleinen rosa bis purpurnen Blüten und bläulich grauen Blättern; die Pflanze wird wegen ihres Öls auch kommerziell genutzt. Sie duftet intensiv nach Zitrone und Rosen und wird als Gewürz für Kuchen und Tee sowie für Potpourris und in Fingerschalen verwendet. Es gibt auch noch andere Pelargonienarten mit Rosenduft.

HALBHART
HÖHE UND AUSBREITUNG Bis 1,2 m
BLÜTEN Klein, blass- bis tiefrosa, in dichten Dolden
BLÜTEZEIT Sommer
BLÄTTER Mittelgrün, leicht rauh, tief gelappt
BODEN Locker, durchlässig
STANDORT Sonne
VERMEHRUNG Stecklinge im Frühling und Sommer schneiden
VERWENDUNG Gewürz, Potpourris
ANDERE ARTEN UND SORTEN
P. 'Attar of Roses', *P.* 'Lady Plymouth', *P.* 'Rober's Lemon Rose'

LINKS *Mit seinen goldenen Blättern ist die Sorte des Oregano in jedem Kräutergarten ein besonderer Blickfang.*

GEWÜRZPFLANZEN

Perilla frutescens
Schwarznessel

Die einjährige Blattschmuckpflanze setzt in jedem Garten, aber auch in Pflanzkübeln farbenprächtige Akzente. Ursprünglich stammt die Schwarznessel aus Indien und Japan, wo sie sich großer Beliebtheit erfreut. In der Küche nutzt man sie zum Würzen von Salaten, Suppen und Gemüsegerichten. Die grüne Form wird in Japan für die Zubereitung von *Sushi* verwendet, die purpurrote zum Einlegen, da sie dem Gemüse Farbe verleiht. Die Blätter duften nach Zimt und ein wenig nach Curry.

FROSTEMPFINDLICHE EINJÄHRIGE
HÖHE UND AUSBREITUNG
30–60 x 23 cm
BLÜTEN Klein, röhrig, weiß bis lavendelfarben, endständig (blüht in unseren Breiten selten)
BLÜTEZEIT Spätsommer
BLÄTTER Grün oder purpurrot, je nach Varietät; die aromatischen Blätter sind herzförmig und an den Rändern tief gezackt
BODEN Nährstoffreich, feucht
STANDORT Sonne bis Halbschatten
VERMEHRUNG Aussaat im Frühling bei 13–18 °C
VERWENDUNG Gewürz, Schmuckpflanze
ANDERE FORMEN UND ARTEN
P. frutescens var. *crispa*, *P.f. rubra*.

Petroselinum crispum
Petersilie

Petersilie ist eine oft einjährig kultivierte Zweijährige und eines der beliebtesten Küchenkräuter. Sie hat eine lange Keimungszeit und benötigt dabei hohe Temperaturen. Manche warten mit der Aussaat bis zum Sommer, es hilft aber auch, die Samen über Nacht in warmes Wasser zu legen und kochendes Wasser in die Saatrillen zu gießen, wenn die Petersilie ins Beet gesät werden soll. Sie muss direkt gesät werden, denn sie verträgt kein Umpflanzen. Die aromatische Pflanze macht sich gut als Umrandung für einen Kräuterkübel. Es gibt die Unterarten Blattpetersilie (convar. *crispum*) und Wurzelpetersilie (convar. *tuberosum*). Bei der Blattpetersilie ist die glatte Unterart weniger frostempfindlich und aromatischer als die krause. Mit gehackter Petersilie werden Gemüse, Suppen, Salate und Eintöpfe bestreut. Auch für Fischgerichte wird sie gern verwendet. *P.c.* convar. *tuberosum* hat eine große Wurzel, die man gekocht oder roh essen kann. Petersilie ist reich an Vitamin C und wird zur Behandlung von Erkrankungen der Harnwege verwendet.

FROSTHART
HÖHE UND AUSBREITUNG
30–60 x 30 cm, je nach Unterart und Sorte
BLÜTEN Unscheinbar, grünlich gelb in kleinen, flachen Köpfchen, im 2. Jahr
BLÜTEZEIT Spätsommer
BLÄTTER Üppig, grün, kraus oder glatt, je nach Unterart
BODEN Nährstoffreich, feucht
STANDORT Sonne bis Halbschatten
VERMEHRUNG Aussaat im Sommer bei 15 °C
VERWENDUNG Gewürz, Heilpflanze
ANDERE ARTEN, FORMEN UND SORTEN *P. crispum* 'French', *P.c.* 'Greek', *P.c.* var. *neapolitanum*, *P.c.* 'Afro', *P.c.* 'Champion Moss Curled', *P.c.* 'Moss Curled 2'

OBEN *Die duftenden Blätter vieler Pelargonien werden mancherorts zum Aromatisieren von Kuchen, Salaten und Potpourris genutzt.*

Portulaca oleracea
Gemeiner Portulak

Die meisten Portulak-Arten sind halbsukkulente, kriechende Pflanzen und gedeihen nur in warmen Regionen. Der Gemeine Portulak ist in Südeuropa heimisch, wo er als winterharte Einjährige kultiviert wird. Er braucht auf Balkon oder Terrasse einen warmen Platz. Die jungen, sukkulenten Triebe werden als Salatkraut gebraucht, ältere können als Würzkraut zum Einlegen von Gurken dienen. Eine Unterart des Portulaks wird auch als Gemüsepflanze angebaut. Als Heilpflanze wird Portulak gegen Entzündungen verwendet.

FROSTEMPFINDLICHE EINJÄHRIGE
HÖHE UND AUSBREITUNG 15 x 23 cm
BLÜTEN Klein, gelb oder weißlich
BLÜTEZEIT Spätsommer
BLÄTTER Fleischig, länglich verkehrt eiförmig, glänzend grün, rötlich überlaufen
BODEN Nährstoffreich, durchlässig
STANDORT Volle Sonne, geschützt
VERMEHRUNG Aussaat im Frühling bei 13–18 °C
VERWENDUNG Gewürzkraut, Gemüse
ANDERE ARTEN UND FORMEN *P. oleracea* var. *aurea* (goldgelbe Blätter)

PFLANZEN FÜR BALKON UND TERRASSE

LINKS *Kissenprimeln gehören zu den beliebtesten Frühlingsblumen; sie brauchen einen Platz im Halbschatten oder Schatten.*

Primula veris
Schlüsselblume

Die reizende ausdauernde Wildblume, früher unter *Primula officinalis* geführt, ist eine formenreiche, in Europa weit verbreitete Art. Als Topfpflanze wirkt sie mit ihren dottergelben, duftenden Blüten besonders freundlich. Der Samen von Schlüsselblumen keimt nur schwer, oft dauert es ein oder zwei Jahre, bis überhaupt Sämlinge erscheinen. Am passenden Standort etabliert sie sich dann rasch und breitet sich kräftig aus. Die Blätter wurden früher auch für Salate verwendet, Wurzeln und Blüten als heilsame Droge gegen Bronchitis und Husten.

WINTERHART
HÖHE UND AUSBREITUNG
10–30 x 20 cm
BLÜTEN Dottergelb mit orangerot geflecktem Schlund, nickend, in einem glockenförmigen Kelch, in Dolden
BLÜTEZEIT Spätfrühling
BLÄTTER Mittelgrün, länglich, in grundständiger Rosette, beidseitig weich behaart
BODEN Nährstoffreich, feucht
STANDORT Sonne oder Halbschatten, bei voller Sonne soll der Boden nicht austrocknen
VERMEHRUNG Aussaat im Frühling
VERWENDUNG Gewürz, früher Heilpflanze
ANDERE ARTEN UND HYBRIDEN
P. alpicola, P. elatior, P. palinuri, P. sikkimensis, P.-Veris-Hybriden

Primula vulgaris
Kissenprimel

Mit ihren schwefelgelben Blüten und tiefgelber Mitte ist die duftlose Kissenprimel eine beliebte Gartenpflanze. Sobald sie eingewachsen sind, können die Pflanzen jedes Jahr geteilt und neu gepflanzt werden, um den Bestand zu vergrößern. Die Kissenprimel braucht nährstoffreichen Boden, sie bevorzugt einen eher halbschattigen Standort. Die hübsche Pflanze für verschiedenste Standorte im Garten macht sich auch als Topfpflanze gut, auf Balkon oder Terrasse kann man sie ganz aus der Nähe genießen. Sie wird ähnlich wie die Schlüsselblume verwendet, die jungen Blätter werden mancherorts zum Salat, die Blüten kandiert gegessen.

WINTERHART
HÖHE UND AUSBREITUNG 20 cm
BLÜTEN Schwefelgelb mit tiefgelber Mitte
BLÜTEZEIT Vorfrühling
BLÄTTER Grün, kraus, mit deutlichen Adern, in grundständiger Rosette
BODEN Nährstoffreich, feucht
STANDORT Schatten oder Halbschatten
VERMEHRUNG Aussaat sofort nach der Reife, Teilung nach der Blüte
VERWENDUNG Gewürz, früher Heilpflanze
ANDERE ARTEN, SORTEN UND FORMEN Viele, manche mit gefüllten Blüten:
P. vulgaris 'Alba Plena' (gefüllt, weiß),
P.v. 'Double Sulphur' (gefüllt, gelb),
P.v. ssp. *sibthorpii* (rosa, lila, purpurrote oder weiße Blüten)

Pycnanthemum pilosum
Amerikanische Bergminze

Die hübsche Mehrjährige ist nicht mit Minze, sondern mit *Origanum* verwandt; sie nimmt ziemlich viel Platz in Anspruch. Einer ihrer Vorzüge ist die Blütezeit im Spätsommer; sie setzt dann auf Balkon und Terrasse frische farbige Akzente. Von Schmetterlingen wird sie geschätzt und gerne angeflogen. Die Pflanze ist in Nordamerika zu Hause und verträgt Trockenheit gut. Sie gehört zwar nicht zu den Minzen, die Blätter duften aber aromatisch nach Pfefferminze und können einen Tee mit intensivem Pfefferminzaroma ergeben.

WINTERHART
HÖHE UND AUSBREITUNG 60–90 cm
BLÜTEN Lila und weiß mit Purpur gefleckt, in dichten, endständigen Büscheln
BLÜTEZEIT Spätsommer, Herbst
BLÄTTER Hellgrün, lanzettlich, an strahlenförmigen Stielen
BODEN Nährstoffreicher, sandiger Lehm
STANDORT Sonne oder Halbschatten
VERMEHRUNG Aussaat im Vorfrühling, Teilung im Frühling, Kopfstecklinge im Sommer schneiden
VERWENDUNG Teekraut, Bienen- und Schmetterlingsweide
ANDERE ARTEN *P. muticum, P. tenuifolium, P. virginiana*

GEWÜRZPFLANZEN

Rosa rugosa
Kartoffelrose, Heckenrose

Rosen lassen sich besonders gut als Kübelpflanzen ziehen; für Balkon, Terrasse oder Innenhof eignet sich die Kartoffelrose besonders gut. Besser als die Wildart kommen allerdings die kleineren, kompakteren Formen mit dem begrenzten Raum aus. Die rosaroten, duftenden Blütenblätter der Kartoffelrose können für Potpourris verwendet werden, und die großen Hagebutten, die auf die Blüten folgen, sind veritable Vitamin-C-Lieferanten und lassen sich zu köstlicher Marmelade oder zu Sirup verarbeiten. Rosen werden aber auch zu Rosenöl und weiter zu Seife und Parfüm verwendet.

WINTERHART
HÖHE UND AUSBREITUNG 1,0 x 1,8 m
BLÜTEN Schalenförmig, einfach (Gartenformen gefüllt), rosa bis rot mit gelben Staubblättern
BLÜTEZEIT Sommer
BLÄTTER Dunkelgrün, oben runzelig
BODEN Nährstoffreich, Feuchtigkeitsspeichernd
STANDORT Sonne oder Halbschatten
VERMEHRUNG Stecklinge im Herbst schneiden, Rosengärtner vermehren durch Okulieren
VERWENDUNG Tee, Früchte, Potpourris
ANDERE ARTEN, SORTEN UND FORMEN *R. rugosa* 'Alba' (weiß), *R. r. rubra* (purpurn), *R. gallica* var. *officinalis* (Apothekerrose), *R.g.* 'Versicolor'

Rosmarinus officinalis
Rosmarin

Rosmarin wurde bereits von den Römern geschätzt, alte Kräuterbücher beschreiben die vielfältige Wirkung der Pflanze. Sie gilt als das Kraut der Erinnerung und Freundschaft und soll geistig anregend wirken. Der immergrüne Strauch lässt sich bestens als Kübelpflanze ziehen, er benötigt nur einen geschützten Standort auf Balkon oder Terrasse; die Pflanze aus dem Mittelmeerraum verträgt sogar einige Frostgrade. Dank ihrer ätherischen Öle ist sie eine probate Heilpflanze und wird als belebender Badezusatz wie auch zur Anregung von Herz und Kreislauf eingesetzt. In der Küche verwendet man sie als Gewürz für Lammbraten, aber auch für würzige Gemüseeintöpfe. Einige Rosmarinformen wachsen besonders kompakt; beim Rückschnitt ist Vorsicht geboten, denn die Pflanze erneuert sich nicht aus dem alten Holz.

FROSTHART
HÖHE UND AUSBREITUNG
90–180 x 90 cm, je nach Form
BLÜTEN Blass- bis dunkelblau mit kurzer, zweilippiger Blütenröhre; manche Formen haben weiße oder rosa Blüten. Die Blüten bedecken die ganzen Zweige.
BLÜTEZEIT Winter bis Vorfrühling
BLÄTTER Dunkelgrün, hart, Nadel-ähnlich mit grauer Unterseite, Duft sehr aromatisch
BODEN Durchlässig, karg mit etwas Kalk
STANDORT Geschützt und sonnig
VERMEHRUNG Halbreife Stecklinge oder Ableger im Sommer
VERWENDUNG Gewürz, Heilpflanze, Kosmetik
ANDERE ARTEN, SORTEN UND FORMEN *R. officinalis* var. *albiflorus*, *R.o.* 'Aureus', *R.o.* 'Benenden Blue', *R.o.* 'Jackman's Prostrate', *R.o.* 'Miss Jessopp's Upright', *R.o.* Prostratus-Formen, *R.o.* 'Sissinghurst Blue'

LINKS *Rosmarin gedeiht in Töpfen und Kübeln besonders gut. Die kleinen, blauen Blüten erscheinen im Frühling.*

Salvia officinalis
Gartensalbei

Der Salbei umfasst eine große Gruppe von Pflanzen, darunter Einjährige, Zweijährige, Stauden und Sträucher. Die Blätter des immergrünen, ausdauernden Halbstrauches werden gern für den späteren Gebrauch als Tee und als Gewürz getrocknet. Der aus den Gebirgen Südeuropas stammende Gartensalbei, *Salvia officinalis*, genießt seit Jahrhunderten als Heilkraut hohes Ansehen. Er enthält ein hochwirksames ätherisches Öl sowie Bitter- und Gerbstoffe. Traditionell wird er bei Entzündungen im Mund- und Rachenraum, aber auch bei Menstruations- und klimakterischen Beschwerden eingesetzt. Außerdem ist Salbei ein geschätztes Küchenkraut; berühmte Salbeigerichte sind Saltimbocca oder Brathuhn mit Salbei-Zwiebel-Füllung.

WINTERHART/FROSTHART
HÖHE UND AUSBREITUNG
30–60 x 60 cm
BLÜTEN Dunkelblauviolett, in langen, aufrechten Scheinquirlen
BLÜTEZEIT Sommer
BLÄTTER Graugrün, länglich gerundet, leicht runzlig, aromatisch
BODEN Durchlässig, sandiger Lehm
STANDORT Offen, sonnig
VERMEHRUNG Aussaat im kalten Kasten im Frühling, halbreife Stecklinge im Sommer schneiden
VERWENDUNG Gewürz, Heilpflanze
ANDERE ARTEN, SORTEN UND FORMEN *S. officinalis* 'Albiflora', *S.o.* 'Icterina', *S.o.* Purpurascens-Formen, *S.o.* 'Tricolor'

PFLANZEN FÜR BALKON UND TERRASSE

Sanguisorba minor syn. *Poterium sanguisorba*
Pimpernell

Der Pimpernell ist eine wüchsige Mehrjährige, im Pflanzkübel oder Blumenkasten muss er alle zwei oder drei Jahre geteilt werden, damit er nicht zu groß wird. Stauden wie *Sanguisorba canadensis* und *S. officinalis*, der Große Wiesenknopf, haben große, endständige Blütenähren, die ein wenig einer Flaschenbürste ähneln. Seit dem Mittelalter wird das Kraut zum Würzen von Suppen und Saucen verwendet, heute gibt man die Blätter am liebsten roh zum Salat oder gehackt in Grüne Saucen. Für Heilzwecke werden die Blätter getrocknet und als Tee gegen Verdauungsbeschwerden, Durchfall und Blutungen angewendet. Auch harntreibende Eigenschaften werden der Pflanze zugeschrieben.

WINTERHART
HÖHE UND AUSBREITUNG 60 cm
BLÜTEN Klein, rotbraun ohne Blütenblätter, in Kugel-, später Walzen-förmigen Köpfchen
BLÜTEZEIT Frühsommer
BLÄTTER Graugrün, unpaarig gefiedert, zusammengesetzt aus gerundeten Fiederblättchen
BODEN Trocken, kalkhaltig
STANDORT Sonnig
VERMEHRUNG Direktsaat im Frühling. Teilung im Frühling.
VERWENDUNG Gewürz, auch Heilpflanze
ANDERE ARTEN *S. albiflora*, *S. canadensis*, *S. obtusa*

Satureja hortensis
Bohnenkraut, Pfefferkraut

Neben dem Bohnenkraut gibt es auch noch das Berg- oder Winterbohnenkraut, *Satureja montana*, eine ausdauernde Staude, die ebenfalls als Bohnengewürz verwendet wird und sich gut für einen Pflanzbehälter mit niedrig wachsenden Kräutern eignet. Das Bohnen- oder Pfefferkraut, *Satureja hortensis*, ist eine einjährige Pflanze, mit der sich entstandene Lücken im Garten gut schließen lassen. Es wird im Frühling direkt ausgesät. Die haarigen, aufrechten Stängel tragen im Sommer kleine, weiße Blüten in Scheinähren. Für die Verwendung als Gewürzkraut sollte man die Pflanze ausreißen, an der Luft trocknen und dann die Blätter abzupfen. Bohnenkraut schmeckt ein wenig wie Thymian, es macht Bohnen, aber auch Fleischgerichte und Füllungen leichter verdaulich. Ein Tee aus den Blättern hat magenstärkende und leicht desinfizierende Wirkung. Die getrockneten blühenden Triebe halten Motten aus dem Kleiderschrank fern.

WINTERHARTE EINJÄHRIGE
HÖHE UND AUSBREITUNG 30 cm
BLÜTEN Weiße bis rosa Scheinähren, in den Blattachseln stehend
BLÜTEZEIT Spätsommer
BLÄTTER Schmal, lanzettlich mit Drüsenschuppen
BODEN Durchlässig, sandiger Lehm
STANDORT Sonnig
VERMEHRUNG Direktsaat im Frühling, sobald sich der Boden erwärmt hat
VERWENDUNG Gewürz, alte Heilpflanze
ANDERE FORMEN UND ARTEN
S. coerulea, *S. montana* (Winterbohnenkraut), *S. spicigera*

Silybum marianum
Mariendistel

Eine große Distel scheint zwar als Kübelpflanze nicht gerade naheliegend, doch die Mariendistel ist eine höchst attraktive Solitärpflanze, die auch auf Balkon oder Terrasse gut zur Wirkung kommt. Der Legende nach stammen ihre milchigen Blattadern von der Milch der Jungfrau Maria, die beim Stillen des Jesuskindes hinuntertropfte. Die Mariendistel ist zweijährig und blüht erst im zweiten Jahr, die purpurrosa Blüten können abgeschnitten und wie Artischocken als Gemüse zubereitet werden. Auch Stängel und Blätter sind gekocht essbar, die Wurzeln werden wie Pastinaken zubereitet. Als Heilpflanze setzt man die Mariendistel bei Erkrankungen der Leber ein.

WINTERHART
HÖHE UND AUSBREITUNG
1,5 m x 90 cm
BLÜTEN Duftend, purpurrosa, umgeben von Distelstacheln
BLÜTEZEIT Sommer
BLÄTTER Glänzend grün mit deutlichen weißen Flecken und gelben Stacheln, buchtig gelappt
BODEN Durchlässig
STANDORT Offen, sonnig
VERMEHRUNG Direktsaat im Frühling oder Frühsommer; überzählige Sämlinge entfernen
VERWENDUNG Gemüse, Heilpflanze
ANDERE FORMEN UND ARTEN Keine

LINKS *Die zweijährige Mariendistel ist eine besonders aparte Pflanze, deren Blüten wie Artischocken zubereitet werden können.*

GEWÜRZPFLANZEN

LINKS *Wenn Echter Ziest so üppig blüht, sieht er auch im Kübel prächtig aus.*

Tagetes patula
Tagetes, Studentenblume

Tagetes machen sich genauso gut in Kübeln und Kästen wie in Rabatten; in Mischkultur mit Gemüse und Kräutern vertreiben sie Blattläuse, Nematoden und allerlei andere Schädlinge. Sie duften angenehm und sehen hübsch aus; die Blütenköpfchen können gepflückt, getrocknet und für Potpourris verwendet werden. Die Blätter von *T. lucida* schmecken nach Estragon und Anis und werden für aromatisierte Tees verwendet. Tagetes werden meist zu vier Gruppen zusammengefasst: *Tagetes erecta, T. patula, T. signata* und *T. tenuifolia*, sie unterscheiden sich in Habitus, Blütenfarbe und -form.
VORSICHT Die Blätter aller Tagetes können allergische Hautreaktionen hervorrufen.

FROSTEMPFINDLICHE EINJÄHRIGE
HÖHE UND AUSBREITUNG 30 cm
BLÜTEN Gelb, orange oder bronzefarben
BLÜTEZEIT Sommer
BLÄTTER Dunkelgrün, fiedrig geteilt, aromatisch
BODEN Durchlässig, mittelschwer
STANDORT Offen, sonnig
VERMEHRUNG Direktsaat im Spätfrühling
VERWENDUNG Mischkultur mit Gemüse, Potpourris
ANDERE ARTEN UND FORMEN
T. lemmonii, T. lucida, T. Aurora-Formen, *T.* Bonanza-Formen, *T.* Safari-Formen

Smyrnium olusatrum
Gelbdolde, Pferdeeppich

Die große zweijährige Pflanze eignet sich gut für die Kultur in großen Pflanzkübeln. Doch empfiehlt es sich, sie als einjährige Blattpflanze zu halten. Die Art *S. perfoliatum* wird für Schnittblumen gezogen. Sie wurde früher als Gemüse verwendet und schmeckt ähnlich wie Sellerie, der sie schließlich aus den Gärten verdrängt hat. Blätter, Stängel, Stiele und Blüten werden für Salate und Eintöpfe verwendet oder blanchiert und als Gemüse zubereitet. Die zerquetschten Blätter hat man früher auf schlecht heilende Wunden aufgelegt.

FROSTHART
HÖHE UND AUSBREITUNG 90 x 60 cm
BLÜTEN Klein, gelbgrün, in dichten, halbkugeligen Dolden
BLÜTEZEIT Hochsommer
BLÄTTER Groß, glänzend, dunkelgrün mit breit eiförmigen, stumpf gekerbten oder eingeschnittenen Abschnitten
BODEN Trocken, durchlässig
STANDORT Offen, sonnig
VERMEHRUNG Direktsaat im Frühling
VERWENDUNG Gemüse und Salat, Kübelpflanze
ANDERE ARTEN *S. perfoliatum*

Stachys officinalis
Echter Ziest, Betonie

Der Echte Ziest ist eine hübsche Pflanze mit aufrechten, rosa oder purpurfarbenen Blüten, die Blätter können getrocknet und für leicht beruhigenden Kräutertee oder für Kräuterzigaretten verwendet werden. Die ausdauernde Heilpflanze, der man einst magische Heilkräfte nachsagte und die auch zur Abwehr von bösen Geistern Verwendung fand, hat eine lange Tradition. Sie war in Kräutergärten und Friedhöfen des Mittelalters häufig zu finden. Ihre Droge galt als wundheilend und appetitanregend.

WINTERHART
HÖHE UND AUSBREITUNG
30–60 x 30 cm
BLÜTEN Dicht, weiß bis purpurfarben, meist rosa, an aufrechten Stängeln
BLÜTEZEIT Sommer
BLÄTTER Mittelgrün, länglich, rauh, gezähnt
BODEN Sandiger Lehm, auf Magerrasen und Heiden
STANDORT Halbschatten
VERMEHRUNG Aussaat in den kalten Kasten im Frühling, Teilung im Frühling
VERWENDUNG Früher Heilpflanze, Kübelpflanze
ANDERE ARTEN UND SORTEN
S. byzantina (Wollziest), *S. macrantha*, *S. officinalis* 'Alba', *S.o.* 'Rosea Superba'

PFLANZEN FÜR BALKON UND TERRASSE

Tanacetum parthenium Mutterkraut

Die buschige Pflanze ist ziemlich kurzlebig, kann aber in milden Wintern überdauern; sie riecht ziemlich scharf, ihre Blätter schmecken bitter. Als Heilpflanze hat sie eine lange Tradition; sie galt als Stärkungsmittel, wurde zur Nervenstärkung und auch als Fieber senkendes, Verdauung förderndes Tonikum eingesetzt. Mutterkraut gibt es in Tablettenform zur Behandlung von Migräne und Arthritis. Die Blätter werden mitunter für Breiumschläge bei Verstauchungen verwendet.
VORSICHT: Die Blätter können Geschwüre im Mundbereich verursachen, die Pflanze darf nur in kleinen Dosen und während der Schwangerschaft nicht eingenommen werden.

WINTERHART
HÖHE UND AUSBREITUNG 60 x 45 cm
BLÜTEN Klein, weiß, Gänseblümchen ähnlich mit gelber Mitte
BLÜTEZEIT Sommer
BLÄTTER Gelbgrün, muschelförmig
BODEN Locker, durchlässig
STANDORT Sonne oder Halbschatten
VERMEHRUNG Aussaat bei 10–13 °C im Vorfrühling, Teilung im Frühling
VERWENDUNG Heilpflanze, gegen Motten
ANDERE ARTEN UND SORTEN
T. parthenium 'Aureum', *T.p.* 'Rowallane', *T. vulgare* (Rainfarn)

Tanacetum vulgare Rainfarn

Die ausdauernde Pflanze kann auch als Kübelpflanze gezogen werden, mag aber keine nassen Böden, sollte also nur sparsam gewässert werden. Sie wünscht sich einen sonnigen Platz auf Balkon oder Terrasse und breitet sich ziemlich ungestüm aus; deshalb muss sie meist nach ein oder zwei Jahren erneuert werden. Früher verwendete man die bitter würzigen Blüten in Kuchen und Puddings. Rainfarn galt als Wundmittel und wurde auch als Tonikum sowie als Entwurmungsmittel für Tiere gebraucht. Heute dient er nur noch als Insektizid.

WINTERHART
HÖHE UND AUSBREITUNG 60 cm
BLÜTEN Leuchtend gelb, halbkugelig, endständige Blütenköpfchen in dichten Schirmrispen
BLÜTEZEIT Spätsommer
BLÄTTER Dunkelgrün, doppelt fiederspaltig
BODEN Durchlässig, nährstoffreich
STANDORT Sonne oder Halbschatten
VERMEHRUNG Teilung im Frühling oder Herbst, Aussaat im Frühling bei 10–13 °C
VERWENDUNG Heilpflanze, Gewürz, Insektizid
ANDERE ARTEN, SORTEN UND FORMEN *T. vulgare* var. *crispum*, *T.v.* 'Isla Gold', *T.v.* 'Silver Lace'

Thymus vulgaris Gartenthymian

Die in ihrem unteren Bereich verholzende Staude stammt aus dem Mittelmeerraum, wird aber schon seit dem Mittelalter auch nördlich der Alpen in den Gärten angebaut. Das beliebte Würzkraut für Fleisch-, Gemüse- und Kartoffelgerichte eignet sich bestens für die Topfkultur auf Balkon und Terrasse. Es enthält ähnliche Wirkstoffe wie der Feldthymian oder Quendel, also ätherisches Öl, Harz und Gerbstoff. Das in den Pflanzen enthaltene Thymol wirkt desinfizierend. Ein Aufguss aus den getrockneten Blättern lindert Verschleimung.

FROSTHART (Grenzfall)
HÖHE UND AUSBREITUNG 30 cm
BLÜTEN Klein, weiß bis purpurfarben in dichten oder lockeren endständigen Scheinquirlen
BLÜTEZEIT Sommer
BLÄTTER Graugrün, klein, linealisch bis elliptisch mit heller, filziger Unterseite
BODEN Durchlässig, mager
STANDORT Offen, sonnig
VERMEHRUNG Aussaat im Frühling im kalten Kasten, halbreife Stecklinge im Sommer schneiden
VERWENDUNG Küche, Heilpflanze
ANDERE ARTEN, SORTEN UND FORMEN *T. pulegioides* (Quendel), *T. herba-barona*, *T.* x *citriodorus* 'Aureus', *T.* x. *c.* 'Bertram Anderson'

LINKS *Mutterkraut hat reizvolle, an Gänseblümchen erinnernde Blüten. Ein Aufguss aus der Pflanze wird bei Migräne und Arthritis empfohlen.*

GEWÜRZPFLANZEN

LINKS *Das Stiefmütterchen wird meist zweijährig kultiviert und bringt monatelang seine duftenden Blüten hervor. Ihr Geschmack erinnert ein wenig an Pfeffer.*

Tropaeolum majus Kapuzinerkresse

Die Kapuzinerkresse ist eine einjährige, rankende Gewürzpflanze, die eine Bereicherung für jeden Balkon- und Terrassengarten ist. Sie kann über den vorderen Rand eines großen Pflanzgefäßes wachsen oder im Hintergrund an einer Mauer oder einem Rankgitter hochwachsen. Sowohl Blätter als auch Blüten sind essbar. Beide schmecken kresseschärf. Früchte und frische, junge Blüten können eingelegt werden. Da Kapuzinerkresse reichlich Vitamin C enthält, gilt sie als Heilpflanze zur Behandlung von lästigem Husten und von Harnwegserkrankungen; aus den Samen bereitet man Breiumschläge, die bei Verbrennungen und Entzündungen aufgelegt werden.

FROSTEMPFINDLICHE EINJÄHRIGE (mehrjährig bei mildem Klima)
HÖHE UND AUSBREITUNG 0,9–1,5 x 1,8–3,0 m oder mehr
BLÜTEN Rot, orange und gelb, mit langem Sporn
BLÜTEZEIT Spätsommer
BLÄTTER Grün, wellig, nierenförmig, an langen Stängeln
BODEN Feucht, durchlässig, mager
STANDORT Sonne oder Halbschatten
VERMEHRUNG Direktsaat im Spätfrühling oder früher bei 13–16 °C
VERWENDUNG Salatgewürz, Heilpflanze, Topfpflanze
ANDERE SORTEN *T. majus* 'Alaska', *T.m.* 'Hermine Grashoff'

Viola odorata Duftveilchen

Die angenehm duftende, ausdauernde Frühlingsblume gedeiht nicht nur in naturnahen Gärten, sondern auch in Pflanzkübeln und Töpfen, wenn sie im Halbschatten stehen und feucht genug gehalten werden. Wegen ihrer heilwirksamen Inhaltsstoffe (u. a. Saponine, Schleimstoff, ätherisches Öl) wird das Duftveilchen vor allem bei Erkrankungen von Hals und Bronchien eingesetzt. Man sagt ihm auch Linderung bei Blutergüssen und beruhigende Wirkung nach. Ebenso spielt es bei der Herstellung von Parfüms und Kosmetika eine Rolle, und schließlich kann es kandiert werden und als Würze in Fleischgerichten dienen.

WINTERHART
HÖHE UND AUSBREITUNG 15 cm Ausbreitung
BLÜTEN Weiß oder violett, klein, duftend, mit fünf Blütenblättern
BLÜTEZEIT Vorfrühling
BLÄTTER Dunkelgrün, glänzend, oval, kurz gestielt
BODEN Feucht, nährstoffreich
STANDORT Schatten oder Halbschatten
VERMEHRUNG Aussaat im Herbst, Teilung im Spätwinter oder Vorfrühling
VERWENDUNG Heilpflanze, Gewürz, Parfüms
ANDERE ARTEN UND SORTEN *V. odorata* 'Alba', *V.o.* 'Alba Plena', *V.o.rosea*, *V.o.* 'Wellsiana'

Viola tricolor Stiefmütterchen

Diese nette kleine ein- oder mehrjährige Pflanze ergibt eine farbenfrohe Einfassung für große Pflanzgefäße. Die Blüten sind essbar und werden manchmal als Dekoration über Salate gestreut. Auch dieses Veilchengewächs kann als Heilpflanze gelten, denn es wirkt auf Grund seiner Inhaltsstoffe nicht nur blutreinigend, sondern dient auch zur Behandlung von Geschwüren, Ekzemen und anderen Hautleiden. Selbst zur Blutdrucksenkung wird es gelegentlich angewendet.

WINTERHARTE EINJÄHRIGE (oder kurzlebige Mehrjährige)
HÖHE UND AUSBREITUNG 20 cm
BLÜTEN Duftend, dreifarbig: dunkelviolett, blasslila, gelb mit etwas Weiß; die dunklen Blütenblätter umrahmen die drei unteren, die heller sind
BLÜTEZEIT Den ganzen Sommer über
BLÄTTER Dunkelgrün, eiförmig bis breit lanzettlich
BODEN Nährstoffreich, humos
STANDORT Offen, sonnig
VERMEHRUNG Topfaussaat im Frühling im kalten Kasten; Kopfstecklinge im Sommer abnehmen; samt stark aus
VERWENDUNG Heilpflanze, Topfpflanze
ANDERE FORMEN UND ARTEN *V.t.* 'Bowles Black', *V.* 'Johnny Jump Up', *V.* 'Prince Henry'

PFLANZEN FÜR BALKON UND TERRASSE

Kräuterrezepte

Tees

Grundsätzlich werden alle Kräutertees auf dieselbe Weise zubereitet. Die wichtigsten Heilkräuter sind: Salbei, aromatisch und adstringierend; Minze, verdauungsfördernd und krampflösend; Poleiminze, anregend; Rainfarn, gegen Koliken und Gicht; Fenchelblätter, bei Nierenbeschwerden; Dillsamen, bei Blähungen; Ringelblume, für die Leber; Ysop, bei Katarrhen und Beschwerden der Atemwege; Rosmarin, bei Kopfschmerzen; Melisse, bei Fieber.

Ringelblumen

Kamillentee

1 Kamillenblüten pflücken und trocknen.

2 Für diesen klassischen Kräutertee ½ l kochendes Wasser auf 1 Teelöffel getrocknete Blüten gießen.

3 Den Tee 5 Minuten ziehen lassen. Nach Geschmack mit Honig süßen.

Pfefferminztee-Sorbet

ZUTATEN
2 Tassen Wasser
15 g getrocknete Pfefferminzblätter
125 ml Sirup (500 g Zucker in ½ l Wasser zum Kochen bringen, 10 Minuten köcheln und dann abkühlen lassen; hält sich 2–3 Wochen).

1 Das Wasser in einem Topf zum Kochen bringen und die Pfefferminzblätter hineingeben.

2 Etwa 3 Stunden zugedeckt ziehen lassen. Durch ein Sieb gießen.

3 Tee und Sirup verrühren, in eine Eismaschine oder ins Gefriergerät geben, bis die Masse fest wird.

4 Herausnehmen und mit dem Stabmixer eine Minute durchrühren.

Erneut tiefgefrieren, bis das Sorbet die richtige Konsistenz hat.

Minze

KRÄUTERREZEPTE

Löwenzahntee

1 5–6 frische, junge Löwenzahnblätter in Streifen zupfen.

2 Die Blattstreifen in einen Becher geben und kochendes Wasser aufgießen. 5–10 Minuten ziehen lassen.

3 Die Blätter herausnehmen und nach Geschmack süßen. Löwenzahn wirkt leicht abführend, der Tee darf nur in kleineren Mengen getrunken werden.

Salate

Löwenzahnsalat

Löwenzahn wird in Frankreich als Gemüse kultiviert. Und so wird ein feiner Salat daraus:

ZUTATEN
*250 g junge Löwenzahnblätter
3–4 Scheiben durchwachsener Speck
3 EL Rotweinessig*
für 4–6 Portionen

1 Die Löwenzahnblätter waschen und trockenschleudern.

2 Den Speck anbraten, in kleine Würfel schneiden und samt dem ausgebratenen Fett über die Löwenzahnblätter geben.

3 Löschen Sie das Bratfett mit dem Rotweinessig ab und gießen Sie es über die Blätter. Warm servieren.

Bunter Blüten-Kräuter-Salat

ZUTATEN
*1 Kopfsalat (oder anderer Blattsalat)
8 Zweige Kerbel
8 Blüten der Kapuzinerkresse
Vinaigrette*
für 4–6 Portionen

1 Die gewaschenen und trocken geschleuderten Salatblätter mit dem Kerbel mischen. Die Hälfte der Blüten zugeben.

2 Die Vinaigrette über den Salat gießen und die restlichen Blüten als Dekoration darüber streuen.

Kapuzinerkresse

PFLANZEN FÜR BALKON UND TERRASSE

Saucen
Grüne Sauce

ZUTATEN

*250 g Mayonnaise – selbst gerührt
100 g Kräuter – z. B. Blätter von jungem Spinat, Brunnenkresse, Petersilie, Schnittlauch, Estragon, Kerbel; am besten zwei Teile Spinat und Brunnenkresse und einen Teil von den übrigen Kräutern*

1. Etwas Wasser in einem Topf zum Kochen bringen und alle Kräuter für 3–4 Minuten hineingeben.

2. Das Wasser abgießen, die Kräuter abtropfen lassen und pürieren.

3. Das Kräuterpüree kurz vor dem Servieren mit der Mayonnaise verrühren.

Kerbel

Petersiliensauce

Für eine einfache Petersiliensauce mischt man eine Handvoll fein gehackte Petersilie mit 300 g Béchamelsauce. Hier eine üppigere Version, die meist zu warmem gekochtem Schinken oder zu Kassler Rippchen serviert wird.

ZUTATEN

*30 g Butter
1 EL Mehl
300 ml kalte Fleisch- oder Gemüsebrühe
1 Eigelb
etwas Zitronensaft
2 EL Sahne
1 EL fein gehackte Petersilie*

1. Die Hälfte der Butter schmelzen, das Mehl darin leicht anschwitzen. Die kalte Brühe angießen, die Soße unter Rühren 7 Minuten kochen.

2. Eigelb, Zitronensaft und Sahne in einer Schüssel mischen. Etwas von der heißen Soße dazugießen und gut durchrühren. Die Masse an die Sauce geben und verrühren.

3. Die Sauce 2–3 Minuten bei ganz schwacher Hitze unter ständigem Rühren erhitzen, aber nicht kochen lassen.

4. Den Topf von der Kochstelle nehmen, Petersilie und die restliche kalte Butter in kleinen Stücken einrühren.

VARIANTE

Man kann eine leichtere Bechamelsauce, die nur mit der Hälfte der Butter zubereitet wird, oder eine Kräutersauce herstellen, indem man verschiedene fein gehackte Kräuter wie Petersilie, Estragon, Kerbel und Schnittlauch sowie eine gepresste Knoblauchzehe beigibt. Nehmen Sie für $1/2$ l Sauce etwa 2 Esslöffel Kräuter.

KRÄUTERREZEPTE

Süßes Minzegetränk

ZUTATEN
2 Zweige frische Minze
½ EL Zucker
zerstoßene Eiswürfel
½ EL Zitronensaft
2 EL Grapefruit-Saft
Mineralwasser oder Tonic
einige Borretschblüten

1 Minzeblättchen abzupfen und mit dem Zucker zerstoßen; in ein hohes Glas geben und zerstoßene Eiswürfeln daraufgeben.

2 Zitronen- und Grapefruit-Saft zugeben, das Glas mit Tonic oder Mineralwasser auffüllen und so lange rühren, bis das Glas bereift ist.

3 Mit Borretschblüten verzieren.

Rosen-Tarte

ZUTATEN
1 Ei, getrennt
10–12 Rosenblütenblätter
3 EL Zucker
250 g Mürbteig
150 g Jogurt
300 g Schlagsahne
2 EL Rosenwasser
Für 4–6 Portionen

1 Das Eiweiß steif schlagen, die Blütenblätter einzeln mit dem Eischnee überziehen und mit Zucker bestreuen. Die Rosenblätter im vorgeheizten Backofen (110 °C) etwa 1 Stunde trocknen.

2 Den Mürbteig 5 mm dick und kreisrund (ca. 25 cm Durchmesser) ausrollen. Den Teigboden im vorgeheizten Backofen (200 °C) 25 Minuten backen. Herausnehmen und abkühlen lassen.

3 Die Sahne steif schlagen. Jogurt, Eigelb und 2 Esslöffel Feinkristallzucker sowie das Rosenwasser untermischen. Die Masse löffelweise auf den Teigboden geben, darüber die getrockneten Rosenblütenblätter; servieren Sie die Tarte sofort.

Hundsrose

PFLANZEN FÜR BALKON UND TERRASSE

Kräuterkosmetik

Kräuter werden seit langem in der Schönheitspflege eingesetzt. Nachfolgend eine Auswahl von Rezepten, die Sie selbst ausprobieren können.

Gesichtsmaske aus Kamille und Kleie

ZUTATEN
1 EL getrocknete Kamillenblüten
200 ml kochendes Wasser
2 EL Kleie
1 EL Akazienhonig

1 Die Kamillenblüten in eine Schüssel geben und das kochende Wasser darüber gießen. Lassen Sie es etwa 30 Minuten abkühlen.

2 Die Kleie mit dem Honig mischen und 3 Esslöffel vom Kamillenwasser dazurühren. Die Mischung auf das Gesicht auftragen.

3 10 Minuten einwirken lassen, dann mit warmem Wasser abspülen. Die Haut wird dadurch weich und glatt und wirkt anschließend frisch und klar.

Reinigungsmilch mit Fenchel

ZUTATEN
1 EL Fenchelsamen
250 ml kochendes Wasser
1 EL Akazienhonig
2 EL entrahmte Milch

1 Zerstoßenen Fenchelsamen in eine Schüssel geben und das kochende Wasser darüber gießen. Etwa 30 Minuten ziehen und dann abkühlen lassen.

2 Durch ein Sieb in eine andere Schüssel gießen, Honig und Milch unterrühren.

3 Die Milch in eine Flasche abgießen und im Kühlschrank aufbewahren. Sie ist ein vorzügliches Hautreinigungsmittel.

Haarspülung mit Zitronenstrauch
Es gibt mehr als ein Kräutertonikum für die Haarpflege. Dieses aber duftet am besten.

ZUTATEN:
1 Handvoll Blätter des Zitronenstrauchs
250 ml kochendes Wasser

1 Die Blätter von den Stielen zupfen und in eine Schüssel geben. Kochendes Wasser darüber gießen und den Aufguss mindestens eine Stunde ziehen lassen.

2 Durch ein Sieb gießen, in eine Flasche abfüllen und als pflegende Haarspülung verwenden.

KRÄUTERKOSMETIK

Düfte und Aromen mit Gewürzpflanzen

Kräuterkissen

Ernten Sie Kräuter und noch nicht ganz geöffnete Blüten an einem trockenen, sonnigen Vormittag, hängen Sie sie in einem kühlen, luftigen Raum zum Trocknen auf. Sobald sie trocken sind, können Sie sie von den Stielen streifen und in Kräuterkissen oder –säckchen füllen. Das Mischungsverhältnis der Kräuter für ein Kräuterkissen kann variiert werden, eine gute Mischung wäre beispielsweise je 1 Teil Minze, Lavendel, Zitronenstrauch und Rosmarinblätter auf 3 Teile Blätter von Duftpelargonien – alle getrocknet. Mischen Sie die Blätter und füllen Sie sie in Säckchen, die Sie in kleine Kissenbezüge stecken können.

Potpourris

Blumen für Potpourris sind Duftrosen, Nelken, Lavendel, Orangeblüten, Heliotrop, Rosmarin, Veilchen, Waldmeister und Heckenkirsche; duftende Blätter haben Majoran, Zitronenstrauch, Rosmarin und Poleiminze. Tiefrote Rosen und die blauen Blüten des Borretsch sorgen für Farbe; auch Zitronen- und Orangenschalen kann man beigeben. Ernten Sie die Blüten und Blätter an einem trockenen Tag. Trocknen Sie sie möglichst auf einem Drahtgitter in einem luftigen Raum. Alle Zutaten müssen ganz trocken sein, schon Spuren von Feuchtigkeit können zu Schimmelbildung im Potpourri führen.

Süßes Potpourri

ZUTATEN
gut 4 Handvoll getrocknete Blätter und Blüten. Wer mag, kann für das Potpourri auch nur getrocknete Kräuter verwenden.
10 getrocknete Orangenschnitze
6 Zimtstangen
4 Muskatnüsse
1 EL Minzeöl
1 EL Orangenöl
1 EL Veilchenwurzel

1 Alle Zutaten bis auf die Veilchenwurzel mischen.

2 Wenn die Mischung die Öle aufgenommen hat, in einen Plastikbeutel füllen, die Veilchenwurzel dazugeben, den Beutel gut verschließen. Das Potpourri ein bis zwei Wochen ziehen lassen.

3 Zwischendurch den Beutel gelegentlich schütteln. Die Masse auf eine hübsche Porzellan- oder Glasschüssel geben.

Hopfen

PFLANZEN FÜR BALKON UND TERRASSE

Gemüsepflanzen

Wer Gemüse in Kübelkultur auf Balkon oder Terrasse zieht, hat jederzeit Frisches zur Hand. Und das schmeckt natürlich viel besser als Gekauftes. Zudem weiß man, wie es herangewachsen ist, was für Dünger verwendet wurde, dass es womöglich wirklich »Bio«-Gemüse ist. Und es ist einfach ein gutes Gefühl, sich manche Lebensmittel selbst heranzuziehen.

Die Kübel- oder Topfkultur von Gemüse erfordert eine sorgfältige Planung, denn auf dem begrenzten Raum kann man natürlich nur einige wenige Pflanzen unterbringen. Machen Sie sich eine Liste all der Gemüse, die Sie ziehen wollen und notieren Sie auch, wieviel Zeit und Platz jedes Gemüse braucht, um heranzuwachsen und erntereif zu werden. Erkundigen Sie sich nach kleinen Sorten; das Angebot ist inzwischen ganz beachtlich. Blättern Sie Samen- und Pflanzenkataloge einmal daraufhin durch.

Da der Nutzgarten auf dem Balkon auch dem Auge etwas bieten soll, kombinieren Sie Gemüse in bunten Farben und interessanten Formen. Überlegen Sie sich auch, wie die Pflanzen im Reifezustand aussehen; welkende Blätter von Zwiebeln oder eine teilweise abgeerntete Brokkoli-Pflanze sind kein schöner Anblick. Solche Pflanzen sollte man, bis alles abgeerntet ist, möglichst unauffällig hinter anderen Pflanzen verstecken.

ACHTUNG Angaben über Bodenansprüche beziehen sich auf Freilandpflanzen. Doch lässt sich daraus ableiten, welches Substrat und welche Kulturbedingungen für dieselben Gemüse in Töpfen und Kübeln geeignet sind.

Allium cepa
Speisezwiebel

Die Gemüsezwiebel ist als Topfpflanze nicht so beliebt wie Frühlingszwiebeln oder Schalotten, denn sie sieht, während sie heranreift, etwas unordentlich aus. Natürlich schmecken Zwiebeln aus eigenem Anbau viel besser als alles, was es im Supermarkt zu kaufen gibt. Zwiebeln kann man entweder säen, oder man setzt vorkultivierte kleine Steckzwiebeln. Steckzwiebeln sind die einfachere Möglichkeit, vor allem, wenn nur wenig Platz zur Verfügung steht.

AUSSAAT Steckzwiebeln im zeitigen Frühling setzen; Aussaat in Saatschalen (10–16 °C) ebenfalls im Vorfrühling und im Spätfrühling auspflanzen, sobald die Pflänzchen zwei endgültige Blätter haben. Es gibt auch Wintersteckzwiebeln, die man Ende September legt und im Winter mit Stroh abdeckt. Sie sind im Mai erntereif.
PFLANZABSTAND Gesäte Zwiebeln auf 5 cm Abstand ausdünnen, Steckzwiebeln mit 5 cm Abstand setzen.
PFLANZTIEFE Steckzwiebeln so tief ins Substrat drücken, dass die Spitzen gerade noch sichtbar sind.
BODEN Humos, tiefgründig
STANDORT Offen, sonnig
ERNTE Zwiebeln können jederzeit aufgenommen und frisch verwendet werden. Für den Wintervorrat wartet man, bis das Laub einzieht, nimmt die Zwiebeln dann vorsichtig auf und lässt Blätter und Schalen vollständig trocknen.
VERWENDUNG Als Gewürz für fast alle Fleischgerichte und Gemüseeintöpfe. Als Gemüse im Ganzen gedünstet.
SORTEN 'Stuttgarter Riesen', 'Ailsa Craig', 'Sturon', 'Rijnsburger', 'Red Baron', 'Presto'

LINKS *Rote Bete ist ein ausgezeichnetes Gemüse, vor allem wenn man die Pflanzen jung erntet. Man kann die Knollen im Winter in Sand oder Torf einschlagen.*

Allium cepa
Aggregatum-Gruppe
Frühlingszwiebeln

Frühlingszwiebeln werden für Salate verwendet und lassen sich im Sommer gut kultivieren. Mit ihrem aufrechten, dunkelgrünen Laub sehen sie als Umrandung eines größeren Pflanzgefäßes hübsch aus, sie werden roh gegessen und auch für leichte Sommersuppen verwendet.

AUSSAAT Vom zeitigen Frühling bis Frühsommer
PFLANZTIEFE 1 cm
PFLANZABSTAND Nach Möglichkeit 10 cm nach allen Seiten
BODEN Nährstoffreich, tiefgründig
STANDORT Offen, sonnig
ERNTE Aufnehmen, sobald sie reif sind, das dauert bei Frühlingszwiebeln etwa 22 Wochen
VERWENDUNG Salate, Sommersuppen, auf Butterbrot
ANDERE SORTEN 'White Lisbon', 'North Holland Blood Red'

GEMÜSEPFLANZEN

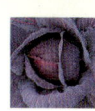

LINKS *Stiel- und Schnittmangold sind vorzügliche Gemüsearten, von denen man lange ernten kann. Sie gedeihen am besten in Sonne oder Halbschatten.*

Beta vulgaris Rote Bete

Rote Bete wird meist in Essig eingelegt, schmeckt aber auch frisch geraspelt oder geschnitten als Salat vorzüglich. Sie hat dekorative Blätter und macht sich gut als Kübelpflanze, beispielsweise in einem Innenhof.

AUSSAAT Im Freien ab April, wenn sich draußen der Boden schön erwärmt hat. Samen vorher über Nacht ins Wasser legen. Die Keimung dauert 10–14 Tage.
PFLANZABSTAND Zwei Samenkörner alle 10 cm; wenn beide keimen, ein Pflänzchen entfernen.
PFLANZTIEFE 2-3 cm
BODEN Nährstoffreich, schwer; 2–3 Wochen vor der Aussaat Volldünger ins Pflanzgefäß geben.
STANDORT Offen, sonnig
ERNTE Ab Hochsommer ernten. Kleine Beten sind zarter. Für den Wintervorrat erntet man im Frühherbst, reißt die Blätter mit der Hand ab und lagert die Rüben lagenweise in Stroh oder trockenem Torf.
VERWENDUNG Mariniertes Gemüse; wichtigste Zutat für *Borschtsch*, eine traditionelle russisch-polnische Gemüsesuppe.
SORTEN 'Boltardy', 'Burpees Golden', 'Detroit', 'Rote Kugel'

Beta vulgaris Cicla-Gruppe Schnittmangold

Schnittmangold ist ein sehr vielseitiges Gemüse und nah verwandt mit Stielmangold. Seine großen, langen Blätter sind glänzend und oben abgerundet. Er ist leicht zu kultivieren und begnügt sich mit wenig Platz in einem Kübel oder Kultursack, wo er alle zwei oder drei Wochen Flüssigdünger erhalten sollte. Im Gegensatz zu den meisten anderen Gemüsearten gedeiht er auch recht gut bei weniger Sonne. Man kann den ganzen Winter über ernten, wenn regelmäßig Blätter geschnitten werden. Die jungen Blätter sind besonders zart. Schnittmangold ist ein ausgezeichneter Ersatz für Spinat, wenn er auch nicht ganz so intensiv schmeckt, und wird auf die gleiche Weise zubereitet.

AUSSAAT Ab April mit Folgesaaten; die Keimung dauert 10–14 Tage.
PFLANZABSTAND 8–10 cm. Ausdünnen auf 15–20 cm Abstand
PFLANZTIEFE 2–3 cm
BODEN Jeder fruchtbare, gut gedüngte Boden. Saurem Boden sollte im Winter vor der Aussaat Kalk beigegeben werden.
STANDORT Gedeiht am besten in Sonne oder Halbschatten.
ERNTE Ab Hochsommer. Mit etwas Schutz kann man den ganzen Winter über Blätter ernten.
VERWENDUNG Gemüse, gut für Suppen und Soufflés. Lässt sich einfrieren.
SORTEN Selten angeboten

Beta vulgaris Cicla-Gruppe Stielmangold, weiß und rot

Eines der besten Gemüse für die Topfkultur oder den Kultursack ist Stielmangold. Es gibt Mangold mit auffallenden, leuchtend roten Stielen und rot geäderten grünen Blättern oder mit weißen Stielen und weiß gerippten grünen Blättern. Er gehört zur selben Art wie Schnittmangold und gedeiht unter den selben Bedingungen. Die beiden Gemüse unterscheiden sich aber im Aussehen ein wenig, Stielmangold hat längere und dickere Stiele, er kann auch nicht ganz so intensiv geerntet werden. Beide schmecken deutlich nach Spinat. Stielmangold wird jung geerntet und wie Spinat zubereitet; man kann ihn aber auch stehen lassen, bis die Stiele, die ein wenig wie Spargel schmecken, ausgeschnitten und extra zubereitet werden können. Der rote Stielmangold ist optisch interessanter, der weiße hat das bessere Aroma und dickere Stiele.

AUSSAAT Frühling
PFLANZABSTAND 10 cm; auf 15–20 cm Abstand ausdünnen
PFLANZTIEFE 2–3 cm
BODEN Jeder nährstoffreiche, gut gedüngte Boden. Saurem Boden sollte im Winter vor der Aussaat etwas Kalk beigegeben werden.
STANDORT Gedeiht am besten in Sonne oder leichtem Schatten.
ERNTE Ab Hochsommer
VERWENDUNG Es gibt zwei Verwendungsmöglichkeiten: Stiele und Blätter können getrennt, aber auch zusammen zubereitet und gegessen werden.
SORTEN (silberner) Stielmangold 'Fordhook Giant', 'Glatter Silber', 'Lyon', 'Lucullus', 'Ruby Chard', 'Rhubarb Chard'

PFLANZEN FÜR BALKON UND TERRASSE

Brassica juncea
Indischer Senf

Indischer Senf gehört zu einer großen Gruppe von Gemüse, die sich steigender Beliebtheit erfreut, dem orientalischen Blattkohlgemüse. Es reift rasch und schmeckt meist recht würzig. Indischer Senf hat oft hübsche, purpurfarbene Blätter, die in Pflanzgefäßen sehr dekorativ aussehen; er wächst langsamer als andere orientalische Blattkohlgemüse. Man kann ihn roh als Salat essen, meist wird er aber gedünstet oder gedämpft. *Brassica carinata* ist ein rasch heranreifendes Gemüse, das ähnlich verwendet werden kann. Es wird im Frühling oder Spätsommer gesät.

AUSSAAT Hochsommer
PFLANZTIEFE 1 cm
PFLANZABSTAND Samen dünn ausstreuen, auf mindestens 15 cm Abstand ausdünnen.
BODEN Nährstoffreich, durchlässig; Substrat nicht austrocknen lassen.
STANDORT Sonne oder Halbschatten
ERNTE Herbst und Winter; Pflanzen reifen in 6–13 Wochen.
VERWENDUNG Jung für Salat oder später gekocht als Gemüse
SORTEN 'Green in the Snow', 'Miike Giant', 'Osaka Purple'

Brassica oleracea
Acephala-Gruppe
Grünkohl

Grünkohl ist sicher nicht für jedermann eine Gemüsedelikatesse, denn er wird mit zunehmendem Alter etwas bitter. Jung oder nach den ersten Kälteeinbrüchen (nicht unbedingt Frost!) geerntet und richtig zubereitet, ist er jedoch eine begehrte Spezialität der norddeutschen Küche.

Außerdem gibt es Zierkohl, der in einem Pflanzbehälter schön aussieht und auch im Winter noch Farbe liefert. Die besten Kübelpflanzen aber sind die Zwergformen des krausblättrigen Grünkohls, die nur etwa 30 cm hoch werden. Die Blätter sind stark gekräuselt und sehen fast wie Riesenpetersilie aus.

AUSSAAT Im Frühsommer dünn in Pflanzgefäßen oder Töpfen
PFLANZTIEFE 1 cm
PFLANZABSTAND Sämlinge auf 7–8 cm Abstand ausdünnen; sobald die Pflänzchen 10 cm hoch sind, mit mindestens 30 cm Abstand auspflanzen.
BODEN Normale Garten- oder Pflanzerde; vor der Pflanzung etwas Dünger beimischen.
STANDORT Sonne bis Halbschatten
ERNTE Im Herbst und Winter, beginnend mit einigen jungen Trieben aus der Krone jeder Pflanze
VERWENDUNG Gemüse; gut zum Einfrieren
SORTEN 'Dwarf Green Curled', 'Halbhoher grüner krauser', 'Lerchenzungen', 'Westland Autumn'; 'Ragged Jack', eine alte Sorte mit rötlichen Blättern

Brassica oleracea
Botrytis-Gruppe
Blumenkohl

Blumenkohl ist vermutlich von allen Kohlarten am schwersten zu kultivieren, er braucht Zeit und gute Pflege. Die ganze Wachstumsperiode hindurch muss man ihn regelmäßig wässern, auch im Sommerurlaub. Wachstumsstörungen äußern sich in Form von kleinen, missgebildeten Köpfen. Ein automatisches Bewässerungssystem wäre die Lösung. Blumenkohl lässt sich nämlich so kultivieren, dass man das ganze Jahr über ernten kann. Am einfachsten ist die Kultur der Sommer- und Herbstsorten; echter Winterblumenkohl ist bestenfalls halbhart. Es gibt inzwischen einige gute Miniaturformen, die ausgezeichnete Kübelpflanzen abgeben.

AUSSAAT Sommerformen: Januar/Februar unter Glas; Winterformen: im Freien ab Frühlingsmitte. Beide dünn in Pflanzgefäße oder Töpfe aussäen.
PFLANZTIEFE 1 cm
PFLANZABSTAND Sämlinge auf 7–8 cm Abstand ausdünnen; sobald die Pflänzchen 10 cm hoch sind, auspflanzen. Lassen Sie mindestens 45 cm Abstand zwischen den Pflanzen, bei Miniaturformen 15 cm.
BODEN Nährstoffreich, ausreichend feucht; vor der Pflanzung Dünger zugeben.
STANDORT Halbschatten
ERNTE Sommerformen: Hochsommer bis Frühherbst, Miniaturformen reifen in 13–18 Wochen
Herbstformen: Spätherbst; Blumenkohl ernten und verbrauchen oder einfrieren, wie er heranreift. Im Boden hält er sich nicht lange.
VERWENDUNG Gemüse, Rohkost; jungen Blumenkohl nicht zu lange garen, er wird rasch zu weich.
SORTEN Sommerformen (Mini):'Allerfrühester Erfurter Zwerg', 'Bambi', 'Predominant' Herbstformen: 'Canberra', 'Barrier Reef', 'Romanesco', grün, Neckarperle

RECHTS *'Dwarf Green Curled', eine Zwergform des gekräuselten Grünkohls, eignet sich bestens als Wintergemüse aus Topfkultur.*

GEMÜSEPFLANZEN

Brassica oleracea
Capitata-Gruppe
Kopfkohl

Ein Kohlkopf als Kübelpflanze ist vielleicht nicht jedermanns Sache, aber er ist geschlossener und kompakter als die meisten Kohlarten, und einige Rotkohl- und Wirsingsorten sehen auch im Innenhof oder auf der Veranda dekorativ aus. Kopfkohl reift meist im Herbst, für den Liebhaber gibt es jedoch auch Frühlingskopfkohl, ein frisches Gemüse für die ersten Monate des Jahres.

AUSSAAT Sommer-, Herbst- und Winterkopfkohl in Folgesaaten vom Vorfrühling bis in den Frühsommer dünn aussäen. Frühlingskopfkohl im Spätsommer säen.
PFLANZTIEFE 1 cm
PFLANZABSTAND Sämlinge auf 7–8 cm Abstand ausdünnen; sobald die Pflänzchen 5 oder 6 Blätter haben, auspflanzen.
BODEN Nährstoffreich, tiefgründig, feucht; Kopfkohl bevorzugt schwere Böden. Tragen Sie vor der Pflanzung Allzweckdünger auf. Junge Pflanzen vor Vögeln schützen.
STANDORT Offen, Sonne oder Halbschatten
ERNTE Ab dem Frühherbst. Rotkohl und Wirsing können ohne Probleme mehrere Wochen im Boden bleiben.
VERWENDUNG Wirsing ist ein beliebtes Gemüse, auch für Eintöpfe und Aufläufe; Rotkohl wird meist mit Zwiebeln, Äpfeln und Gewürzen gedünstet.
SORTEN 'Hispy', 'Minicole', 'Savoy King' (Wirsing), 'Ruby Ball' (rot)

RECHTS *Purpurroter Sprossbrokkoli ist ein köstliches Wintergemüse, von dem man ab Vorfrühling bereits ernten kann. Regelmäßig Sprosse ernten.*

Brassica oleracea
Gongylodes-Gruppe
Kohlrabi

Kohlrabi ist ein Gemüse mit ungewöhnlicher Wuchsform, das ein wenig wie Blumenkohl schmeckt, sehr nährstoffreich ist und auf vielerlei Weise zubereitet werden kann. Aus einer 'Knolle', einem verdickten Sprossteil, wachsen einige Blätter an langen Stielen. Es gibt weißen und roten Kohlrabi, moderne Formen sind besser als ältere, sie bleiben schmackhafter und zarter und müssen nicht schon ganz klein geerntet werden. Kohlrabi reift rasch heran und kann in Folgesaaten das ganze Jahr über gesät werden.

AUSSAAT Direktsaat vom Frühling bis zum Spätsommer oder in Saatschalen säen und auspflanzen
PFLANZTIEFE 1 cm
PFLANZABSTAND UND KULTUR Auf 20–25 cm Abstand ausdünnen oder auspflanzen, sobald die Sämlinge 5 cm hoch sind. Die roten Formen sind eher winterhart und können im Spätsommer für den Winter gesät werden.
BODEN Locker, nährstoffreich
STANDORT Offen, sonnig
ERNTE Kohlrabi kann 8–10 Wochen nach der Aussaat geerntet werden.
VERWENDUNG Gekocht als Gemüse oder roh für Salate
SORTEN 'Blaro', 'Delikatess Purple' (rot), 'Express Enforcer', 'Lanro', 'Rowel' (weiß), 'Wiener Blaue', 'Wiener Weiße'

Brassica oleracea
Italica-Gruppe
Brokkoli

Zur Italica-Gruppe gehört sowohl der Sprossbrokkoli als auch der Brokkoli. Sie eignen sich nur für besonders engagierte Anhänger der Topfkultur, denn sie werden ziemlich groß und brauchen im Idealfall einen Abstand von 45 cm nach allen Seiten. Manche Pflanzen werden 90 cm hoch. Das ist wohl zu groß für die meisten »Küchengärtlein« auf Balkon oder Terrasse oder im Innenhof. Ein oder zwei Pflanzen zu ziehen kann jedoch lohnend sein, besonders vom frühen Sprossbrokkoli.

AUSSAAT Sehr dünn, ab Frühlingsmitte
PFLANZTIEFE 1 cm
PFLANZABSTAND Sämlinge ausdünnen und auspflanzen, sobald sie 7–8 cm hoch sind; 45 cm Abstand bei weißem und purpurrotem Sprossbrokkoli; Brokkoli benötigt nur 30 cm Abstand.
BODEN Schwer, nährstoffreich, durchlässig
STANDORT Offen, sonnig
ERNTE Brokkoli ab Frühherbst; weißer oder purpurroter Sprossbrokkoli ab Spätwinter bis Vorfrühling, je nach Sorte
VERWENDUNG Wohlschmeckendes Gemüse; Brokkoli sollte nur gedämpft werden
SORTEN Sprossbrokkoli: 'Early Purple Sprouting', 'Early White Sprouting', 'Late Purple Sprouting', Brokkoli-Sorten: 'Green Comet' (frühe), 'Romanesco', 'Shogun' (späte)

PFLANZEN FÜR BALKON UND TERRASSE

Brassica rapa var. *alboglabra*
Chinesicher Brokkoli

Auch diese Pflanze gehört zu den orientalischen Blattkohlgemüsearten, die im Westen immer beliebter werden. Sie reifen rascher als unsere traditionellen Kohlpflanzen. Man kultiviert die Pflanzen am besten so, dass sie im Herbst zur Reife kommen. Chinesischer Brokkoli könnte fast eine Kreuzung aus Brokkoli und purpurrotem Sprossbrokkoli sein, die Sprosse sind wohlschmeckend und aromatisch. Sie werden am besten gedämpft oder fein gehackt und gedünstet oder im Wok gebraten.

AUSSAAT Ab Frühling in Folgesaaten; für die Herbsternte im Spätsommer säen
PFLANZTIEFE 1 cm ; dünn säen
PFLANZABSTAND Sobald die Pflänzchen 7–8 cm hoch sind, mit 20–30 cm Abstand auspflanzen
BODEN Durchlässig, nährstoffreich, Feuchtigkeit speichernd
STANDORT Offen, sonnig
ERNTE Sprosse sind nach etwa 3 Monaten erntereif; wenn für Herbsternte gesät wurde, kann auch im Winter noch geerntet werden
VERWENDUNG Gemüse
SORTEN 'Green Lance'

Brassica rapa Pekinensis-Gruppe
Chinakohl

Chinakohl ist leicht zu kultivieren; da er niedrigere Temperaturen und Kurztage vorzieht, sollte man ihn ab Hochsommer pflanzen, wenn Erbsen, Bohnen und Frühkartoffeln bereits geerntet sind. Nach Frühlingsaussaat neigt er zum Schossen. Es gibt zwei Formen: gedrungene Köpfe mit dichtem Herz und zylindrische Formen vom Typ 'Michihili'.

AUSSAAT Spätsommer; Chinakohl lässt sich nicht gern umsetzen und neigt zum Schossen, bei Topfkultur sollte er in Töpfe oder Multitöpfe gesät und mit 5 oder 6 Blättern ausgepflanzt werden.
PFLANZTIEFE 3–4 Samenkörner in einen 7,5-cm-Topf säen, mit 1 cm feuchtem Substrat bedecken; wenn mehr als ein Samenkorn keimt, auf die kräftigsten Pflänzchen ausdünnen.
PFLANZABSTAND Mit 25 cm Abstand auspflanzen. Regelmäßig wässern.
BODEN Nährstoffreich, locker, mittelschwer
STANDORT Offen, sonnig
ERNTE Chinakohl kann meist 8–10 Wochen nach der Pflanzung geerntet werden; schneiden Sie die Pflanzen mit einem scharfen Messer knapp über dem Boden ab, die Stümpfe treiben wieder aus.
VERWENDUNG Salate, Gemüse, Aufläufe
SORTEN 'Tip Top', 'Kasumi' (gedrungen), 'Jade Pagoda', 'Monument' (Michihili)

Brassica rapa var. *perviridis*
Komatsuna

Komatsuna wird auch als Spinatsenf bezeichnet, er ist eng mit den Weißen Rüben verwandt und schmeckt ein wenig wie eine Mischung aus Kopfkohl und Spinat. Die relativ großen Pflanzen sind sehr ertragreich, man muss ihnen aber ziemlich viel Platz zu bieten haben. Bei gemäßigtem Klima können sie sogar draußen überwintern, brauchen bei starkem Frost aber eine Abdeckung. Die Blätter können jederzeit geerntet werden.
Zu den chinesischen Kohlarten gehören auch Pak-choi und Mitsuna, die ebenso zubereitet werden wie Komatsuna.

AUSSAAT Im Hochsommer in Multitöpfe oder direkt
PFLANZTIEFE 1 cm
PLANZABSTAND Sämlinge auf 5 cm Abstand ausdünnen, wenn die Blätter jung geerntet werden sollen, ansonsten auf 25 cm, um reife Pflanzen zu bekommen.
BODEN Nährstoffreich, durchlässig
STANDORT Offen, sonnig
ERNTE Die ersten Blätter können 8 Wochen nach Aussaat geerntet werden.
VERWENDUNG Gemüse, Salate
SORTEN 'All Top', 'Komatsuna'

RECHTS *Ausgebreitete Blätter einer ansehnlichen Chinakohl-Sorte. Das vielseitig verwendbare Gemüse hat sich längst auch bei uns die Märkte erobert.*

GEMÜSEPFLANZEN

Brassica rapa
Rapifera-Gruppe
Weiße Rübe

Weiße Rüben wachsen schnell heran und lassen sich auch gut in einem Pflanzgefäß ziehen. Wenn man sie jung erntet und gleich verwendet, schmecken sie köstlich. Man kann daraus beispielsweise eine Rübensuppe kochen. Auch die Blätter, also Rübstiel oder Stielmus, werden gegessen, sie schmecken ähnlich wie Spinat. Weiße Rüben kann man ab April säen und im Mai bereits ernten.

AUSSAAT Frühling (Mairübe) oder August (Herbstrübe)
PFLANZABSTAND Samen dünn ausstreuen und Pflänzchen bei frühen Sorten auf 12 cm, bei späteren auf 25 cm Abstand ausdünnen. Stielmus muss nicht ausgedünnt werden.
PFLANZTIEFE 1 cm
BODEN Nährstoffreich, gut gedüngt. Vor der Aussaat düngen. Substrat nicht austrocknen lassen.
STANDORT Kühl, am besten Halbschatten
ERNTE Frühe Sorten, für die Topfkultur am besten geeignet, reifen in etwa 6 Wochen.
VERWENDUNG Gemüse; junge Rüben auch roh zum Salat
SORTEN 'Goldball', 'Mairübstiel', 'Purple Top Milan', 'Schneeball', 'Teltower Kleine Märkische', 'Tokyo Cross'

Capsicum annuum
Grossum-Gruppe
Paprika

Paprika stammen eigentlich aus wärmeren Regionen, neue Sorten gedeihen aber auch in gemäßigten Klimazonen und lassen sich deshalb gut in einem warmen Innenhof oder auf der Terrasse ziehen. Man kann aus ihnen Salate und Gemüsegerichte bereiten, sie mit Fleisch und Reis füllen oder sie als Vorspeise grillen und marinieren. Die Pflanze hat eine ähnliche Gestalt wie die Tomatenpflanze, und auch in der Kultur sind die beiden vergleichbar; man zieht sie entweder unter Glas oder an einem geschützten Platz im Freien.

AUSSAAT Bei einer Keimtemperatur von ca. 20 °C im Februar/März. Die Keimung dauert 14–21 Tage.
PFLANZTIEFE Aussaat in Saatschalen oder Multitöpfe, 0,5 cm tief
PFLANZABSTAND Sobald die Pflanzen 3 Blätter haben, werden sie in Töpfe oder Multitöpfe pikiert. Später benötigen sie nicht mehr so viel Wärme. Ins Freie kommen sie, wenn die ersten Blüten erscheinen. Die heranwachsenden Pflanzen müssen regelmäßig gewässert werden, doch Staunässe vertragen sie nicht. Sobald die Früchte zu wachsen beginnen, wird gedüngt.
BODEN Nährstoffreich, tiefgründig
STANDORT Geschützt, sonnig
ERNTE Die Früchte erntet man, sobald sie grün und glänzend sind, dadurch wird die Bildung neuer Früchte angeregt; lässt man sie an der Pflanze, bis sie rot werden, ist der Ertrag geringer.
VERWENDUNG Salat, Gemüsegerichte
SORTEN 'Redskin' (Zwergform), 'Gypsy', 'Californian Wonder', 'Sperlings Merit', 'Pusztagold'

LINKS *An einem warmen, sonnigen Standort lässt sich Paprika auch im Freien kultivieren, doch die Pflanzen sollten im Frühling unter Glas vorgezogen werden.*

Capsicum annuum
Longum-Gruppe
Chili

Es gibt bereits Pflanzen, die auch in gemäßigtem Klima gedeihen, wenn sie unter Glas vorgezogen werden und später einen warmen, geschützten Platz auf dem Balkon oder im Innenhof bekommen. Die Kulturbedingungen sind fast die gleichen wie beim Paprika. Die Schoten sind eine wichtige Zutat für Curry- und orientalische Gerichte, die Schärfe stammt von den Samen und Scheidewänden, die man beim Schneiden entfernen kann. Man sollte sich beim Hantieren mit rohen Schoten möglichst nicht die Augen reiben.

Die Schoten können jederzeit geerntet werden, wenn sie grün oder rot sind; je länger sie an der Pflanze bleiben, desto schärfer werden sie. Sie vertragen keinen Frost und müssen vor dem ersten Kälteeinbruch abgeerntet sein.

AUSSAAT Unter Glas im Februar/März bei 21 °C; die Keimung dauert 14–21 Tage.
PFLANZABSTAND UND KULTUR Sobald die Pflanzen 3 Blätter aufweisen, werden sie in Töpfe oder Multitöpfe pikiert; ausgepflanzt wird, wenn die ersten Blüten erscheinen. Die heranwachsenden Pflanzen brauchen ausreichend Wasser, es darf aber keine Staunässe entstehen. Sobald sich die ersten Früchte zeigen und zu wachsen beginnen, brauchen sie Düngergaben.
BODEN Nährstoffreich, durchlässig
STANDORT Geschützt, sonnig
ERNTE Jederzeit, sobald sich Früchte gebildet haben. Bleiben sie an der Pflanze, können sie brennend scharf werden.
VERWENDUNG Als Gewürz für Gerichte der fernöstlichen und südamerikanischen Küche
SORTEN 'Apache', 'Hot Gold Spike', 'Red Chili'

PFLANZEN FÜR BALKON UND TERRASSE

Cichorium endivia
Winterendivie

Von der Winterendivie gibt es zwei Formen: die Frisee-Endivie, eine niedrig wachsende Pflanze, die ein wenig wie krausblättriger Salat aussieht, und die breitblättrige Endivie oder Eskariol, die breitere Blätter hat und insgesamt größer und aufrecht ist. In der Küche wird die Winterendivie für Salate – am besten aus den jungen Blättern – verwendet oder in Butter gedämpft. Üblicherweise bleicht man Winterendivien, damit sie weniger Bitterstoffe haben. Breitblättrige Endivien bekommen durch das Bleichen hübsche weiße Blätter; einige Formen sind sogar selbstbleichend. Winterendivien werden in Folgesaaten vom Frühling an den ganzen Sommer hindurch gesät und den ganzen Herbst und Winter über geerntet.

AUSSAAT In Saatschalen vorziehen oder Direktsaat
FPLANZTIEFE 1 cm; die Keimung dauert 3–7 Tage.
PFLANZABSTAND Der Abstand sollte, je nach Sorte, 25–30 cm betragen. Das Bleichen dauert etwa zehn Tage; dabei wird ein Topf oder Eimer über die Pflanze gestülpt oder ein Teller auf das Herz gelegt. Winterendivien nimmt man vor den ersten Frösten heraus und setzt sie in einen kalten Kasten.
BODEN Humos, feucht
STANDORT Offen, sonnig
ERNTE Geerntet wird 15–20 Wochen nach der Pflanzung. Schneiden Sie den Kopf mit einem scharfen Messer ab.
VERWENDUNG Als Gemüse oder Salat
SORTEN Frisee-Sorten: 'Moss Curled', 'President', 'Green Ruffec' (winterhart), 'Wallone'; breitblättrige Sorten: 'Batavian Green', 'Bubikopf', 'Casco d'Oro', 'Eskariol grüner'

RECHTS *Inzwischen gibt es Gurkensorten, die man in einem warmen Innenhof oder auf dem Balkon ziehen kann. Sie gedeihen auch gut auf Pflanzsäcken.*

Cichorium intybus
Salatzichorie

Einige Salatzichorien sind winterhart und liefern auch während der Wintermonate gute Erträge, wenn sie etwas abgedeckt werden. Ihre blassgelben und roten Blätter bringen Farbe in die Salatschüssel, man kann die Blätter aber auch dämpfen oder dünsten. In Kultur sind vor allem drei Salate: Chicorée, Zuckerhut und Radicchio. Chicorée wird in zwei Phasen kultiviert. Nach der Aussaat im Spätfrühling lässt man die Pflanze bis zum Spätherbst wachsen. Ihre Blätter schmecken bitter und werden meist nicht gegessen. Im Herbst kann man entweder die Köpfe 2,5 cm über dem Boden abschneiden oder die Wurzeln aufnehmen, zurückschneiden und zum Treiben im Haus neu einsetzen. Bleiben die Wurzeln an ihrem ursprünglichen Platz, müssen sie 15–20 cm hoch mit Erde bedeckt und mit Stroh oder Laub geschützt werden. Die festen Sprosse bahnen sich den Weg durch die Erdschicht. Im Haus setzt man vier Wurzeln in einen 20–25 cm großen Topf und bedeckt diesen mit einem Topf gleicher Größe, damit kein Licht eindringt. Bei 18 °C können die weißgelben Chicorées nach etwa drei Wochen geerntet werden. Radicchio und Zuckerhut werden meist im Sommer gesät und reifen im Herbst, dann werden sie abgeschnitten und als Salat gegessen. Einige Formen können genauso getrieben werden wie Chicorée, brauchen aber Winterschutz.

AUSSAAT Spätfrühling oder Sommer, je nach Form
PFLANZTIEFE 1,2 cm
PFLANZABSTAND Pflanzen auf 20 cm Abstand ausdünnen
BODEN Tiefgründig, humos
STANDORT Offen, sonnig
ERNTE Spätherbst oder Treiberei im Herbst für den Winter
VERWENDUNG Als Salat oder Gemüse
SORTEN Chicorée: 'Apollo', 'Flash', 'Brüsseler Witloof', 'Witloof Zoom'
Zuckerhut: 'Scarpia', 'Sperlings Kristallkopf'
Radicchio: 'Medusa', 'Palla Rossa', 'Roter von Treviso', 'Roter Veroneser'

Cucumis sativus
Gurke

Gartengurken waren früher meist klein, merkwürdig geformt und ziemlich bitter, sie wurden nur selten kultiviert. Durch moderne Züchtungen gibt es nun aber auch lange, glatte Gurken, die auch niedrigere Temperaturen vertragen.

AUSSAAT Die Samen werden in Töpfen vorgezogen oder nach den Eisheiligen im Mai direkt an ihren endgültigen Platz gesät. Letzteres ist günstiger, da sich Gurken nicht gut umsetzen lassen. Die Keimung erfolgt bei 20 °C.
PFLANZTIEFE 2–3 cm; Aussaat in Dreiergruppen; wenn alle keimen, entfernt man die beiden schwächeren Sämlinge.
PFLANZABSTAND 45 cm; rankende Formen können an einer Schnur oder einem Gitter hochgezogen werden.
BODEN Nährstoffreich, leicht erwärmbar, humos; Gurken müssen regelmäßig gewässert werden.
STANDORT Offen, sonnig
ERNTE Gurken reifen etwa 12 Wochen nach der Pflanzung. Ernten Sie regelmäßig reife Früchte, beginnend mit etwa 20 cm Länge oder darunter. Je mehr Früchte geerntet werden, desto mehr produziert die Pflanze.
VERWENDUNG Salate und Suppen; es gibt auch spezielle Freilandformen zum Einlegen.
SORTEN 'Moneta', 'Chinesische Schlangen' (Freilandgurke), 'Venlo Pickling', 'Hokus' 'Ilonka Mix' (beide Einlegegurken)

GEMÜSEPFLANZEN

RECHTS Es ist kinderleicht, Zucchini in Kübelkultur zu ziehen. Wenn man die Früchte regelmäßig erntet, wachsen immer wieder neue nach.

Cucurbita maxima
Riesenkürbis

Kürbisse gibt es in den verschiedensten Formen, Größen und Farben. Sie eignen sich natürlich nicht für Topfgärten auf winzigen Terrassen und Balkonen; doch in einem Innenhof könnte so ein mächtiger orangefarbener Kürbis schon ganz attraktiv aussehen, und man kann ja allerlei mit ihm anfangen.

AUSSAAT Wie bei Gurken; nach Möglichkeit Direktsaat
PFLANZTIEFE Jeweils drei Samenkörner 2,5 cm tief seitlich in die Erde legen. Wenn alle keimen, werden die zwei schwächsten Sämlinge entfernt.
PFLANZABSTAND Lassen Sie 60 cm Abstand zwischen den Pflanzen. Rankende Formen werden entweder am Boden oder an einem Dreifuß festgemacht. Bei Trockenheit wässern. Um maximale Größe zu erzielen, belässt man nur zwei bis drei Früchte und entfernt auch störende Blätter, damit die Kürbisse reifen können.
BODEN Durchlässig, humos, nährstoffreich
STANDORT Offen, geschützt
ERNTE Sobald die Schale hart wird und die Triebe brechen, ist die Frucht reif. Schneiden Sie den Kürbis mit möglichst langem Stiel ab, und legen Sie ihn noch für eine Woche zum Nachreifen in die Sonne.
VERWENDUNG Das Fleisch kann süßsauer eingelegt, aber auch zu Suppen und Gemüse verwendet werden, die ausgehöhlte Schale wird zu einer Maske geschnitten und innen mit Teelichten beleuchtet.
SORTEN 'Großer gelber Zentner', 'Delicata' (grünschalig)

Cucurbita pepo
Gartenkürbis

Der Gartenkürbis ist ein beliebtes Sommergemüse. Und selbst gezogen schmeckt er einfach viel besser als aus dem Gemüseladen. Für die Kultur eignen sich am besten die kompakten Buschformen; wenn regelmäßig geerntet wird, bringen sie über einen langen Zeitraum Früchte hervor. Besonders geschätzt werden seit langem die zu den Gartenkürbissen gehörenden Zucchini; auch Squash und der Spaghettikürbis sind Verwandte.

AUSSAAT Wie bei Gurken; meist werden Gartenkürbisse und Zucchini in Töpfen vorgezogen und erst ausgepflanzt, wenn der Boden sich erwärmt hat und die Frostgefahr vorüber ist. Sie müssen wie alle Topfpflanzen vor dem endgültigen Auspflanzen zum Abhärten tagsüber nach draußen gestellt werden.
PFLANZTIEFE 2-3 cm; man sät jeweils drei Samenkörner und entfernt die beiden schwächeren Sämlinge, wenn alle keimen.
PFLANZABSTAND 45 cm; für Gartenkürbisse muss der Boden durchlässig sein, man häuft daher etwas Substrat auf und setzt sie darauf. Häufiges Wässern ist nötig.
BODEN Nährstoffreich, tiefgründig, feucht
STANDORT Offen, sonnig
ERNTE Die Früchte reifen 10–14 Wochen nach der Pflanzung. Ernten Sie ab einer Größe von etwa 10 cm. Je öfter Sie Früchte abnehmen, desto mehr reifen nach.
VERWENDUNG Das vielseitig verwendbare Gemüse kann gedämpft, gekocht, gedünstet oder roh gegessen werden. Die Blüten werden in Backteig fritiert oder in Suppen verwendet.
SORTEN 'Diamant', 'Green Bush', 'Burpee Golden Zucchini', 'Sperlings Ufo (Squash), 'Vegetable Spaghetti'

Daucus carota
Möhre

Als Topfpflanzen eignen sich von den Möhren nur die kurzen, stumpfen Sorten, weniger die großen Wintermöhren, die langsam reifen. Verwenden Sie für Möhren ein möglichst tiefes Pflanzgefäß; in einem flachen Kultursack werden sie nicht gut gedeihen. Wenn sie mit anderen Gemüsepflanzen und Kräutern zusammen stehen, bildet das hübsche, grüne Laub einen reizvollen Kontrast. Eine knackig frische Möhre aus eigenem Anbau schmeckt unvergleichlich besser als alles Gemüse, das man im Laden kaufen kann.

AUSSAAT Möhren werden ganz dünn und direkt gesät. Man kann sie auch in Multitöpfe säen und dann auspflanzen.
PFLANZTIEFE 1 cm; Möhren benötigen für kräftiges Wachstum gut gesiebten, durchlässigen Boden. Für eine erfolgreiche Keimung muss die Bodentemperatur über 7 °C liegen. Sie brauchen nur wenig Stickstoff; setzen Sie Möhren also nicht in frisch und reichlich gedüngte Erde.
PFLANZABSTAND Haupternte auf 4–5 cm Abstand ausdünnen. Frühe Möhren brauchen bei drei oder vier Samen pro Topf nicht ausgedünnt zu werden.
BODEN Tiefgründiger, gesiebter Boden oder Standard-Pflanzerde. Die Wurzeln dürfen nicht austrocknen.
STANDORT Offen, sonnig
ERNTE Frühe Möhren reifen 12 Wochen nach der Aussaat.
VERWENDUNG Junge, zarte Möhren schmecken am besten roh; man raspelt sie für Salat oder dünstet sie mit etwas Petersilie. Wintermöhren können gelagert und für Suppen und Eintöpfe verwendet werden.
SORTEN 'Amsterdamer Treib', 'Early Nantes', 'Pariser Markt-Karussell' (rund), 'Planet' (alles frühe)

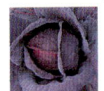

PFLANZEN FÜR BALKON UND TERRASSE

Foeniculum vulgare var. *azoricum* Gemüsefenchel

Der Gemüsefenchel ist eine wirklich dekorative Pflanze mit feinen, gefiederten Blättern; kultiviert wird er aber wegen der nach Anis schmeckenden Knolle, die sich am Grund der Blattstiele entwickelt. Seine Kultur ist nicht gerade einfach, er neigt zum Schossen, wenn das Wachstum gestört wird. Für unsere Zwecke sät man am besten in kleine Töpfe und pflanzt aus, wenn die Pflänzchen vier Blätter haben. Gemüsefenchel verträgt keine Einengung der Wurzeln, auch das kann ihn zum Schossen bringen. Die Pflanze wird etwa 60 cm hoch und 45 cm breit.

AUSSAAT Im Frühsommer; am besten schossfeste Sorten wählen.
PFLANZTIEFE 1 cm
PFLANZABSTAND 30 cm; sobald sich Knollen bilden, werden sie bis auf halbe Höhe angehäufelt.
BODEN Nährstoffreicher, tiefgründiger Boden, der nicht austrocknet. Während des Wachstums regelmäßig wässern.
STANDORT Offen, sonnig
ERNTE Die Pflanzen sind nach etwa 15 Wochen reif. Die Knolle wird mit einem scharfen Messer abgeschnitten, die Wurzeln bleiben im Boden. Sie bringen meist kleine Sprosse hervor, die man zum Salat geben kann.
VERWENDUNG Roh und dünn geschnitten für Salate, gedämpft oder gekocht
SORTEN 'Cantino', 'Zefa Fino' (beide schossfest), 'Sirio' (im Juli für die Herbsternte säen)

Helianthus tuberosus Topinambur

Topinambur eignet sich gut als Kübelpflanze, vorausgesetzt er bekommt ein großes, tiefes Pflanzgefäß. Versuchen Sie nicht, Topinambur zusammen mit anderem Gemüse oder in einem Kultursack zu ziehen. Er ist eine wüchsige Pflanze mit hübschen grünen Blättern, die im Freiland bis 3 m hoch werden kann, als Topfpflanze aber selten mehr als 1,5–1,8 m erreicht. Auf einem windigen Balkon muss die Pflanze gestützt werden, im Sommer braucht sie viel Wasser. Topinambur hat einen eigenartigen, süßlichen Geschmack und ähnelt in der Konsistenz der Kartoffel. Er schmeckt sehr gut als Suppe und kann geschält, gekocht, ganz oder als Püree gegessen werden.

AUSSAAT Die Rhizomknollen werden im Frühjahr gelegt.
PFLANZTIEFE 10 cm
PFLANZABSTAND 35 cm
BODEN Normaler Gartenboden oder Pflanzsubstrat; im Freiland lockert er den Boden.
STANDORT Sonne oder Schatten
ERNTE Die Blätter schneidet man ab, sobald sie im Herbst gelb werden. Die Knollen können von Spätherbst bis Winter aufgenommen werden, sobald das Laub eingezogen ist; man erntet nach Bedarf. Zwischen Pflanzung und Ernte vergehen meist etwa 35 Wochen.
VERWENDUNG Als Gemüse, wie Kartoffeln
SORTEN 'Bianka', 'Fuseau', 'Topinanka', 'Waldspindel'

Lactuca sativa Salat

Salat eignet sich gut für die Topfkultur. Er wächst rasch heran, braucht wenig Platz und kann zwischen anderem Gemüse oder nach abgeerntetem Gemüse wachsen. Auch wird man bei Topfkultur nicht in Versuchung kommen, zu viele Salatköpfe gleichzeitig zu ziehen. Man sollte die Aussaat ein wenig planen, damit man möglichst lange mit frischem Salat versorgt ist. Während der Wachstumsperiode muss regelmäßig gewässert werden. Es gibt vier verschiedene Formen: Kopfsalat, Eissalat, Schnitt- und Pflücksalat sowie Römischer, Binde- oder Kochsalat.

AUSSAAT Jeweils zwei Samen in einen kleinen Topf; soviele kleine Töpfe wie nötig verwenden. Wenn beide keimen, entfernt man den schwächeren Sämling. Die Pflänzchen vor dem Auspflanzen tagsüber draußen abhärten.
PFLANZTIEFE 1 cm
PFLANZABSTAND Mindestabstand 15 cm nach allen Seiten; großer Eissalat braucht mehr Platz.
BODEN Nährstoffreich, tiefgründig, humos
STANDORT Offen, sonnig
ERNTE Bei Schnitt- und Pflücksalat 6–8 Wochen nach der Aussaat; Kopf- und Bindesalat können bis zu 4 Wochen mehr brauchen – je nach Wetter und Jahreszeit.
VERWENDUNG Als Salat, aber auch für leichte Sommersuppen.
SORTEN Schnitt-/Pflücksalat: 'Krauser Gelber', 'Hohlblättriger Butter','Salad Bowl' (Eichblattsalat), 'Lollo Rossa' (Lollosalat)
Kopfsalat: 'Dolly', 'Buttercrunch', 'Maikönig', 'Petra', 'Ovation', 'Rotköpfchen'
Eissalat: 'Webb's Wonderful', 'Laibacher Eis', 'Jasmin', 'Rossia'
Römischer oder Bindesalat: 'Kasseler Strüncken','Little Gem', 'Winter Density', 'Leprechaun'

LINKS *Vom Gemüsefenchel erntet man die fleischige Knolle. Man kann sie roh zum Salat essen, aber auch dünsten oder kochen.*

GEMÜSEPFLANZEN

LINKS *Zu den feinsten Sommergemüsearten gehören Stangenbohnen. Zwergformen kann man bestens in Kübeln kultivieren. Sie brauchen allerdings Stützen oder Rankgerüste.*

Phaseolus coccineus Feuerbohne

Tatsächlich kann man Feuerbohnen guten Gewissens für die Topfkultur empfehlen, auch wenn sie 3 m hoch werden. Sie können an einem Gitter oder an über die Wand gespannten Drähten hochgezogen werden. Mit ihren hellroten oder rot-weißen Blüten und langen, sukkulenten Schoten bilden sie einen fröhlich bunten Vorhang. Es gibt auch Zwergformen, die nur 45 cm hoch werden. Beste Ergebnisse erzielt man in nährstoffreichem Boden und durch laufendes Ernten, sobald sich Hülsen bilden. Lässt man die Hülsen reifen, produziert die Pflanze keine Blüten mehr. Feuerbohnen benötigen ein tiefes Pflanzgefäß und gut gedüngtes Substrat.

AUSSAAT Für Topfpflanzen gibt man zwei Samenkörner in einen 7,5-cm-Topf mit Aussaaterde und entfernt einen Sämling, falls beide keimen.
PFLANZTIEFE 5 cm
PFLANZABSTAND Auspflanzen, sobald keine Frostgefahr mehr besteht, mit einem Abstand von 25 cm, mindestens einmal pro Woche wässern, sobald die Blütenbildung einsetzt.
BODEN Nährstoffreich, humos
STANDORT Offen, sonnig, aber so, dass sie anderen Pflanzen nicht das Licht nehmen.
ERNTE Bohnen können etwa 12–14 Wochen nach der Pflanzung gepflückt werden. Weitere Bohnen werden bis zu den ersten Herbstfrösten produziert.
VERWENDUNG Beliebtes Gemüse. Kerne, die man nicht gleich verbraucht, können eingefroren werden.
SORTEN 'Preisgewinner' (scharlachrote Blüten), 'Scarlet Emperor' (rote Blüten), 'Weiße Riesen' (weiße Blüten), 'Pickwick' (Zwergform, fadenlos), 'Hammond's Dwarf Scarlet' (40 cm hoch)

Lepidium sativum, Barbarea verna Gartenkresse

Gartenkresse wird von vielen Menschen auf der Fensterbank gezogen, in Töpfen, in einer Keimbox oder sogar auf einem feuchten Vlies. Kultur und Ernte sind dieselbe wie beim Weißen Senf (siehe Seite 132). Kresse zieht man am besten im Frühjahr oder Herbst, da sie rasch Samen ansetzt und heißes Wetter nicht verträgt; die Pflanzen müssen, besonders bei Trockenheit, gut feucht gehalten werden. Ähnlich wie Kresse schmeckt das Barbenkraut (*Barbarea verna*). Kresse kann auch gegart werden. Sie ist eine gute Füllpflanze für Kräuterkästen und andere Pflanzgefäße; man sät sie direkt neben verschiedene Gemüse oder Blumen am Topfrand entlang.

AUSSAAT Den ganzen Sommer über jeweils einige Samen direkt säen. Nach Aussaat im Juli und August erhält man Herbstpflanzen.
PFLANZTIEFE 1 cm
PFLANZABSTAND Auf 15 cm Abstand ausdünnen.
BODEN Humusreich, feucht
STANDORT Schatten oder Halbschatten
ERNTE Geerntet werden kann 8–10 Tage nach der Aussaat.
VERWENDUNG Für Salate und Suppen
SORTEN 'Einfache krause', 'Sperlings Mega'

Phaseolus vulgaris Gartenbohne

Die Gartenbohne erfreut sich überall in Europa großer Beliebtheit. In vielen Ländern wird sie vor allem als Trockenkochbohne gezogen. Doch bei den meisten Bohnen werden die Hülsen gegart und gegessen (roh sind sie giftig!). Man erntet sie am besten jung. Gartenbohnen lassen sich auch gut einfrieren. Nach der Form unterscheidet man verschiedene Hülsen: Bohnen mit flachen Hülsen werden Schwertbohnen genannt, Bohnen mit flachovalem Querschnitt heißen Flageolettbohnen, solche mit rundem Querschnitt Brechbohnen. Die meisten Gartenbohnen sind buschige Pflanzen, sie eignen sich bestens für die Kübelkultur. Um gute Ergebnisse zu erzielen, häufelt man die Triebe an und wässert fleißig, wenn die Pflanze blüht. Die schwarzen, gelben und purpurroten Sorten, die heute angeboten werden, setzen auf Balkon und Terrasse auch farblich interessante Akzente.

AUSSAAT Spätfrühling bis Hochsommer. Die Keimung erfolgt erst bei einer Bodentemperatur von 12 °C.
PFLANZABSTAND Säen Sie in einem großen Pflanzbehälter alle 9 cm zwei Samen. Wenn beide keimen, entfernen Sie einen Sämling; sobald die übrigen eingewachsen sind, ziehen Sie jede zweite Pflanze heraus.
PFLANZTIEFE 4–5 cm
BODEN Mittelschwer, kalkhaltig
STANDORT Sonnig; auf dem Balkon vor starkem Wind schützen.
ERNTE Spätsommer, Frühherbst; von der Aussaat bis zur Ernte vergehen etwa 8–12 Wochen.
VERWENDUNG Ausgezeichnetes Sommer- und Herbstgemüse
SORTEN 'Butterzart', 'Delinel' (französische Filetbohnen), 'Pfälzer Juni' (grünhülsige Buschbohnen); 'Golddukat', 'Mont d'Or' (gelbhülsige Buschbohnen), 'Purple Queen', 'Royal Burgundy' (rothülsige Buschbohnen), 'Blauhilde', 'Juvagold' (beide Stangenbohnen)

PFLANZEN FÜR BALKON UND TERRASSE

Lycopersicon esculentum
Tomate

Freilandtomaten sind recht einfach heranzuziehen und eignen sich besonders gut für die Topfkultur auf Balkon und Terrasse oder im Innenhof. Sie tragen hübsche Blüten und Früchte. Man muss aber einschränken, dass sie am besten in relativ warmen Klimazonen gedeihen; im Freien tun sie sich schwer, wenn man ihnen nicht einen Platz an der Südseite, am besten vor einer wärmenden Mauer, oder einen sonstwie gut geschützten und besonnten Standort bieten kann. Bei Tomaten unterscheidet man zwei Formen, Busch- und Stabtomaten.

Stabtomaten müssen an einem stützenden Stab oder an Drähten befestigt werden, um gut zu gedeihen. Binden Sie die Pflanzen in regelmäßigen Abständen mit einer Schnur oder mit Raphiabast fest und knipsen Sie alle Seitensprosse aus, die aus den Blattachseln wachsen. So bleiben nur ein gerader Trieb und einige Fruchtstände übrig. Sobald der vierte Fruchtstand kleine Tomaten hervorbringt, wird der Haupttrieb zwei Blätter über dem letzten Fruchtstand gekappt. So können sich die Tomaten gut entwickeln und reifen. Wenn der Sommer kurz ist und noch viele grüne Tomaten an der Pflanze hängen, werden diese gepflückt und zum Nachreifen ins Haus gebracht. Grüne Tomaten eignen sich aber auch zum Einlegen.

Buschtomaten sind etwas einfacher zu kultivieren. Sie bilden kleine Büsche, wie ihr Name sagt, oder wachsen kriechend am Boden. Sie müssen nicht hochgezogen und gekappt werden, man benötigt aber eine Bodenabdeckung. Im Innenhof legt man am besten ein Stück Kunststofffolie aus, denn viele Früchte entwickeln sich in Bodenhöhe. Zwergtomaten, die kaum höher werden als 20 cm, kann man in Blumenkästen und kleinere Töpfe setzen, ihr Ertrag ist aber nicht sehr groß.

Der Geschmack der Tomaten hängt ganz davon ab, wieviel Sonne, Wasser und Dünger sie bekommen; doch gerade der Dünger kann den Geschmack beeinträchtigen. Tomaten in Kultursäcken und Töpfen müssen gut gewässert und auch gedüngt werden, sonst ist der Ertrag minimal.

LINKS *An einem warmen Platz lassen sich Tomaten ausgezeichnet im Freien kultivieren. Sie gedeihen auch auf Pflanzsäcken. Die Triebe mit den Früchten müssen an Stäben festgebunden werden.*

AUSSAAT Geben Sie zwei Samen in einen kleinen Topf und entfernen Sie den kleineren Sämling, wenn beide keimen. Viele Hobbygärtner kaufen Pflanzen in der Gärtnerei oder im Gartencenter, man sollte sich dabei aber vergewissern, dass sie auch für die Kultur im Freien geeignet sind und roh gut schmecken. Nicht auf alle Freilandtomaten trifft dies zu.

PFLANZTIEFE Bedecken Sie die Samen leicht mit Aussaat- und Stecklingserde, und halten Sie sie bei 18 °C feucht, aber nicht nass. Die Keimung sollte nach 4–5 Tagen erfolgen. Wenn sich die ersten richtigen Blätter zeigen, kommt jedes Pflänzchen in einen eigenen Topf.

PFLANZABSTAND Ausgepflanzt wird in große Kübel, sobald der erste Blütenstand erscheint und keine Frostgefahr mehr droht. Vor dem Auspflanzen zum Abhärten tagsüber hinausstellen.

BODEN Nährstoffreich, durchlässig, humos. Tomaten lassen sich gut auf Kultursäcken ziehen, sie müssen regelmäßig gewässert werden.

STANDORT Sonnig, geschützt

ERNTE Tomaten sind reif, wenn sie rot werden. Sie vertragen keine Minusgrade und müssen vor dem ersten Frost abgeerntet sein. Grüne Tomaten können im Haus auf der Fensterbank nachreifen; manche meinen, dass der Vorgang beschleunigt wird, wenn man sie neben reife Exemplare legt.

VERWENDUNG Roh und für Salate. Große Tomaten können ausgehöhlt und gefüllt werden; Tomaten werden für zahlreiche Gerichte, wie Eintöpfe, Saucen und Suppen, verwendet.

SORTEN Das entscheidende bei Tomaten ist die Sorte, die man auswählt; sie beeinflusst maßgeblich den Geschmack der Früchte. Stabtomaten: 'Frühzauber', 'Alicante', 'Martina Hellfrucht' 'Gardener's Delight', 'Sweet 100' (Kirschtomate); 'Supermarmande', 'Große Fleischtomate' (Fleischtomaten) Kriechende und Buschformen: 'Tumbler' (Kirschtomate, kriechend, auch für Hängekorb), 'Red Alert', 'Tiny Tim' (Zwergformen), 'Sigmabush' (alle mit kleinen, Kirschen ähnlichen Früchten).

GEMÜSEPFLANZEN

Phosphocarpus tetragonobolus
Spargelerbse, -bohne

Eine reizvolle Gemüsepflanze (heute Tetragonolobus purpureus) mit rotbraunen Blüten und hübschen Blättern, die 30–45 cm hoch und 45–60 cm breit wird. Die Früchte werden am besten jung geerntet und regelmäßig gepflückt; sobald die Samen hart sind, stellt die Pflanze die Produktion ein. Die Spargelerbse ist eine gute Kübelpflanze, sie kann nach Bedarf ausgepflanzt werden und passt sich an das Pflanzgefäß an. Die Früchte werden im ganzen gegart; sie schmecken nach Spargel, daher der Name.

AUSSAAT In Saatschalen auf dem Fensterbrett im Frühling, Auspflanzung im Mai/Juni. Direktaussaat ins Freie ab April, sobald der Boden sich auf mindestens 10 °C erwärmt hat.
PFLANZABSTAND 25–30 cm
PFLANZTIEFE 2–3 cm
BODEN Locker, nährstoffreich; Kübelpflanzen brauchen reichlich Dünger.
STANDORT Offen, sonnig
ERNTE Ab Hochsommer; die Früchte sollte man jung und unreif pflücken, sonst werden sie hart.
VERWENDUNG Gekocht als Gemüse
SORTEN Keine

Pisum sativum
Erbse

Erbsen gehören zu den bekanntesten und beliebtesten Gartenpflanzen, ihre Kultur kann aber nervenaufreibend sein, weil sie bei Vögeln und Mäusen ebenso beliebt sind wie beim Hobbygärtner. Sie keimen schwer und mögen keine kalten Böden. Es hat keinen Sinn, sie zu früh auszusäen, vor allem wenn es im Frühjahr noch sehr kühl ist; sie werden dann leicht von Pilzen oder Bakterien befallen und sind eine leichte Beute für Mäuse. Später aber mögen sie durchaus kühles Wetter und wollen keinen offenen, heißen Standort im Garten. Am besten gedeihen sie im lichten Schatten. Wenn Sie schon Ende Mai oder Anfang Juni die ersten Erbsen ernten möchten, empfiehlt sich die Aussaat unter Folie oder Gartenvlies.
Man kann die Erbsen in fünf Gruppen einteilen: Erbsen mit purpurnen Hülsen (relativ selten, doch sehen sie sehr attraktiv aus und eignen sich deshalb gut als Kübelpflanzen); Zuckererbsen, die jung geerntet und samt der Hülse gekocht und gegessen werden; kleine, junge Markerbsen, von denen es zweierlei gibt, die eckigen, runzeligen sind süßer und zarter als die runden; schließlich die Pal- oder Schalerbsen mit zähen Hülsen, die auch zum Trocknen verwendet werden.
Die Pflanzen brauchen Stützen, sobald sich die ersten Ranken entwickeln. Normalerweise verwendet man dazu Reisig. Man kann aber auch weitmaschigen Draht oder ein Netz spannen. Erbsen brauchen nährstoffreichen Boden, bis sie zum Blühen kommen, danach aber keinen Dünger mehr. Allerdings sollte man sie in der Blütezeit reichlich wässern.

Erbsen lassen sich gut als Topf- oder Kübelpflanzen ziehen und sollten als Einzelpflanzen an einem hübschen Rankgitter emporwachsen. Achten Sie dabei auf die Höhe, die die gewählte Sorte erreicht, sie kann zwischen 0,45 und 1,45 m variieren. In einem exponierten Innenhof oder Dachgarten müssen Erbsen geschützt werden, sowohl vor dem Wind als auch vor den Vögeln.
Sobald die ersten Erbsen zu reifen beginnen, sollten sie immer wieder durchgepflückt werden, weil das die Pflanzen zu neuem Fruchten anregt. Die geernteten Früchte muß man gleich zubereiten, da der Zucker sich in Stärke umzuwandeln beginnt, sobald die Hülsen gepflückt sind. Die Ernte lässt sich auch gut einfrieren.

AUSSAAT Frühling, Folgesaaten bis Frühsommer
PFLANZABSTAND 7–8 cm
PFLANZTIEFE 3–5 cm
BODEN Nährstoffreich, mittelschwer; regelmäßig düngen und wässern
STANDORT Kühl; sie gedeihen nicht auf einer heißen Terrasse in Südlage.
ERNTE Nach ca. 8 Wochen
VERWENDUNG Gemüse, Suppen, Eintöpfe
SORTEN 'Rheinperle', 'Wunder von Kelvedon', 'Early Onward' (erste Frühe), 'Onward' (zweite Frühe), 'Senator' (Haupternte), 'Oregon Sugar Pod', 'Sugar Snap', 'Rheinische Zucker' (Zuckererbsen)

RECHTS *Diese Erbsen mit ihren zierlichen weißen Blüten und blassgrünen Schoten versprechen eine gute Ernte. Am besten schmecken sie, wenn sie jung und zart sind.*

PFLANZEN FÜR BALKON UND TERRASSE

LINKS *Radieschen sind leicht zu ziehen und wachsen extrem schnell. Man sollte sie jung ernten, weil sie sonst leicht platzen, besonders bei heißem Wetter. Folgesaaten sind günstig.*

Raphanus sativus
Radieschen

Nichts leichter als die Kultur von Radieschen. Sie bietet eine gute Möglichkeit, Kinder mit dem Gärtnern vertraut zu machen. Radieschen keimen leicht und wachsen schnell heran, nach 20–30 Tagen sind sie erntereif. In großen Gemüsegärten werden sie oft als Markierungspflanzen zwischen die Reihen mit langsam keimendem Gemüse gesetzt; für Wagemutige gibt es auch Winterradieschen oder große japanische Sorten. Aber sie eigenen sich nicht für die Topfkultur. Dafür ist das gewöhnliche runde Sommerradieschen zu empfehlen. Es gedeiht gut zusammen mit Salat oder Mangold in einem Pflanzgefäß, kann aber auch als Füllpflanze dienen, wenn Kohl gepflanzt werden soll.
AUSSAAT Von Frühling bis Frühsommer
PFLANZABSTAND Direkt und sehr dünn aussäen, etwa 2–3 cm Abstand wären ideal.
PFLANZTIEFE 1 cm
STANDORT Sonne oder leichter Schatten. Die Pflanzen dürfen nicht austrocknen oder zu dicht stehen.
ERNTE Sommerradieschen können nach knapp 4 Wochen geerntet werden.
VERWENDUNG Roh, für Salate
SORTEN 'Eiszapfen', 'Sperlings Parat', 'Riesenbutter' (Sommer)

Sinapis alba
Weißer Senf

Weißer Senf ist ganz leicht zu ziehen und wird daher auch häufig im Rahmen von Schulgärten kultiviert. Wie Kresse und Salatraps findet man ihn auf vielen Fensterbänken, wo er ohne Erde in Schalen heranwächst. Er ist eine willkommene Bereicherung für den Salatteller. Die Pflänzchen reifen in etwa 10–15 Tagen und sollten dann ganz unten abgeschnitten werden.

AUSSAAT Der Samen wird gewaschen und über Nacht in warmes Wasser gelegt. Dann gießt man das Wasser ab und streut die Samen gleichmäßig über mehrere Lagen Küchenkrepp, der feucht, aber nicht nass sein sollte. Er gedeiht am besten im Frühling und Herbst, bei heißem Wetter neigt er zum Schossen. Weißer Senf kann aber auch in Substrat gezogen werden.
PFLANZABSTAND Samen dünn und gleichmäßig an der Oberfläche ausstreuen.
BODEN Durchlässig, sandig
ERNTE 10–15 Tage nach der Aussaat
VERWENDUNG Als Salatzutat – Kresse schmeckt am schärfsten, Weißer Senf ist milder und Salatraps besonders mild. Weitere Sprossgemüse sind Alfalfa, Sojabohnen und Bockshornklee.

Solanum melongena
Aubergine

Auberginen oder Eierfrüchte sind ein Gemüse, das zum Gedeihen Wärme und einen geschützten Platz benötigt; es kann aber gut im Freien gezogen werden, wenn es einen warmen Standort mit voller Sonne hat. Man kann diese Pflanze auf der Fensterbank vorkultivieren und bei steigenden Temperaturen nach draußen bringen. Damit sie ohne Verzögerungen wächst, braucht die Aubergine eine Tag/Nachttemperatur von mindestens 16–18 °C. Die Pflanzen haben tiefe Wurzeln und benötigen ein großes Pflanzgefäß mit nährstoffreichem Substrat. Sie müssen während der Wachstumsperiode regelmäßig gewässert werden.

AUSSAAT Im Frühling; Anzuchttemperaturen nicht unter 20 °C
PFLANZTIEFE Legen Sie zwei Samen in einen 7,5-cm-Topf, entfernen Sie den schwächeren Sämling, wenn beide keimen.
PFLANZABSTAND Ausgepflanzt wird im Frühsommer mit 45 cm Abstand zwischen den Pflanzen. Bei kaltem Wetter müssen die jungen Pflanzen abgedeckt werden. Wenn die Pflanzen 30 cm hoch sind, knipst man den Vegetationspunkt aus. Der Haupttrieb wird gestützt, Seitentriebe und Blüten werden abgebrochen, sobald sich fünf Früchte zeigen. Auberginen brauchen hohe Luftfeuchtigkeit.
BODEN Humos, locker; geben Sie Kali zum Dünger, sobald die Früchte wachsen.
STANDORT Geschützt, sonnig
ERNTE Ernten Sie die Früchte bei einer Größe von 12–15 cm, wenn sie glänzend und schön dunkel purpurn sind.
VERWENDUNG Auberginen sind die Hauptzutat für die berühmte griechische Moussaka und auch für Imam Bayildi, eine türkische Vorspeise, die in etwa heißt »Den Imam hat's umgehauen«. Angeblich war ein Imam so überwältigt vom köstlichen Duft des Gerichtes, dass er das Bewußtsein verlor.
SORTEN 'Tania', 'Lange Violette', 'Moneymaker', 'Sperlings Blacky'

Solanum tuberosum
Kartoffel

Es wird in einem Innenhof oder gar auf dem Balkon kaum Platz für mehr als einige wenige Kartoffelpflanzen geben, aber mancheiner möchte sich vielleicht ein paar Kilo in speziellen Gefäßen heranziehen, weil frische, selbst erzeugte Kartoffel so viel besser schmecken, als verpackte aus dem Supermarkt.

Dabei sollte man sich auf Frühkartoffeln oder auf ein oder zwei Pflanzen einer ungewöhnlichen Sorte für die Haupternte beschränken.

Kartoffeln werden in frühe Sorten, mittelfrühe Sorten und späte Sorten oder Lagerkartoffeln eingeteilt, je nach Anzahl der Tage, die sie zum Reifen benötigen.

Ist die Wachstumsperiode kurz, müssen Kartoffeln vorgekeimt werden. Dazu kauft man im März Saatkartoffeln, legt sie mit den Augen nach oben in einen Eierkarton oder eine Saatschale und stellt diese in einen hellen, kühlen Raum ohne Sonne. Nach wenigen Wochen zeigen sich auf den Knollen die ersten Keime. Über den Anbau von Kartoffeln, die Pflanztiefe, das Anhäufeln, gibt es mindestens zwei, wenn nicht drei verschiedene Theorien. Damit muss man sich bei der Topfkultur aber nicht herumschlagen.

AUSSAAT Kartoffeln für die Lagerung werden auf der nördlichen Halbkugel Mitte April (mancherorts traditionell am Karfreitag) gepflanzt, frühe Sorten zwei oder drei Wochen vorher. Kartoffeln sind nicht frosthart, junge Keime müssen geschützt werden, wenn im Spätfrühling Frostgefahr besteht.
PFLANZTIEFE Wählen Sie ein möglichst großes Gefäß von mindestens 30–40 cm Breite und Tiefe. Spezielle Kartoffeltöpfe sind ideal. Geben Sie eine Schicht Kieselsteine oder Topfscherben unten in den Topf, damit das Wasser besser abzieht, und füllen Sie darauf 10 cm Pflanzerde. Legen Sie die vorgekeimten Kartoffeln mit den jungen Trieben nach oben hinein und füllen Sie wieder 10 cm Erde darüber. Wenn die Pflanzen 15 cm hoch sind, kommen nochmals 10–12 cm Erde dazu und Sie wiederholen den Vorgang, bis die Erde knapp unter den Topfrand reicht. Profis, die Kartoffeln in (allerdings nicht sehr dekorativen) Autoreifen kultivieren, stapeln einen mit Substrat gefüllten Reifen nach dem anderen übereinander und erzielen so mit zwei Saatkartoffeln beachtliche Erträge.
PFLANZABSTAND In einem 30-cm-Topf finden zwei Saatkartoffeln Platz. In einem größeren Topf können im Verhältnis mehr untergebracht werden. Kartoffeln müssen während der Wachstumszeit regelmäßig gewässert werden.
BODEN Locker, sandig, fruchtbar; verwenden Sie gute Pflanzerde oder Gartenerde mit hohem Kompostanteil.
STANDORT Offen, sonnig
ERNTE Frühkartoffeln werden aufgenommen, sobald sich die Blüten öffnen; bei Kartoffeln für die Lagerung schneidet man im Frühherbst das Kraut ab und leert den Topf 10 Tage später. Lassen Sie die Kartoffeln nicht zu lange in der Erde. Sie sollten bei schönem Wetter ausgenommen werden und einige Stunden an der frischen Luft trocknen, bevor sie dunkel gelagert werden.
VERWENDUNG Frühe Kartoffeln werden gekocht und mit Butter und Kräutern serviert oder als Salat zubereitet. Lager-Kartoffeln lassen sich so vielfältig verwenden, dass man ganze Kochbücher darüber schreiben kann.
SORTEN Es gibt zahllose Sorten, von denen hier nur einige wenige genannt werden können:
Frühe Sorten: 'Sieglinde', 'Duke of York', 'Christa'
Mittelfrühe Sorten: 'Nadine', 'Clivia', 'Irmgard', 'Hilta'
Späte Sorten: 'Hansa', 'Carmen', 'Saturna', 'Aula'

LINKS *Kartoffeln muss man bei trockenem Wetter ernten; sie brauchen ein paar Stunden im Freien, um richtig zu trocknen. Man lagert sie dunkel in einer Kartoffelkiste oder in Papiersäcken an einem kühlen, trockenen Platz. Beschädigte Kartoffeln müssen gleich verbraucht werden.*

PFLANZEN FÜR BALKON UND TERRASSE

Gemüserezepte

Suppen
Borschtsch

ZUTATEN
2 Zwiebeln
2 Rote Beten (roh)
30 g Butter
1 1/2 l Fleischbrühe
1 Bouquet garni
Salz, Pfeffer, Selleriesalz
2 Rote Beten (gekocht)
150 g saure Sahne oder Jogurt
Für 4–6 Personen

1. Eine Zwiebel und die rohen Roten Beten schälen und hacken. In der Butter 15–20 Minuten braten.

2. Fleischbrühe, Bouquet garni und Gewürze zugeben. Etwa eine Stunde bei schwacher Hitze kochen. Durchsieben und abkühlen lassen. Fett abschöpfen.

3. Eine der gekochten Roten Beten raspeln und in die Suppe geben. Nochmals abschmecken.

4. Die zweite Zwiebel schälen und grob hacken. Zusammen mit der anderen Roten Bete im Mixer pürieren und durch ein Sieb in die Suppe streichen.

5. Die Suppe erhitzen, aber nicht mehr kochen lassen, sonst verfärbt sie sich. Sie kann heiß oder kalt serviert werden. In Schalen anrichten und auf jede Portion einen großen Esslöffel saure Sahne oder Jogurt geben.

Gazpacho

ZUTATEN
3 Knoblauchzehen
Salz
60 g Weißbrotkrumen
5 EL Olivenöl
3 EL Rotweinessig
2 kleine Gurken
je 1 rote und 1 grüne Paprikaschote
1 rote Zwiebel
1 kg Tomaten
Eiswasser
Pfeffer, Schnittlauch oder Majoran
Croûtons zum Garnieren
Für 4–6 Personen

1. Den Knoblauch schälen und durch die Presse drücken, mit etwas Salz mischen. Weißbrotkrumen zugeben und nach und nach das Olivenöl unterrühren. Essig nach Geschmack zufügen.

2. Die Gurken schälen und klein schneiden. Paprikaschoten kurz unter den Grill legen, häuten und das Fruchtfleisch in Stücke schneiden. Tomaten überbrühen, Haut abziehen, Stielansätze und Kerne entfernen. Zwiebel schälen. Alle Gemüse im Mixer pürieren.

3. Die Knoblauch-Brot-Mischung mit dem Gemüsepüree mischen, nach Geschmack würzen. Zugedeckt in den Kühlschrank stellen.

4. Die Suppe kurz vor dem Servieren mit Eiswasser mischen; die genaue Menge hängt davon ab, wie saftig die Tomaten waren. Mit Croûtons garnieren.

GEMÜSEREZEPTE

Topinambur-Suppe

ZUTATEN
500 g Topinambur
30 g Butter
je 300 ml Milch und Hühnerbrühe
2 EL Sahne
Salz und Pfeffer
Für 4–6 Personen

1 Topinambur schälen, in Scheiben schneiden und in der Butter bei schwacher Hitze weich dünsten. Anschließend im Mixer pürieren. Milch und Brühe zugießen und die Suppe 15 Minuten kochen lassen.

2 Zum Schluss die Sahne einrühren und die Suppe abschmecken.

Saucen
Zwiebelsauce

ZUTATEN
250 g Zwiebeln
40 g Butter
1/2 EL Mehl
150 ml Fleischbrühe oder Milch
Salz und Pfeffer

1 Die Zwiebeln schälen und in dünne Scheiben schneiden. Die Butter erhitzen und die Zwiebeln darin weich und glasig werden lassen.

2 Das Mehl einrühren. Nach und nach unter Rühren Brühe oder Milch zugießen und die Soße eindicken lassen. Etwa 10–15 Minuten bei schwacher Hitze kochen.

3 Die Sauce in den Mixer geben und pürieren. Bei Bedarf noch etwas Milch oder Brühe zugießen.

Tomatensauce

ZUTATEN
1 dicke Zwiebel, in Scheiben geschnitten
15 g Butter
750 g reife Tomaten, abgezogen und gehackt
1 EL Olivenöl
Salz, Zucker und Pfeffer
je ein EL gehackte Sellerieblätter, Petersilie und Basilikum
1 Knoblauchzehe

1 Zwiebelscheiben in Butter und Öl weich und glasig werden lassen.

2 Die übrigen Zutaten zugeben und unter häufigem Rühren 15–20 Minuten köcheln lassen. Die Sauce im Mixer pürieren, bis sie ganz glatt ist. Anschließend erhitzen.

3 Ist die Sauce zu dünn, etwas einkochen lassen. Abschmecken (Zucker nicht vergessen).

Tomaten

PFLANZEN FÜR BALKON UND TERRASSE

Hauptgerichte
Schnelles Gemüse-Curry

ZUTATEN
1 Zwiebel
2 Knoblauchzehen
4 EL Sonnenblumenöl
1 EL gemahlener Koriander
1 TL gemahlene Gelbwurz
1 TL gemahlener Kreuzkümmel
½ TL Chilipulver
½ TL gemahlener Ingwer
½ TL gemahlene Senfkörner
⅛ TL gemahlener Bockshornklee
(nach Wunsch)
Gemüse nach Wahl (z. B. Paprikaschoten, Stangensellerie, Kohlrabi, Möhren)
Gemüsebrühe
Für 4–6 Personen

1 Zwiebel und Knoblauch schälen, fein hacken und im Öl glasig werden lassen.

2 Alle Gewürze zugeben und 3–4 Minuten lang bei schwacher Hitze mit den Zwiebeln verrühren.

3 Das vorbereitete Gemüse zugeben und 3–4 Minuten in der Curry-Mischung dünsten.

4 Das Gemüse, mit Brühe bedeckt, so lange kochen, bis es weich ist. Mit Salz abschmecken.

Auberginen

GEMÜSEREZEPTE

Gebratenes Gemüse

ZUTATEN
1 Aubergine
2 Zucchini
Salz
2 rote und 1 gelbe Paprikaschote
4 Tomaten
3 Zwiebeln
2 Knoblauchzehen (nach Wunsch)
Olivenöl
schwarzer Pfeffer
frisches Basilikum
Für 4–6 Personen

1 Den Backofen auf 220 °C vorheizen. Aubergine und Zucchini waschen und in Scheiben schneiden, mit Salz bestreuen und eine halbe Stunde stehen lassen. Mit Küchenkrepp abwischen.

2 Paprikaschoten waschen und in große Scheiben schneiden, dabei Kerne und Scheidewände entfernen. Tomaten halbieren, Stielansätze wegschneiden. Zwiebeln schälen und in große Stücke schneiden.

3 Ein Backblech mit Olivenöl bestreichen, das Gemüse darauf legen und gut mit Öl bepinseln. Nach Wunsch gehackten Knoblauch darüber verteilen, mit Salz und Pfeffer würzen.

4 Das Backblech auf die oberste Schiene in den Backofen schieben und das Gemüse so lange braten, bis es weich und an den Rändern schön braun ist. Mit gehacktem Basilikum bestreuen.

Ratatouille

ZUTATEN
2 Auberginen
2 Zucchini
Salz
4 große Tomaten
2 Paprikaschoten
2 große Zwiebeln
Olivenöl
2 Knoblauchzehen, gehackt
Pfeffer, gemahlener Koriander
12 schwarze Oliven, entkernt
frisches Basilikum oder Petersilie, gehackt
Für 4–6 Personen

1 Auberginen und Zucchini waschen und in Scheiben schneiden, mit Salz bestreuen und eine halbe Stunde stehen lassen. Tomaten häuten, Kerne entfernen, das Fruchtfleisch in Stücke schneiden. Paprika in Scheiben schneiden, Kerne und Scheidewände entfernen.

2 Zwiebeln schälen und in Scheiben schneiden. Öl in einem weiten Topf erhitzen, die Zwiebeln darin glasig werden lassen.

3 Auberginen und Zucchini trocken tupfen, zusammen mit Paprika und Knoblauch zu den Zwiebeln geben. Nach Bedarf Olivenöl zugießen.

4 Das Gemüse zugedeckt in 20–30 Minuten garen. Die Tomatenstücke zugeben, mit Salz, Pfeffer und gemahlenem Koriander würzen. Das Gemüse noch weitere 15 Minuten ziehen lassen. Ist das Ratatouille zu flüssig, in den letzten 10 Minuten der Garzeit den Deckel abnehmen und es etwas einkochen lassen.

5 Wird das Ratatouille warm serviert, nimmt man überschüssiges Olivenöl mit Küchenkrepp ab und bestreut das Gericht mit Basilikum oder Petersilie. Kommt es kalt auf den Tisch, gibt man nach dem Abkühlen schwarze Oliven dazu und streut Basilikum oder Petersilie darüber.

PFLANZEN FÜR BALKON UND TERRASSE

Salate
Party-Salat

ZUTATEN
Verschiedene Salate, z. B. Lollo rosso, Rucola, Eichblattsalat, Friséesalat, junge Spinatblätter, Radicchio, je nach Saison
4–5 Scheiben durchwachsener Speck
3 hart gekochte Eier
4 Anschovis
Kirschtomaten oder Tomatenviertel
schwarze Oliven
Croûtons

1 Salatblätter waschen, trocken schleudern und in eine große Schüssel geben. Den Speck knusprig braten und in kleine Würfel schneiden. Speckwürfel und Bratfett über dem Salat verteilen.

2 Eier in Viertel schneiden und zum Salat geben. Außerdem je nach Salatmenge 1 oder 2 Dosen Anschovis, halbierte Kirschtomaten oder Tomatenviertel sowie schwarze, entkernte Oliven dazumischen.

3 Alle Zutaten vorsichtig durchmischen und kurz vor dem Servieren Vinaigrette oder ein gutes Salatdressing darüber gießen. Reichlich Croutons über den Salat streuen. Die Zutaten für diesen Salat können je nach Saison und Angebot variiert werden. Vor allem sollten ihm viele verschiedene Kräuter Würze und Geschmack geben.

Feldsalat

GEMÜSEREZEPTE

Paprikasalat

1 Einige Paprikaschoten, möglichst rote, grüne und gelbe, waschen, abtrocknen und für einige Minuten in den heißen Backofen oder ganz kurz unter den Grill legen, bis die Haut sich dunkel verfärbt und leicht abziehen lässt.

2 Die Schoten in Stücke schneiden, dabei Stielansätze, Kerne und Scheidewände entfernen. Die Paprikastücke mit einigen Anschovisfilets, in Scheiben geschnittenen hart gekochten Eiern und Kapern auf eine Platte legen. Darüber eine Mischung aus Olivenöl, Weißweinessig und durchgepresstem Knoblauch träufeln. Mit Salz und grob gemahlenem schwarzem Pfeffer und frischem, gehacktem Basilikum bestreuen.

Roter Paprika

Gurkensalat

1 Mehrere kleine Gärtnergurken schälen und auf einem Gurkenhobel in dünne Scheiben schneiden. Die Scheiben mit Salz bestreuen und, mit einem Teller beschwert, 30 Minuten auf einem Sieb ziehen lassen, damit die Flüssigkeit herausgedrückt wird.

2 Die Gurkenscheiben auf einer Platte verteilen und mit einer Mischung aus Weißweinessig, Olivenöl sowie gehacktem Schnittlauch und Petersilie beträufeln. Auch frischer Dill oder Minzeblättchen schmecken zum Gurkensalat ausgezeichnet.

Gurke

PFLANZEN FÜR BALKON UND TERRASSE

Obstpflanzen

Heimisches und exotisches Obst im Kübel zu ziehen, ist gar nicht so kompliziert, wie es auf den ersten Blick scheinen mag. Man kann zum Beispiel in einem Erdbeertopf, den es in jedem Gartencenter zu kaufen gibt, köstlich frische Erdbeeren kultivieren. Und wenn Sie sich ein Obstbäumchen für Balkon, Terrasse oder Innenhof wünschen, so greifen Sie auf neue Züchtungen mit Zwerg-Unterlagen zurück, die nur wenig Platz brauchen. Pfirsiche, Pflaumen und Aprikosen sowie Äpfel und Birnen geben ausgezeichnete Kübelpflanzen ab; aber auch als Fächer vor einer nach Süden oder Westen gerichteten Wand sehen sie wunderschön aus. Man bekommt nicht nur reifes, gesundes Obst aus eigenem Anbau, sondern erlebt im Frühling auch noch die Baumblüte aus nächster Nähe. Die einzigen Beerenfrüchte, die sich nicht für Kübelpflanzung eignen, sind Himbeeren.

ACHTUNG Hier sind die Bodenansprüche der Freilandpflanzen angegeben. Für Topfpflanzen lässt sich daraus ableiten, welches Substrat und welche Kulturbedingungen am besten geeignet sind.

Citrus sinensis, C. limon
Apfelsine, Zitrone

Viele Zitrusfrüchte eignen sich bestens als Kübelpflanzen. Im Zeitalter des Barock hatte jeder fürstliche Hof eine eigene Orangerie und im 19. Jahrhundert mancher wohlhabende Bürger seinen Wintergarten. Solchen Luxus leisten wir uns heute nicht mehr, doch es gibt auch kleine Apfelsinen- und Zitronenbäumchen, die im Sommer auf der Terrasse oder in einem Innenhof eindrucksvoll aussehen. Die meisten Zitruspflanzen sind frostempfindlich, im allgemeinen vertragen sie aber kurzzeitig sogar Temperaturen knapp unter 0 °C. Sie haben sehr schöne, süß duftende Blüten und tragen gleichzeitig Früchte.

FROSTEMPFINDLICH Immergrüner Strauch oder kleiner Baum
HÖHE UND AUSBREITUNG Große Bäume werden 6 x 3 m groß oder noch größer. Bäumchen als Kübelpflanzen haben meist eine Höhe und Ausbreitung von 60 cm.
BLÜTEN Weiß, duftend
BLÜTEZEIT Frühling bis Frühsommer
BLÄTTER Grüne, lang eiförmige, spitze Blätter; Apfelsinen haben dunklere Blätter als Zitronen.
BODEN Feucht, durchlässig, im Winter kühl und trocken
STANDORT Volle Sonne bis Halbschatten
VERMEHRUNG Halbreife Stecklinge im Sommer
VERWENDUNG Desserts, Getränke, Marmelade
ARTEN UND SORTEN C. aurantium (Pomeranze, Bitterorange), C. reticulata (Mandarine), C. sinensis 'Washington Navel' (Orange oder Apfelsine), x Citrofortunella microcarpa (Calamondine)

LINKS Es ist gar nicht so schwer, auch im gemäßigten Klima Zitronen zu ziehen. Sie können im Sommer draußen stehen, brauchen aber ein Winterquartier im Haus.

Cydonia oblonga
Quitte

Der hübsche, nicht besonders häufig anzutreffende Obstbaum eignet sich gut für Kübelpflanzung, wirkt aber natürlich auch in Einzelstellung mitten auf dem Rasen sehr eindrucksvoll. Die Blätter sind blass graugrün, wenn sie im Frühling erscheinen, im Verlauf des Jahres werden die Oberseiten allmählich dunkler, die Unterseiten sind filzig behaart. Einfache, blassrosa bis rosa Blüten erscheinen im Spätfrühling, sie sind flach und schalenförmig und erinnern an die der Hundsrose (Rosa canina). Sie haben gelbe Staubgefäße. Die Frucht verfärbt sich allmählich von Grün zu Goldgelb und sollte im Spätherbst gepflückt werden. Quitten haben es im Winter gern kühl. Dafür blühen sie aber am schönsten in Gegenden mit heißen Sommern, in kühleren Regionen sollten sie im Schutz einer Mauer stehen. Man kann Quitten auch als Fächer am Spalier erziehen.

Die Frucht wird nur gekocht verzehrt. Beim Kochen der Quitten macht sich ein würzig süßer Duft in der Küche breit, sie werden wie Birnen eingekocht oder mit Zitronen zu Chutneys verarbeitet. Am köstlichsten ist jedoch das Quittengelee.

WINTERHART Laubabwerfender kleiner Baum oder Strauch
HÖHE UND AUSBREITUNG 3–5 m
BLÜTEN Blassrosa bis rosa, einfach
BLÜTEZEIT Spätfrühling
BLÄTTER Blasse, graugrüne Blätter, später dunkelgrün, Unterseite grau behaart
BODEN Feucht, aber nicht staunass, leicht sauer
STANDORT Sonnig, geschützt
VERMEHRUNG Durch Veredlung oder Steckhölzer im Sommer
VERWENDUNG Gelee, Chutney, Kompott
SORTEN 'Lusitanica' (dunkelgelbe Früchte), 'Meech's Prolific' (goldgelbe, birnenförmige Früchte), 'Vranja' (duftende, blassgrüne Früchte)

OBSTPFLANZEN

Ficus carica
Echter Feigenbaum

Der Feigenbaum ist für die Kultur im Kübel so gut geeignet, weil der Pflanzbehälter dem Wachstum Grenzen setzt und damit der Ertrag erhöht wird. Feigen sind eigentlich in tropischen und subtropischen Gebieten heimisch, können aber in einigermaßen warmen Regionen sogar im Winter draußen bleiben.

In warmen Klimazonen bringt die Feige zweimal jährlich Früchte hervor – eine frühe Ernte und eine Haupternte im Spätsommer. In kühlerem Klima trägt sie nur einmal. Fruchtembryos, die sich Ende des Sommers bilden, müssen im Winter sorgfältig geschützt werden.

Die Früchte entwickeln sich am ein- und zweijährigen Holz. Um dies zu fördern, schneidet man im Herbst an den Hauptästen jeden zweiten fruchttragenden Seitentrieb auf ein Auge zurück. Im Sommer werden alle neuen Triebe nach 4–5 Blättern gestutzt und festgemacht. Entfernen Sie überschüssigen Wuchs und versuchen Sie, zwischen den Trieben 15–25 cm Abstand zu erreichen.

WINTERHART Laubabwerfender Baum
HÖHE UND AUSBREITUNG 3 x 3 m
BLÜTEN Kaum zu sehen
BLÄTTER Große, dunkelgrüne, drei- oder fünflappige Blätter
BODEN Feucht, durchlässig
STANDORT Sonnig, geschützt
VERMEHRUNG Durch Steckhölzer von einjährigem Holz, oder Wurzelausläufer von der Mutterpflanze trennen
VERWENDUNG Spätsommerobst zum Frischverzehr
SORTEN 'Brown Turkey', 'Adam', 'Bourjasotte Grise' (späte), 'Brunswick', 'Negro Largo', 'Sultane', 'White Ischia', 'White Marseilles'

RECHTS 'Discovery' ist eine besonders beliebte frühe Apfelsorte. Die knackigen Früchte halten sich aber nicht lange.

Malus domestica
Apfel

Bäumchen mit zwergigen Unterlagen sind auch als Kübelpflanzen geeignet, doch für wüchsigere Formen ist es günstiger, wenn der Baum als Spalier an einer Mauer erzogen wird. Zwergbäume tragen ihre Früchte an kleinen Fruchtspießen am Leitast. Kleine Apfelbäume werden 1,8–2,5 m hoch und benötigen einen Pflanzabstand von 60 cm.

Die Früchte reifen zwischen Spätsommer und Herbst, je nach Sorte, bereits im Spätfrühling erfreut uns der Apfelbaum aber mit seinen Blüten. Bäumchen im Kübel müssen regelmäßig gewässert werden. Bei allen Apfelbäumen ist ein Rückschnitt erforderlich, Kordons und Fächer benötigen ein stabiles Drahtgerüst, an dem sie festgemacht werden können. Apfelbäume fruchten an Langtrieben oder an Kurztrieben; für die Erziehung als Fächer oder Kordon sind an Kurztrieben fruchtende Sorten günstiger.

WINTERHART Kleiner Baum
HÖHE UND AUSBREITUNG Verschieden
BLÜTEN Rosa und weiß
BLÜTEZEIT Frühling
BLÄTTER Hell- bis dunkelgrün, oval
BODEN Fruchtbar, keine Staunässe
STANDORT Offen, sonnig
VERMEHRUNG Durch Veredlung
VERWENDUNG Roh oder gekocht
SORTEN
Zum Rohverzehr: 'Discovery' (z. T. an Langtrieben fruchtend, früh), 'Egremont Russet' (an Kurztrieben fruchtend), 'Tydeman's Early Worcester' (mittelfrüh), 'Cox's Orange Pippin', 'Jonagold', 'Idared', 'Laxton's Superb' (spät)
Kochäpfel: 'Arthur Turner' (an Kurztrieben fruchtend), 'Bismarckapfel', 'Lord Derby', 'Rev. W. Wilks' (mittelfrüh), 'Bramley's Seedling' (z. T. an Langtrieben fruchtend), 'Monarch' (spät)

Mespilus germanica
Mispel

Auch dieser ungewöhnliche Obstbaum gibt eine hübsche Kübelpflanze ab. Mispeln haben ähnliche Kulturansprüche wie Quitten, in Katalogen werden beide oft gemeinsam angeführt. Sie haben lange, dunkelgrüne, schmal ovale oder ovale Blätter, die im Herbst gelb und braun werden, und eine hängende Wuchsform. Ihre großen, weißen oder weißrosa Blüten sehen wunderschön aus. Pflege und Schnitt erfolgen wie beim Apfelbaum. Die Früchte der Mispel sehen fast wie übergroße Hagebutten aus. Sie müssen am Baum bleiben, bis sie ganz reif sind, und können erst nach spezieller Lagerung gegessen werden. Der Geschmack ist zunächst etwas fremd, sie werden auch zu Gelees und Konserven verarbeitet.

WINTERHART Laubabwerfender kleiner Baum oder großer Strauch
HÖHE UND AUSBREITUNG 3,5 m
BLÜTEN Große, einfache, weiße oder rosaweiße Blüten mit 3–5 Kelchblättern
BLÜTEZEIT Spätfrühling
BLÄTTER Oberseits dunkel-, unterseits hellgrün, länglich
BODEN Nährstoffreich, durchlässig, auch kalkreich
STANDORT Sonne, Halbschatten
VERMEHRUNG Durch Veredlung, Absenker oder Steckholz
VERWENDUNG Als Frischfrucht
SORTEN 'Holländische Großfrüchtige', 'Kernlose', 'Nottingham'

PFLANZEN FÜR BALKON UND TERRASSE

LINKS *Ein Morello-Sauerkirschbäumchen gedeiht ausgezeichnet an einer schattigen Nordwand. Da Vögel die Früchte mögen, braucht man ein Netz.*

Prunus armeniaca
Aprikose, Marille

Aprikosen stellen ziemlich hohe Ansprüche an die Kultur, die Mühe lohnt sich jedoch, denn voll ausgereifte Früchte schmecken wirklich köstlich. Sie brauchen im Winter für längere Zeit kühle Temperaturen, beginnen aber schon früh zu blühen; in vielen Regionen müssen sie deshalb vor späten Frösten geschützt werden; die hübschen rosa Blüten erscheinen noch vor den Blättern an den kahlen Ästen. Damit die Früchte zur Vollreife kommen, benötigen sie Wärme und viel Sonne. Bei gemäßigtem Klima zieht man sie daher am besten als Spalier an einer Wand. Aprikosenbäume haben meist keine lange Lebensdauer. Bäume, die einen Pfirsichsämling als Unterlage haben, eignen sich gut für die Kultur im Kübel; sie sind kleiner und vertragen auch Feuchtigkeit besser.
Aprikosenbüsche werden wie Pflaumen geschnitten, denn sie tragen die Früchte an einjährigen Trieben und älteren Fruchtspießen; bei Spaliererziehung wird der Aprikosenbaum wie der Pfirsichbaum geschnitten.

FROSTHART Laubabwerfender Baum
HÖHE UND AUSBREITUNG Ausgereifte Spalierbäume werden bis 6 m breit. Kleinere Fächer erreichen bis zu 3,5 m.
BLÜTEN Rosa, flach, kelchförmig, einzeln oder zu zweit
BLÜTEZEIT Vorfrühling bis Frühlingsmitte
BLÄTTER Einzeln, zugespitzt, wechselständig
BODEN Fruchtbar, durchlässig, auch kalkhaltig
STANDORT Sonnig, geschützt
VERMEHRUNG Durch Okulieren
VERWENDUNG Als Frischfrucht, für Konserven und Marmelade.
SORTEN 'Aprikose von Breda', 'Early Moor Park', 'Moor Park', 'New Large Early'

Prunus avium, P. cerasus
Süßkirsche, Sauerkirsche

Bis vor kurzem konnten nur Sauerkirschen als Kübelpflanzen gezogen werden. Es gab kaum selbstfruchtbare Süßkirschen und auch keine schwachwüchsigen Unterlagen. Seit die Unterlage Inmil entwickelt wurde, kann eine Süßkirsche bei Fächererziehung mit 1,8 m Höhe und 3,6 m Breite auskommen; soviel Platz steht im Innenhof gewiss zur Verfügung. Ferner wurden einige selbstfruchtbare Varietäten entwickelt, wie etwa 'Lapins' syn. 'Cherokee' und 'Stella'. Die beliebteste Sauerkirsche, 'Morello', braucht etwa soviel Platz wie ein Fächerbaum auf der Unterlage Inmil, hat aber den Vorteil, dass sie an einer nach Norden gerichteten Mauer gedeiht. Kirschbäume in Kübeln vor einer Mauer haben einen Vorteil: Die Früchte können mit einem Netz vor Vögeln geschützt werden. Auf frei stehenden Kirschbäumen bleiben nur wenig Kirschen zum Ernten.

Süßkirschen blühen am alten Holz und werden wie Pflaumen geschnitten und erzogen. Morello-Sauerkirschen tragen die Früchte am einjährigen Holz und man schneidet und erzieht sie wie Pfirsiche.

WINTERHART Laubabwerfender Baum
HÖHE UND AUSBREITUNG 1,8 x 3,6 m
BLÜTEN Rosa oder weiß
BLÜTEZEIT Frühlingsmitte bis Frühsommer; früh blühende Sorten müssen vor Spätfrösten geschützt werden.
BLÄTTER Zugespitzt, grün; werden im Herbst oft rot, goldgelb und gelb.
BODEN Fruchtbar, mittel- bis tiefgründig
STANDORT Sonnig, geschützt bei Süßkirschen; Nordwand bei Sauerkirschen
VERMEHRUNG Durch Veredlung
VERWENDUNG Frischfrucht, Marmelade, Konserven
SORTEN
SÜSSKIRSCHE: *P. avium* 'Lapins' syn. 'Cherokee', *P.a.* 'Stella', *P.a.* 'Sunburst'
SAUERKIRSCHE: *P. cerasus* 'Montmorency', *P.c.* 'Morellenfeuer', *P.c.* 'Nabella'

Physalis peruviana
Kapstachelbeere

Die Kapstachelbeere, ein Nachtschattengewächs und nahe verwandt mit der chinesischen Lampionblume, *P. alkekengi,* ist eine hübsche Pflanze mit wohlschmeckenden Früchten, die meist für Marmeladen verwendet werden. Sie wird meist in Töpfen kultiviert und eignet sich bestens für Innenhöfe. Die Pflanze wird ziemlich groß (bis 1,8 m) und wächst mit ihren Seitenästen auch in die Breite. Nach den weißen Blüten bilden sich in den Knoten der Äste die Früchte.
VORSICHT Die Früchte der chinesischen Lampionblume, *P. alkekengi,* sind nicht zum Verzehr geeignet!

AUSSAAT Im Spätwinter bis Vorfrühling bei 18–21 °C in eine Saatschale
PFLANZABSTAND Sämlinge in 7,5-cm-Töpfe pikieren; später größere Pflanzen in 15-cm-Töpfe setzen, in denen sie bleiben.
STANDORT Gedeiht nur an einem warmen, geschützten, sonnigen Platz oder im Gewächshaus
BODEN Durchlässig
ERNTE Im Herbst, wenn sich die papierähnliche äußere Hülle der Früchte von Grün zu Goldbraun verfärbt
VERWENDUNG Roh oder im Salat
SORTEN Keine

OBSTPFLANZEN

Prunus domestica (ssp. *domestica, italica, insititia*) Zwetschge, Reneklode

Alle Pflaumen eignen sich gut für einen geschützten Innenhof, sie blühen früh, und ihre Blüten müssen vor späten Frösten geschützt werden. Wählen Sie Formen mit Pixy-Unterlagen (schwachwüchsig, zwergig), die selbstfruchtbar sind.

In manchen Jahren trägt der Pflaumenbaum zu viele Früchte. Dann muss ausgedünnt werden, sonst brechen die Äste unter dem großen Gewicht. Pflaumen sollte man im Sommer zurückschneiden, besonders im gemäßigten Klima, dadurch werden sie weniger anfällig für Bleiglanz.

Sie können aus den vielen angebotenen Sorten die für Sie passende auswählen. Haben Sie nur Platz für einen einzigen Baum im Innenhof, sollten Sie eine üppige Zwetschge für den Frischverzehr wählen. Eine Kübelpflanze erzieht man möglichst als Fächer an einer sonnigen Wand.

WINTERHART Laubabwerfender Baum
HÖHE UND AUSBREITUNG 1,8 x 3,6 m
BLÜTEN Weiß
BLÜTEZEIT Frühlingsmitte
BLÄTTER Mittelgroß, zugespitzt
BODEN Frisch, nährstoffreich, durchlässig
STANDORT Geschützt, sonnig
VERMEHRUNG Veredlung auf spezielle Unterlagen
VERWENDUNG Frischfrucht, zum Einkochen, Marmelade
UNTERARTEN UND SORTEN *P. domestica* 'Cambridge Gage', *P.d.* 'Golden Transparent', *P.d.* 'Opal', *P.d.* 'Victoria', *P.d.* 'The Czar', *P.d.* 'Pershore', *P.d.* ssp. *insititia* 'Bradley's King', *P.d.* ssp.*i.* 'Prune Damson'

Prunus persica Pfirsich

In warmen Regionen werden Pfirsiche am besten in Buschform gezogen; bei weniger günstigen Bedingungen erzieht man sie lieber als Fächer an einer nach Süden oder Südwesten gerichteten Wand.

Für einen Pfirsich in Fächerform in einem Innenhof sind vier Dinge unerlässlich: eine Wand, die mindestens 1,8 m x 3,5 m misst; ein stabiles Drahtgerüst, an dem die Bambusstäbe befestigt werden; Zeit und Geduld, den Fächer aufzubauen; Kenntnis der Schnitttechnik – Pfirsiche tragen am vorjährigen Holz.

Für die meisten Pfirsichbäume wird als Unterlage 'St. Julian A' verwendet, es gibt aber auch zwergige Formen, die in Buschform in Kübeln gedeihen. Pfirsichbäume müssen gespritzt (v. a. gegen Kräuselkrankheit), gedüngt und gewässert werden. Wenn der Fruchtansatz erfolgt, muss man sie sorgfältig ausdünnen.

WINTERHART Laubabwerfender Baum
HÖHE UND AUSBREITUNG 1,8 m x 3,5 m
BLÜTEN Rosa
BLÜTEZEIT Frühling
BLÄTTER Ziemlich lang, schmal, zugespitzt; grün mit gelber Mittelrippe
BODEN Durchlässig, keine Staunässe
STANDORT Sonnig, geschützt
VERMEHRUNG Durch Okulation
VERWENDUNG Frischfrucht, Kompott, Marmelade
SORTEN 'Duke of York', 'Peregrine' (beide weiß), 'Atropunicea', 'Earliglo', 'Rochester' (alle drei gelb), 'Bonanza', 'Garden Lady' (beide zwergig)

Prunus persica var. *nectarina* Nektarine

Die Kulturansprüche der glatthäutigen Nektarine entsprechen fast genau jenen des Pfirsichs, nur ist bei Nektarinen die Frostempfindlichkeit größer. Pflanzung, Schnitt und Erziehung sind bei beiden gleich. Nektarinen blühen früh und müssen oft vor späten Frösten geschützt werden. Fliegen zu wenig Insekten für die Bestäubung, kann man die Bäumchen von Hand bestäuben: Bei trockenem Wetter werden die Pollen mit einem feinen Pinsel von einer Blüte auf die andere übertragen. Im Sommer ist ständiges Wässern unerlässlich. Wenn Nektarinen viele Früchte tragen, müssen sie Flüssigdünger erhalten, und zwar erst wenn die Steinbildung abgeschlossen ist; sobald die Früchte sich zu färben beginnen, stellt man das Düngen ein.

WINTERHART Laubabwerfender Baum
HÖHE UND AUSBREITUNG 1,8 m x 3,6 m
BLÜTEN Rosa
BLÜTEZEIT Frühling
BLÄTTER Ziemlich lang, zugespitzt, grün mit gelber Mittelrippe
BODEN Durchlässig, nährstoffreich, lehmig
STANDORT Sonnig, geschützt
VERMEHRUNG Durch Okulieren
VERWENDUNG Frischfrucht, Marmelade
SORTEN 'Early Rivers', 'Elruge', 'Lord Napier', 'Nectarella' (Zwergform)

RECHTS *Nektarinen schmecken fast noch besser als Pfirsiche und lassen sich gut an einer geschützten Südwand kultivieren.*

PFLANZEN FÜR BALKON UND TERRASSE

Obstbäume erziehen

Kordon

Ein Kordon oder Schnurbaum ist ein Obstgehölz mit einem Leittrieb, aus dem die Fruchtspieße direkt entspringen – es gibt aber auch doppelte und dreifache Kordons. Äpfel- und Birnenkordons stehen generell in einem Winkel von 45° und werden auf eine Höhe von 1,8 m gezogen. Dadurch entsteht ein 2,5 m langer Leittrieb. Kordons werden im Sommer geschnitten; im Winter ist nur wenig Rückschnitt erforderlich. Beim Sommerschnitt schneidet man alle Seitentriebe auf drei Augen über dem ersten Blatt (das dem Leittrieb am nächsten steht) zurück. Der Leittrieb wird festgemacht, aber nicht zurückgeschnitten, bis er 1,8 m erreicht hat.

Spalier

Für Spaliere werden zwei gegenüber liegende Triebe im rechten Winkel zum Leittrieb gezogen – an diesen stehen die Fruchtspieße. Vor der Pflanzung des Baumes errichtet man ein Spaliergerüst aus horizontalen, 35–40 cm voneinander entfernt verlaufenden Drähten.

Für das Spalier pflanzt man im Herbst einen junge, unverzweigte Veredlung. Im Frühjahr wird der Leittrieb auf eine Knospe etwa 60 cm über dem Boden gekürzt, wobei darauf zu achten ist, dass darunter noch zwei weitere Knospen verbleiben. Der Baum wird im Sommer drei Triebe hervorbringen. Den obersten macht man senkrecht fest, die Seitentriebe befestigt man im Winkel von 45°. Alle anderen Seitentriebe werden im Sommer auf drei Blätter über dem ersten eingekürzt.

Im Frühling des zweiten Jahres wird der Leittrieb wieder auf drei gesunde Knospen zurückgeschnitten, die ersten beiden Seitentriebe senkt man um weitere 45°, in die Waagrechte, ab. Die Triebe werden an Bambusstäbe gebunden, diese an den Drähten festgemacht. Dieser Vorgang wiederholt sich jährlich, bis der Spalierbaum die gewünschte Höhe und Ausbreitung erreicht hat. Dann wird die Stammverlängerung gekappt, mit den Seitentrieben verfährt man wie beim Kordon.

Pflaumenfächer

Um Zeit zu sparen, kauft man einen verzweigten Jungbaum – eine einjährige Veredlung mit Seitensprossen – und pflanzt ihn im Herbst. Im Spätfrühling schneidet man den Mitteltrieb auf das oberste gegenüberliegende Paar kräftiger Seitentriebe zurück. Diese Leittriebe werden waagrecht an der Wand erzogen; sie sollten etwa 60 cm über dem Boden sein. Die Triebe werden befestigt und um die Hälfte auf eine nach oben gerichtete Knospe eingekürzt. Im Sommer wählt man an jedem Ast zwei weitere nach oben weisende und einen nach unten weisenden Seitentrieb aus, sie sollten in etwa gleichen Abständen am Hauptarm stehen. Diese werden festgemacht, alle anderen Seitentriebe werden auf 1–2 Blätter gekürzt. Alle Triebe, die nach innen oder außen wachsen, werden entfernt. Im nächsten Frühling schneidet man die neuen Leitäste um die Hälfte bis ein Drittel zurück; im Sommer wählt man an jedem drei weitere neue Seitentriebe aus. Dieser Vorgang wiederholt sich jährlich, bis der Baum seinen Platz ausfüllt. Ist der Fächer aufgebaut, besteht der Routineschnitt darin, alle Seitentriebe, die in die falsche Richtung wachsen, zu entfernen, neue Seitentriebe im Hochsommer auf 6–7 Blätter einzukürzen, um die Bildung von Fruchtspießen zu fördern, und Konkurrenztriebe nach der Ernte auf drei Blätter einzukürzen. Aprikosen werden auf die gleiche Weise erzogen und geschnitten. Pflaumen dürfen nur vom Spätfrühling bis zum Sommerende geschnitten werden.

Älterer Fächer

Ein Pfirsichfächer wird ebenso aufgebaut wie ein Pflaumenfächer, nach den ersten beiden Jahren unterscheiden sie sich aber in Rückschnitt und Erziehung. Im dritten Jahr dürfen sich an den Leittrieben Seitentriebe im Abstand von etwa 15 cm entwickeln, und zwar an der Ober- und Unterseite des Leittriebes. Diese Seitentriebe werden festgemacht und bei 45 cm Länge gekappt. Alle anderen jungen Triebe werden auf 1–2 Blätter zurückgenommen. Nach der Ernte wird das abgetragene Fruchtholz auf die bereits festgemachten Ersatztriebe zurückgeschnitten. Im Frühling entwickeln bei erwachsenen Bäumen die jungen, blühenden Sprosse zwei Knospen an der Basis. Eine der Knospen muss entfernt werden, damit der Baum nicht zu dicht wird. Als Reserve belässt man eine andere Knospe in der Mitte des Sprosses. Sobald der Baum seinen Platz ausfüllt, werden alle Endtriebe auf 4 Blätter eingekürzt, wenn sie 6 Blätter aufweisen.

KORDON

SPALIER

FÄCHER

OBSTPFLANZEN

Fragaria ananassa Gartenerdbeere

RECHTS *Die heiß geliebte Sommerfrucht kann man gut in Töpfen ziehen; sie braucht aber viel Sonne.*

Erdbeeren sehen in einem Atriumgarten, aber auch auf Terrasse oder Balkon wunderschön aus. Man zieht sie in speziellen Erdbeertöpfen oder -trögen. Die weißen Blüten erscheinen im Spätfrühling, die köstlichen Früchte reifen dann im Sommer. Auch auf Kultursäcken kann man sie ziehen, sie werden im Spätsommer für die kommende Vegetationsperiode gepflanzt. Auf dem Kultursack lassen sich Erdbeeren zwar auch zweijährig kultivieren, doch ist es sicher günstiger, sie schon nach einem Jahr zu ersetzen. Es gibt viele Erdbeersorten, die sich für den Anbau in Pflanzgefäßen eignen.

Erdbeeren brauchen durchlässigen, am besten leicht sauren Boden, der im vorhergehenden Jahr gedüngt wurde. Wenn sie gute Erträge liefern sollen, müssen sie bei Trockenheit gewässert werden. Nach dem dritten Jahr nimmt der Ertrag einer Erdbeerpflanze ab.

Es gibt frühe, mittlere und späte Sorten der Sommererdbeere. Wer Platz genug hat, kann frühe und mittlere nebeneinander pflanzen; so ist man über viele Wochen mit frischen Früchten versorgt. Einige Sorten tragen allerdings im ersten Jahr früh, im nächsten Jahr dann etwas später.

Es gibt auch Erdbeeren, die eine zweite Ernte bringen (remontierende Sorten). Sie tragen im Spätfrühling oder Sommer und im Herbst noch einmal. Diese Erdbeeren gedeihen besser in wärmeren Regionen, wo die Herbstfröste nicht so früh zu erwarten sind. Anders als bei den Sommererdbeeren bleiben bei remontierenden die Ausläufer stehen, man entfernt nur Unkraut und alte Blätter am Ende des Winters, kurz bevor der neue Wuchs einsetzt.

Walderdbeeren können in Pflanzkübeln in einem Innenhof stehen, geben aber auch gute Bodendecker in einer kleinen Rabatte oder einem Hochbeet ab. Sie wachsen sogar in größeren Fugen zwischen Steinplatten und gereichen jedem Innenhof zur Zierde. Walderdbeeren sind winterhärter als die meisten Gartenerdbeeren und bevorzugen kühlen Schatten; in trockenen, sonnigen Lagen gedeihen sie nicht gut.

WINTERHART Kriechende Mehrjährige
HÖHE UND AUSBREITUNG 15 x 30 cm
BLÜTEN Weiß, manchmal rosa, mit aufgewölbter gelber Mitte, in Büscheln
BLÜTEZEIT Spätfrühling
BLÄTTER Drei- bis fünfteilig, gezähnt, in rosettenartiger Anordnung; verfärben sich im Herbst oft leuchtendrot.
BODEN Humos, locker, durchlässig
STANDORT Offen, sonnig
VERMEHRUNG Durch Abnehmen und Einpflanzen von Ausläufern
VERWENDUNG Beliebtes Sommerobst zum Rohverzehr, für Marmelade, Desserts und zum Einkochen
SORTEN (für beiden Arten) 'Elvira', 'Honeoye', 'Tamella' (alle früh); 'Elsanta', 'Hapil', 'Korona', 'Pegasus', 'Tenira' (alle mittelfrüh); 'Kouril', 'Maxim', 'Rhapsody' (alle spät); 'Aromel', 'Evita', 'Mara des Bois' (alle remontierend); 'Alpine Yellow', 'Delicious' (beide Walderdbeeren)

ERDBEEREN IN ERDBEERTÖPFEN

Ein Erdbeertopf ist ein hohes Gefäß mit mehreren Pflanznischen rundum, in dem sich relativ viele Erdbeeren auf kleinem Raum ziehen lassen. Den selben Zweck erfüllt ein Trog oder ein Eimer mit seitlichen Öffnungen. Dabei ist allerdings zweierlei zu beachten. Erstens, das Substrat muss zu gleichen Teilen aus scharfem Sand (oder Vermikulit) und fruchtbarer Gartenerde bestehen. Die Gartenerde sollte Langzeitdünger enthalten; wenn nicht, muss er noch zugegeben werden. Zweitens kommt in die Mitte des Topfes ein gelochtes Rohr, oder Sie verwenden einen speziellen Topf, der in der Mitte schon ein Bewässerungsrohr hat. Denn ohne ein solches Rohr dringt das Gießwasser nicht bis zu den weiter unten gepflanzten Erdbeeren und sie welken schließlich ab. Die Erdbeerpflanzen werden gleichzeitig mit dem Substrat in den Topf gegeben, und zwar schiebt man sie so von innen nach außen durch die Löcher, dass die Pflanzenbasis in gleicher Höhe wie die Seitenwand des Topfes ist. Nach der Pflanzung wird gründlich gewässert, danach aber etwa zwei oder drei Wochen nicht mehr – die Pflanzen dürfen jedoch keine Zeichen von Welke zeigen. Solange die Pflänzchen klein sind, brauchen sie weniger Wasser als später in vollem Wachstum, bei zuviel Wasser und zuviel Dünger produzieren sie Blätter anstelle von Früchten. Drehen Sie den Topf jede Woche, damit alle Pflanzen gleich viel Sonne erhalten.

Schutz vor Vögeln und Eichhörnchen

Das größte Problem bei der Kultur von Erdbeeren sind Vögel und, in Wald- oder Parknähe, Eichhörnchen, sie können ein Beet oder ein Pflanzgefäß über Nacht kahl fressen. Vögel lassen sich meist durch Netze abhalten, gegen Eichhörnchen hilft aber nur ein stabiler Drahtkäfig.

PFLANZEN FÜR BALKON UND TERRASSE

Pyrus communis
Birne

Kultur, Rückschnitt und Erziehung erfolgen bei Birnen ähnlich wie beim Apfel, nur sind die frühen Blüten recht anfällig für Spätfröste. Birnbäume sollten daher an einer nach Süden oder Südwesten gerichteten Wand stehen und als Kordon erzogen werden.

Als Kübelpflanzen wählt man Birnbäumchen mit Quitte C oder Quitte A als Unterlage, sie sind schwachwüchsig, besonders Quitte C. Es gibt auch Zwergbäume, die sich für die Kübelkultur eignen. Am besten pflanzt man zwei verschiedene Sorten, da Birnen nicht immer selbstfruchtbar sind; man braucht zwei Bäume mit gleicher Blütezeit.

WINTERHART Laubabwerfender Baum
HÖHE UND AUSBREITUNG Ein Fächer mit Quitte C als Unterlage erreicht in 8–10 Jahren 1,8 x 3,5 m.
BLÜTEN Weiße, nicht gerade wohl duftende Blüten in Büscheln
BLÜTEZEIT Frühling
BLÄTTER Wechselständig, zugespitzt
BODEN Durchlässig, nährstoffreich, warm
STANDORT Sonnig, geschützt
VERMEHRUNG Durch Reiserveredlung oder Okulation
VERWENDUNG Roh oder gekocht
SORTEN Die Buchstaben geben die Blütezeit an (für Befruchtung). 'Concorde' (C), 'Conference' (C), 'Doyenne du Comice' (D), 'Onward' (D), 'Williams Christbirne', 'Bon Chrétien' (C)

Ribes nigrum
Schwarze Johannisbeere

Alle Johannisbeeren gedeihen im gemäßigten Klima generell gut. Schwarze Johannisbeeren sind für die Gesundheit besonders wertvoll und vielfältig zu verwenden (für Marmeladen, Gelees, Saft sowie für sommerliche Desserts). Alle Johannisbeersträucher brauchen etwa 1,2–1,5 m Platz.

Schwarze Johannisbeeren tragen hauptsächlich am vorjährigen Holz, sie sollten im Spätherbst kräftig zurückgeschnitten werden, um die Bildung junger Triebe im nächsten Jahr anzuregen. Bei gut eingewachsenen Sträuchern entfernt man drei alte Triebe in Bodennähe und schneidet das Fruchtholz auf einen kräftigen Seitentrieb zurück. Beschädigte oder schwache Triebe entfernt man ganz. Das Alter eines Triebes ist bei Johannisbeeren leicht zu erkennen: junge Triebe sind hell und bräunlich, zweijährige Triebe sind grau, alte Triebe sehen schwarz aus. Im Garten bekommen die Sträucher im Vorfrühling Kompost, Stickstoff- und Kaliumdünger.

WINTERHART Laubabwerfender Strauch
HÖHE UND AUSBREITUNG 1,2 x 1,5 m
BLÜTEN Blassgrün, unscheinbar, in hängenden Trauben
BLÜTEZEIT Frühling
BLÄTTER Dunkelgrün, herzförmig, dreilappig
BODEN Nährstoffreich, durchlässig
STANDORT Geschützt, Sonne oder Halbschatten
VERMEHRUNG Durch Steckhölzer vom neuen Holz im Herbst
VERWENDUNG Rohgenuss, Desserts, Saft
SORTEN 'Silvergieters Schwarze' (früh), 'Ben Connan' (klein), 'Ben Sarek' (klein und spät), 'Ben Lomond', 'Ben More', 'Jet' (klein und sehr spät)

LINKS *Birnen der Sorte 'Conference' sind besonders winterhart und gedeihen auch an der Nord- oder Nordwestseite. An einem kühlen Platz kann man sie gut lagern.*

Ribes rubrum
Rote Johannisbeere, Weiße Johannisbeere

Die weiße Johannisbeere ist eine Farbvariante der roten. Beide sind meist Fußstämmchen und haben einige Seitentriebe am Leittrieb. Sie lassen sich zu Kordons, Fächern oder Spalieren erziehen. Für die Erziehung als senkrechter Kordon schneidet man im Winter alle Seitentriebe auf 2,5 cm vom Leittrieb zurück und kürzt den Leittrieb auf 15 cm über dem vorjährigen Holz. Im Sommer schneidet man alle Seitentriebe am neuen Wuchs auf 4–5 Blätter zurück, um die Bildung von Fruchtspießen zu fördern. Das wiederholt man, bis der Kordon die gewünschte Höhe hat.

Rote Johannisbeerbüsche sollten zweimal jährlich geschnitten werden. Im Sommer schneidet man kleine sowie überzählige Triebe auf 10 cm über dem Haupttrieb zurück, damit Licht an die Früchte gelangt. Im Winter kürzt man alle Leittriebe bis auf eine nach außen weisende Knospe ein.

Die Kulturansprüche sind dieselben wie bei der schwarzen Johannisbeere. Johannisbeeren mögen Kaliumdünger im Frühling.

WINTERHART Laubabwerfender Strauch
HÖHE UND AUSBREITUNG 90 x 120 cm
BLÜTEN Blassgrün, unscheinbar, in hängenden Trauben
BLÜTEZEIT Frühling
BLÄTTER Mittelgrün, herzförmig, dreilappig
BODEN Fruchtbar, durchlässig; rote und weiße Johannisbeeren vertragen schwerere Böden als schwarze.
STANDORT Geschützt, Sonne oder Halbschatten
VERMEHRUNG Durch Steckhölzer im Herbst
VERWENDUNG Desserts, Marmeladen, Gelee, Saft
SORTEN
Rot: 'Jonkheer van Tets' (früh), 'Laxton Number One', 'Junifer', 'Red Lake', 'Redstart', 'Rovada' (spät)
Weiß: 'Weiße Versailler', 'White Grape'

OBSTPFLANZEN

Ribes uva-crispa var. *sativum*
Stachelbeere

Stachelbeeren haben mit roten Johannisbeeren vieles gemeinsam. Sie sind leicht zu kultivieren, gedeihen aber nicht an einem heißen, trockenen Standort mit wenig Schatten. In einem schattigen Innenhof kann man es aber sehr wohl mit diesem Strauch versuchen; man zieht ihn am besten als Kordon oder Spalier an einer Mauer, da er lange und spitze Stacheln hat. Bei der Arbeit mit dem Strauch ist also Vorsicht geboten, wenn man sich nicht für die rote Form 'Captivator' entschieden hat, sie hat fast keine Stacheln. Bei Stachelbeer-Kordons und -Fächern verfährt man wie bei roten Johannisbeeren. Zu beachten ist, dass der Ertrag bei Stachelbeeren stark von den Bodenverhältnissen abhängt. Es wäre also besser, vorher einen Spezialisten zu fragen, welche Sorten sich für die Kübelpflanzung eignen.

Stachelbeeren werden wegen ihres erfrischenden Geschmacks geschätzt. Am besten schmecken sie frisch, aber auch gedünstet oder als Stachelbeercreme. Die Frischfrucht lässt man länger reifen und dünnt zunächst ein wenig aus, wobei die erste Ernte zum Kochen verwendet wird. Die moderne Sorte 'Invicta', die gegen den Amerikanischen Stachelbeermehltau immun ist, gilt derzeit als beste Frucht zur Verarbeitung.

WINTERHART Laubabwerfender Strauch
HÖHE UND AUSBREITUNG 75 x 90 cm
BLÜTEN Unscheinbar, blassgrün
BLÜTEZEIT Frühling
BLÄTTER Grün, klein, wie bei Johannisbeeren
BODEN Nährstoffreich, durchlässig
STANDORT Sonne, Halbschatten
VERMEHRUNG Durch Steckhölzer im Herbst
VERWENDUNG Zum Kochen oder als Frischfrucht
SORTEN 'Careless', 'Invicta', 'Leveller', 'Rote Triumph' (syn. 'Whinham's Industry')

RECHTS *Kulturheidelbeeren wie die Sorte 'Blue Crop' werden immer häufiger gepflanzt. Sie brauchen allerdings sauren Boden.*

Rubus fruticosus
Brombeere und Hybridbeeren

Kulturbrombeeren und Hybridbeeren sind ertragreich, leicht zu erziehen, und brauchen nur wenig Platz an einem Zaun oder einer Wand, wo sie durch ein Drahtgerüst gestützt werden. Stachellose Formen sind meist weniger wüchsig und eignen sich daher besser für die Kübelkultur.

Die Pflanzen tragen die Früchte am einjährigen Holz und bringen jedes Jahr an der Basis neue Triebe hervor. Diese Jungruten sollten festgemacht werden, und zwar meist an den Fruchttruten. Nach der Ernte werden die Fruchtruten am Grund abgeschnitten und die Jungruten am Drahtgerüst angebunden, in Fächer-, Bündel- oder Palmettenform – wobei letzteres meist am günstigsten ist.

WINTERHART Laubabwerfende rankende Pflanze
HÖHE UND AUSBREITUNG 1,8 x 2,5 m; 'Bedford Giant', 'Fantasia', 'Silvanberry' und 'Sunberry' sind doppelt so groß.
BLÜTEN Kleine weiße Blüten
BLÜTEZEIT Frühling
BLÄTTER Herzförmig, gezähnt, deutlich zugespitzt, zu dritt an einem Stiel
BODEN Leicht, nährstoffreich, durchlässig
STANDORT Geschützt, Sonne oder Halbschatten
VERMEHRUNG Durch Absenker oder Blattstecklinge
VERWENDUNG Frischfrucht, Marmelade, Gelee, Desserts
SORTEN Brombeeren: 'Ashton Cross', 'Merton Early' (Stacheln), 'Nessy', 'Oregon Thornless', 'Waldo' (stachellos)
Hybridbeeren: 'Boysenberry', 'Japanese Wineberry', 'King's Acre Berry', 'Loganberry', 'Tayberry', 'Veitchberry'

Vaccinium corymbosum
Kulturheidelbeere

Hochwachsende Heidelbeeren und ihre nahen Verwandten, die Moosbeeren (*V. macrocarpon*) sowie Waldheidelbeeren (*V. myrtillus*) können gut in einem Trog oder Kübel im Innenhof kultiviert werden, vorausgesetzt das verwendete Substrat hat einen pH-Wert zwischen 4,0 und 5,5; sie brauchen nämlich sauren Boden. Alle mögen kühle, feuchte Bedingungen. Von den Kulturheidelbeeren pflanzt man besser zwei Sorten. Die drei Arten haben unterschiedliche Wuchsformen: Kulturheidelbeeren werden stattliche Büsche, die beiden anderen sind kriechende Sträucher. Eingewachsene Kulturheidelbeeren sollten im Winter geschnitten werden; dabei entfernt man einige ältere Triebe an der Basis und schneidet alle Seitentriebe, die zur Seite oder nach unten wachsen, weg.

WINTERHART Laubabwerfender Strauch
HÖHE UND AUSBREITUNG 1,5 m
BLÜTEN Weiß oder weißrosa, in Trauben
BLÜTEZEIT Spätfrühling
BLÄTTER Grün, elliptisch bis eiförmig mit schlanker Spitze
BODEN Sauer, gut durchlüftet
STANDORT Sonne oder Halbschatten
VERMEHRUNG Durch Steckholz oder Grünstecklinge
VERWENDUNG Frischfrucht, für Kuchen
SORTEN 'Bluecrop', 'Coville' (späte), 'Earliblue', 'Herbert', 'Ivanhoe', 'Patriot' (frühe)

Obstrezepte

Würzige Pfirsiche

ZUTATEN
je 1 TL gemahlener Zimt, Piment und Koriander
je 1/2 TL abgeriebene Muskatnuss und gemahlene Gewürznelken
250 g Zucker
500 g feste Pfirsiche
125 ml Weißweinessig
Für 4–6 Personen

1 Gewürze mit Zucker vermischen. Pfirsiche mit kochendem Wasser übergießen, die Haut abziehen.

2 Die Früchte halbieren, die Steine entfernen. Nebeneinander mit der Schnittseite nach oben in einen flachen Topf legen, den gewürzten Zucker und Essig darüber verteilen. Zum Kochen bringen, 2–3 Minuten ziehen lassen.

3 Die Pfirsiche mit einem Schaumlöffel herausheben und in Gläser mit gutschließenden Deckeln geben.

4 Die Flüssigkeit leicht einkochen lassen und über die Früchte gießen. Die Gläser fest verschließen und die Pfirsiche einige Zeit darin aufheben. Zu kaltem Schweinefleisch oder Truthahn servieren.

Sommerpudding

ZUTATEN
250 g schwarze Johannisbeeren
375 g Zucker
4 EL Wasser
250 g rote Johannisbeeren
500 g Himbeeren
Butter für die Form
frisches Weißbrot, in Scheiben
Für 4–6 Personen

1 Die schwarzen Johannisbeeren in einem Topf zusammen mit einem Drittel des Zuckers und 4 Esslöffeln Wasser vorsichtig erhitzen; dabei nicht umrühren. Mit den roten Johannisbeeren in einem zweiten Topf genauso verfahren, aber kein Wasser zusetzen. Beides abkühlen lassen.

2 Die Himbeeren in eine Schüssel geben, den restlichen Zucker darüber streuen; 30 Minuten stehen lassen.

3 Die Seiten einer 1-Liter-Puddingform mit Butter ausstreichen. Boden und Seiten der Form mit entrindeten Brotscheiben vollständig auslegen.

4 Rote und schwarze Johannisbeeren mischen und abwechselnd mit den Himbeeren in die Form geben. Zwischen jede Lage kommt entrindetes Weißbrot. Möglichst wenig Saft dazugeben, den verbleibenden Saft aufheben.

5 Den Abschluss bildet eine Lage Brot, die die Beeren abdeckt. Einen flachen Teller auf das Brot legen und ihn mit einem Gewicht beschweren. Den Pudding über Nacht in den Kühlschrank stellen.

6 Vor dem Servieren stürzt man den Pudding auf eine Platte und tränkt weiß gebliebenes Brot mit dem verbliebenen Saft. Mit Schlagsahne servieren.

OBSTREZEPTE

Heidelbeer-Pastete

ZUTATEN
FÜR DEN PASTETENTEIG
250 g Mehl
1 TL Zucker
150 g Butter
2–3 TL Wasser
1 Eigelb

FÜR DIE PASTETE
1 gestr. EL Mehl
60 g Zucker
350 g Heidelbeeren
1 EL Wasser
Mehl zum Ausrollen
1 geschlagenes Eiweiß und Milch zum Bestreichen (nach Wunsch)
Für 6–8 Personen

1. Für den Pastetenteig Mehl und Zucker mischen und die Butter in Stückchen einarbeiten, bis eine krümelige Mischung entsteht. Eigelb mit Wasser verrühren und unter die Mehlmischung geben. Alles zu einem festen Teig verkneten, nach Bedarf noch etwas Mehl zugeben. Den Teig für mindestens 1 Stunde in Folie verpackt in den Kühlschrank legen.

2. Den Backofen auf 210 °C vorheizen. Die Hälfte des Teigs auf der mit Mehl bestreuten Arbeitsplatte in der Größe einer 18-cm-Pastetenform ausrollen und in die Form legen.

3. Das Mehl mit dem Zucker mischen und die Beeren damit bestäuben. Die Beeren auf dem Teigboden verteilen und das Wasser darüber träufeln.

4. Den restlichen Teig für den Pastetendeckel ausrollen. Die äußeren Teigränder anfeuchten, Boden und Deckel an den Rändern zusammendrücken. Ein Loch in die Teigdecke schneiden, durch das der Dampf entweichen kann. Die Pastete mit geschlagenem Eiweiß oder mit Milch bestreichen.

5. Die Pastete 30–40 Minuten backen. Eventuell mit Backpapier abdecken.

Haferpflaumen-Marmelade

ZUTATEN
Für jeweils 500 g Früchte braucht man 350 g Zucker

1. Versuchen Sie nicht, die Haferpflaumen zu entsteinen – es lohnt sich nicht. Alle Früchte und die Hälfte des Zuckers lagenweise in eine Schüssel geben und über Nacht oder länger stehen lassen.

2. Das durchgezogene Obst in einen Topf geben, langsam zum Kochen bringen und dann köcheln lassen, bis die Haferpflaumen weich sind und zu zerfallen beginnen.

3. Den restlichen Zucker zugeben und das Ganze so lange kochen lassen, bis es zu gelieren beginnt; das dauert etwa 20–30 Minuten.

4. Den Topf von der Kochstelle nehmen, möglichst alle Steine mit dem Schaumlöffel herausheben und die Marmelade in vorgewärmte Marmeladengläser füllen. Diese nach dem Abkühlen fest verschließen.

Pfirsiche

Kalender für den Garten mit Kübelpflanzen

GEMÜSE	WINTER			FRÜHLING	
	FRÜH	MITTEL	SPÄT	FRÜH	MITTEL
Auberginen				Aussaat unter Glas	Pikieren
Blumenkohl, Sommer & Herbst		Aussaat unter Glas		Auspflanzen	Auspflanz., Aussaat
Bohnen, Dicke			Aussaat i. Frühbeet	Aussaat	Aussaat, auspflanz.
Gartenbohnen					Aussaat i. Frühbeet
Feuerbohnen					Aussaat unter Glas
Brokkoli			Ernte	Ernte	Ernte, Aussaat
Endivie	Ernte	Ernte		Aussaat krausbl.	Aussaat kausbl.
Erbsen				Aussaat	Aussaat
Gartenkürbis					Aussaat unter Glas
Gemüsefenchel					Aussaat
Grünkohl	Ernte	Ernte	Ernte	Ernte	
Kartoffeln				Aussaat	Aussaat
Haupternte					Aussaat
Knollensellerie			Aussaat unter Glas	Aussaat unter Glas	
Kohl, Herbst & Winter	Ernte	Ernte	Ernte		
Chinakohl	Ernte	Ernte			
Kohlrabi	Ernte				Aussaat
Kresse	Ernte	Ernte		Aussaat	
Möhren			Frühe säen	Aussaat	Aussaat
Paprika				Aussaat unter Glas	
Chili				Aussaat unter Glas	
Radieschen			Aussaat i. Frühbeet	Aussaat	Aussaat
Riesenkürbis				Aussaat unter Glas	
Rosenkohl	Ernte	Ernte	Ernte	Aussaat	Aussaat
Rote Beten					Aussaat i. Frühbeet
Salat			Aussaat	Aussaat	Aussaat
Salatzichorie, Chicorée		Ernte d. Treiben	Ernte d. Treiben	Ernte d. Treiben	
Schnittmangold	Ernte	Ernte	Ernte	Ernte	Ernte, Aussaat
Spinat	Ernte	Ernte	Ernte	Aussaat, Ernte	Aussaat, Ernte
Stielmangold	Ernte	Ernte	Ernte	Ernte	Ernte, Aussaat
Tomaten, Freiland				Aussaat unter Glas	Aussaat unter Glas
Topinambur	Ernte	Ernte	Pflanzen	Pflanzen	
Zwiebel			Pflanzen	Pflanzen	Pflanzen
Frühlingszwiebel				Aussaat	Aussaat

KALENDER FÜR DEN GARTEN MIT KÜBELPFLANZEN

	SOMMER			HERBST		
SPÄT	**FRÜH**	**MITTEL**	**SPÄT**	**FRÜH**	**MITTEL**	**SPÄT**
Auspflanzen	Auspflanzen		Ernte	Ernte		
	Auspflanzen	Ernte	Ernte	Ernte	Ernte	Ernte
Aussaat	Ernte	Ernte	Ernte	Ernte	Aussaat	Aussaat
Aussaat	Aussaat	Ernte	Ernte	Ernte		
Aussaat, auspflanz.	Aussaat		Ernte	Ernte	Ernte	
Aussaat	Auspflanzen	Auspflanzen				
Aussaat	Aussaat	Aussaat	Aussaat	Abdecken, Ernte	Ernte	Ernte
Aussaat	Ernte	Ernte	Ernte			
Aussaat unter Glas	Auspflanz., Aussaat		Ernte	Ernte	Ernte	
Aussaat		Ernte	Ernte	Ernte		
Aussaat		Auspflanzen				
		Ernte	Ernte			
				Ernte	Ernte	
Pikieren	Auspflanzen				Ernte	Ernte
Aussaat	Auspflanzen	Auspflanzen		Ernte	Ernte	Ernte
		Aussaat	Aussaat, auspflanz.	Abdecken	Abdecken	Ernte
Aussaat	Aussaat	Aussaat	Ernte	Ernte	Ernte	Ernte
	Ernte	Ernte		Aussaat		
Aussaat	Aussaat, Ernte	Ernte	Ernte	Ernte	Ernte	
	Auspflanzen		Ernte	Ernte		
	Auspflanzen		Ernte	Ernte		
Aussaat, Ernte	Aussaat, Ernte	Ernte	Ernte	Ernte		
	Auspflanzen		Ernte	Ernte		
Auspflanzen						Ernte
Aussaat	Aussaat	Ernte	Ernte	Ernte		
Aussaat, Ernte	Ernte	Ernte	Ernte	Ernte		
Aussaat f. Treiben	Aussaat				Ernte	
Ernte, Aussaat	Ernte		Ernte	Ernte	Ernte	Ernte
Aussaat	Ernte	Ernte	Ernte, Aussaat	Ernte, Aussaat	Ernte	Ernte
Ernte, Aussaat	Ernte		Ernte	Ernte	Ernte	Ernte
Auspflanzen			Ernte	Ernte		
					Ernte, abdecken	Ernte
			Ernte, Lagerung			
		Ernte	Ernte	Ernte		

Übersicht Kräuter

Name	Gewürz	Heilpfl.	Duftet	Blüht
Achillea millefolium (Schafgarbe)	●	●		●
Adonis vernalis (Adonisröschen)		●		
Agastache foeniculum (Anis-Ysop)	●	●	●	●
Allium schoenoprasum (Schnittlauch)	●			●
Aloysia triphylla (Zitronenstrauch)	●	●	●	
Anethum graveolens (Dill)	●			
Anthriscus cerefolium (Kerbel)	●			
Armeria maritima (Gemeine Grasnelke)				●
Arnica montana (Arnika)		●		
Artemisia dracunculus (Estragon)	●			
Artemisia vulgaris (Beifuß)		●		
Bellis perennis (Gänseblümchen)	●	●		●
Borago officinalis (Boretsch)	●	●		●
Calamintha grandiflora (Steinquendel)		●	●	
Calendula officinalis (Gartenringelblume)	●	●		●
Cardamine pratensis (Wiesenschaumkraut)	●			●
Carum carvi (Kümmel)	●			
Centaurea cyanus (Kornblume)		●		●
Chamaemelum nobile (Röm. Kamille)		●	●	●
Coriandrum sativum (Koriander)	●	●		●
Daucus carota (Möhre)		●		●
Dianthus caryophyllus (Gartennelke)	●		●	●
Echinacea purpurea (Roter Sonnenhut)				●
Echium vulgare (Natternkopf)	●	●		●
Eschscholzia californica (Schlafmützchen)		●		●
Filipendula ulmaria (Mädesüß)	●	●		●
Galium odoratum (Waldmeister)			●	
Geranium robertianum (Ruprechtskraut)		●		
Geum urbanum (Nelkenwurz)	●	●		
Helichrysum italicum ssp.serotinum (Strohblume)			●	●
Heliotropium arborescens (Heliotrop)			●	●
Hesperis matronalis (Nachtviole)			●	
Humulus lupulus (Gemeiner Hopfen)	●	●		●
Hyssopus officinalis (Ysop)	●	●	●	●

ÜBERSICHT KRÄUTER

Name	Gewürz	Heilpfl.	Duftet	Blüht
Jasminum officinale (Jasmin)	•		•	•
Juniperus communis (Wacholder)	•			
Laurus nobilis (Lorbeerbaum)	•			
Lavandula (Lavendel)		•	•	•
Leucanthemum vulgare (Wiesenmargerite)	•	•		•
Matricaria recutita syn. Chamomilla recutita (Echte Kamille)	•		•	•
Melissa officinalis (Zitronenmelisse)	•		•	
Mentha x piperita var. piperita (Pfefferminze)	•	•	•	•
Mentha pulegium (Poleiminze)	•	•		
Meum athamanticum (Bärwurz)	•			•
Monarda didyma (Indianernessel)	•		•	
Myrrhis odorata (Süßdolde)	•	•		•
Nigella sativa (Schwarzkümmel)	•	•		•
Ocimum basilicum (Basilikum)	•			
Origanum majorana (Majoran)	•			•
Origanum vulgare (Oregano)	•			
Pelargonium (Pelargonie)	•		•	•
Perilla frutescens (Schwarznessel)	•		•	
Petroselinum crispum (Petersilie)	•	•		
Primula vulgaris (Kissenprimel)	•	•	•	•
Pycnanthemum pilosum (Bergminze)	•		•	
Rosa rugosa (Kartoffelrose)	•		•	•
Rosmarinus officinalis (Rosmarin)	•	•		
Salvia officinalis (Gartensalbei)	•	•		•
Sanguisorba minor syn. Poterium sanguisorba (Pimpernell)	•			
Silybum marianum (Mariendistel)	•	•		•
Smyrnium olusatrum (Pferdeeppich)	•	•	•	
Stachys officinalis (Echter Ziest)	•	•		
Tagetes patula (Tagetes)	•		•	•
Tanacetum parthenium (Mutterkraut)		•		
Tanacetum vulgare (Rainfarn)	•	•		•
Thymus vulgaris (Gartenthymian)				
Tropaeolum majus (Kapuzinerkresse)	•	•		•
Viola odorata (Duftveilchen)	•	•	•	•

Pflanzen für Sonne und Schatten

SONNE

KRÄUTER

Achillea millefolium (Schafgarbe)
Allium sativum (Knoblauch)
Allium schoenoprasum (Schnittlauch)
Anethum graveolens (Dill)
Armeria maritima (Gemeine Grasnelke)
Artemisia dracunculus (Estragon)
Artemisia vulgaris (Beifuß)
Borago officinalis (Borretsch)
Calendula officinalis (Gartenringelblume)
Carum carvi (Kümmel)
Centaurea cyanus (Kornblume)
Centaurea scabiosa (Flockenblume)
Chamaemelum nobile (Röm. Kamille)
Coriandrum sativum (Koriander)
Daucus carota (Wilde Möhre)
Dianthus caryophyllus (Gartennelke)
Echium vulgare (Natternkopf)
Eschscholzia californica (Schlafmützchen)
Heliotropium arborescens (Heliotrop)
Humulus lupulus (Gemeiner Hopfen)
Hyssopus officinalis (Ysop)
Lavandula (Lavendel)
Leucanthemum vulgare (Wiesenmargerite)
Mentha x piperita var. piperita (Pfefferminze)
Nigella sativa (Schwarzkümmel)
Ocimum basilicum (Basilikum)
Origanum majorana (Majoran)
Pelargonium (Duftpelargonie)
Portulaca oleracea (Gartenportulak)
Pycnanthemum pilosum (Bergminze)
Salvia officinalis (Gartensalbei)
Sanguisorba minor syn. Poterium sanguisorba (Pimpernell)
Satureja hortensis (Bohnenkraut)
Silybum marianum (Mariendistel)
Smyrnium olusatrum (Pferdeeppich)
Tagetes patula (Tagetes)
Tanacetum parthenium (Mutterkraut)
Tanacetum vulgare (Rainfarn)
Thymus vulgaris (Gartenthymian)
Tropaeolum majus (Kapuzinerkresse)
Viola tricolor (Stiefmütterchen)

GEMÜSE

Aubergine (*Solanum melongena*)
Bohne, Garten- (*Phaseolus vulgaris*) Feuer- (*Phaseolus coccineus*)
Brokkoli (*Brassica oleracea* Italica-Gruppe)
Chinakohl (*Brassica rapa* Pekinensis-Gruppe)
Endivie (*Cichorium endivia*)
Gartenkürbis (*Cucurbita pepo*)
Gemüsefenchel (*Foeniculum vulgare* var. *azoricum*)
Gurke (*Cucumis sativus*)
Kartoffel (*Solanum tuberosum*)
Kopfkohl (*Brassica oleracea* Capitata-Gruppe)
Möhre (*Daucus carota*)
Paprika (*Capsicum annuum* Grossum-Gruppe)
Riesenkürbis (*Cucurbita maxima*)
Salatzichorie (*Cichorium intybus* var. *foliosum*)
Tomate (*Lycopersicon esculentum*)
Weißer Senf (*Sinapis alba*)
Zwiebel (*Allium cepa* Aggregatum-Gruppe)

OBST

Apfel (*Malus domestica*)
Aprikose (*Prunus armeniaca*)
Birne (*Pyrus communis*)
Brombeere & Hybridbeeren (*Rubus fruticosus*)
Erdbeere (*Fragaria x ananassa*)
Feige (*Ficus carica*)
Kirsche, Süß- (*Prunus avium*)
Mispel (*Mespilus germanica*)
Nektarine (*Prunus persica* var. *nectarina*)
Olive (*Olea europaea*)
Pfirsich (*Prunus persica*)
Pflaume (*Prunus domestica*)
Quitte (*Cydonia oblonga*)
Schwarze Johannisbeere (*Ribes nigrum*)
Zitrusfrüchte (*Citrus sinensis, C. limon*)

HALBSCHATTEN

KRÄUTER

Achillea millefolium (Schafgarbe)

Adonis vernalis (Adonisröschen)

Anthriscus cerefolium (Kerbel)

Arctostaphylos uva-ursi (Bärentraube)

Bellis perennis (Gänseblümchen)

Calamintha grandiflora (Steinquendel)

Chamaemelum nobile (Röm. Kamille)

Crocus sativus (Safran)

Filipendula ulmaria (Mädesüß)

Galium odoratum (Waldmeister)

Geranium robertianum (Ruprechtskraut)

Geum urbanum (Nelkenwurz)

Hesperis matronalis (Nachtviole)

Juniperus communis (Wacholder)

Laurus nobilis (Lorbeerbaum)

Melissa officinalis (Zitronenmelisse)

Mentha pulegium (Poleiminze)

Mentha spicata (Ährenminze)

Meum athamanticum (Bärwurz)

Monarda didyma (Indianernessel)

Myrrhis odorata (Süßdolde)

Origanum majorana (Majoran)

Origanum vulgare (Oregano)

Perilla frutescens (Schwarznessel)

Primula veris (Schlüsselblume)

Primula vulgaris (Kissenprimel)

Rosa rugosa (Kartoffelrose)

Tanacetum parthenium (Mutterkraut)

Tanacetum vulgare (Rainfarn)

Viola odorata (Duftveilchen)

GEMÜSE

Erbse (*Pisum sativum*)

Gartenkresse (*Lepidium sativum*)

Grünkohl (*Brassica oleracea* Acephala-Gruppe)

Kopfkohl (*Brassica oleracea* Capitata-Gruppe)

Radieschen (*Raphanus sativus*)

Rote Bete (*Beta vulgaris*)

Salat (*Lactuca sativa*)

Schnittmangold (*Beta vulgaris* Cicla-Gruppe)

Stielmangold (*Beta vulgaris* Cicla-Gruppe)

Topinambur (*Helianthus tuberosus*)

Weiße Rübe (*Brassica rapa* Rapifera-Gruppe)

OBST

Apfel (*Malus domestica*)

Brombeere & Hybridbeeren (*Rubus fruticosus*)

Heidelbeere (*Vaccinium corymbosum*)

Kirsche, Süß- (*Prunus avium*)

Mispel (*Mespilus germanica*)

Pflaumen (*Prunus domestica*)

Rote & weiße Johannisbeere (*Ribes rubrum*)

Schwarze Johannisbeere (*Ribes nigrum*)

Stachelbeere (*Ribes uva-crispa* var. *sativa*)

Walderdbeere (*Fragaria vesca*)

SCHATTEN

KRÄUTER

Achillea millefolium (Schafgarbe)

Anthriscus cerefolium (Kerbel)

Arctostaphylos uva-ursi (Bärentraube)

Calamintha grandiflora (Steinquendel)

Cardamine pratensis (Wiesenschaumkraut)

Galium odoratum (Waldmeister)

Geranium robertianum (Ruprechtskraut)

Myrrhis odorata (Süßdolde)

Origanum vulgare (Oregano)

Perilla frutescens (Schwarznessel)

Primula vulgaris (Kissenprimel)

Rosa sp. (Rose) Einige eignen sich für Nordmauern

Stachys officinalis (Echter Ziest)

Viola odorata (Duftveilchen)

GEMÜSE

Gartenkresse (*Lepidium sativum*)

Grünkohl (*Brassica oleracea* Acephala-Gruppe)

Salat (*Lactuca sativa*)

Spinat (*Spinacea oleracea*)

Stielmangold (*Beta vulgaris* Cicla-Gruppe)

Topinambur (*Helianthus tuberosus*)

OBST

Kirsche, Sauer- (*Prunus cerasus*)

Schwarze Johannisbeere (*Ribes nigrum*)

Stachelbeere (*Ribes uva-crispa* var. *sativa*)

Walderdbeere (*Fragaria vesca*)

ACHTUNG: Außer Morello-Sauerkirschen gedeiht Obst nicht in vollem Schatten.

Bezugsadressen

(Kataloge oder Sortimentslisten anfordern)

Versandgärtnereien:

(für Gemüse-, Kräuter-Samen/
Pflanzen, Obstgehölze, Zubehör)

Ahrens + Sieberz
53718 Siegburg-Seligenthal
Tel.: 0 22 42/88 91 11, 88 91 88

Baldur-Garten
Postfach 11 40
64629 Heppenheim
Tel.: 0 62 51/10 35 10,
Fax: 10 35 99

Gärtner Pötschke
41561 Kaarst
Tel.: 0 21 31/79 33 33,
Fax 79 34 44

Garten-Quelle
90750 Fürth
Tel.: 01 80/5 31 00,
Fax 09 11/1 42 81 95;
Hotline: 01 80/5 22 87 45

Gustav Schlüter
Bahnhofstr. 5
25335 Bokholt-Hanredder
Tel.: 0 41 23/20 21,
Fax: 70 88

Heimische Obstgehölze (für Kübel)
in jeder gut sortierten Baumschule
sowie in Gartencentern und folgenden
Versandgärtnereien:

Häberli
Obst- und Beerenzentrum GmbH
Postfach 166
78201 Singen/Hohentwiel
Infos über: 00 41 71/4 74 70 87,
Fax: 4 74 70 80

Peter Klock
Stutsmoor 42
22607 Hamburg
Tel.: 0 40/8 99 16 98,
Fax: 8 90 11 70

Exotische Obstgehölze:

Ibero-Import
Bahnhofstr. 12
37249 Neu-Eichenberg
Tel.: 0 55 42/18 45, Fax 67 13

Niederadener Baumschulen
A. Giesebrecht
Im Dorf 23
44532 Lünen
Tel.: 0 23 06/4 05 15, Fax: 4 86 39

Baumschule
Paul Oberholz
Dackenheimer Str. 21
65251 Freinsheim
Tel.: 0 62 53/74 02, Fax 78 87

Gemüse (Pflanzen):
(Sortimentslisten anfordern)

Baumschule/Staudenkulturen
Karl Schneider,
Inh.: Karl-Heinz Schneider
Ringstr. 1
65205 Wiesbaden-Erbenheim
Tel. 06 11/71 11 71, Fax: 71 21 44

Gärtnerei/Baumschulen
Schröder
Riederstr. 127
27321 Thedinghausen
Tel.: 0 42 04/4 32, Fax 71 75

Exotisches Gemüse:

Exotische Zier- und Gemüsepflanzen
Rose Willner
Blumenstr. 22
68775 Ketsch
Tel. 0 62 02/6 11 46

Samen-Anbieter:

Heil- und Gewürzkräuter:

Syringa
Bernd Dittrich
Postfach 11 47
78245 Hilzingen
Tel.: 0 77 39/14 52, Fax: 6 77
(führt auch Pflanzen)

Dieter Gaißmayer
Jungviehweide 3
89257 Illertissen
Tel.: 0 73 03/72 58, Fax: 4 21 81
(führt auch Pflanzen)

Samen und Töpfe
Monika und Peter Klock
Postfach 52 06 04
22596 Hamburg
Tel.: 0 40/8 99 16 98,
Fax: 8 90 10 70

Otzberg Kräuter
Burghart Koch
Neuweg 11
64853 Otzberg-Lengfeld
Tel. + Fax: 0 61 62/7 21 53

Kräuterzauber
Daniel Rüblemann
Himpberg 32
27367 Stuckenborstel
Tel.: 0 42 62/22 84,
Fax: 22 30

Exotische Sämereien
Albert Schenkel GmbH
Postfach 13 04
22872 Wedel
Tel.: 0 41 03/60 10 88, Fax: 60 10 89

Saatzucht Karl Sperling & Co.
Hamburger Str. 35
21316 Lüneburg
Tel.: 0 41 31/30 17-0, Fax: 30 17 45

Thompson & Morgan über:
Thysanotus Uwe Siebers
Bockhorster Dorfstr. 39A
28876 Oyten
Tel.: 0 42 07/57 08, Fax: 57 22

Gemüse:

Samenversand
Barbara Gaßmann
Im Saal 13
21421 Winsen/Luhe
Tel. 0 41 71/7 34 53, Fax: 7 64 94

Samenzuchtbetrieb
Hild Samen GmbH
Postfach 11 61
71666 Marbach/Neckar
Tel.: 0 71 44/84 73 11, Fax 84 73 99

Küchengarten
Reinhold Krämer
Postfach 15 11
73505 Schwäbisch-Gmünd
Tel.: 0 71 71/6 94 17, Fax: 3 98 43

Mitteldeutsche Samenges. mbH
Karl-Werner Küpper
Hessenring 22
37269 Eschwege
Tel.: 0 56 51/8 00 50,
Fax: 80 05 55

Versandhaus
J. Lambert & Söhne
Franz-Georg-Str. 50
54292 Trier
Tel.: 06 51/2 60 22,
Fax: 2 43 29

Gartencenter/Gärtnerei/Baumschulen
Samen-Schmitz
Humboldtstr. 2
85609 Aschheim-Dornach
Tel. 0 89/90 80 83,
Fax: 90 76 48

Schraveler Mühle GmbH
Postfach 10 17 60
40878 Ratingen
Tel.: 0 21 02/4 98 00, 49 80 27

Saatzucht Karl Sperling & Co.
Hamburger Str. 35
21339 Lüneburg
Tel.: 0 41 31/3 01 70, Fax: 30 17 45

Albert Treppens
Berliner Str. 84-88
14169 Berlin
Tel.: 0 30/8 11 33 36,
Fax: 8 11 43 04

Register

Halbfette Seitenzahlen weisen auf Pflanzenbeschreibungen (S. 85–147), *kursive* auf Rezepte hin

Abzugsloch 76
Achillea millefolium **86**, 152, 154, 155
Adonis vernalis **86**, 152, 155
Adonisröschen **86**, 152, 155
Agastache foeniculum **87**, 152
Ährenminze 19, **103**, 155
Älchen 80
Ali-Baba-Krug 40, 49
Alkalische Erde 58
Allium cepa **120**
Allium cepa Aggregatum-Gruppe **120**, 154
Allium sativum **87**, 154
Allium schoenoprasum **87**, 152, 154
Aloysia triphylla **88**, 152
Alpenveilchen 33
Amboss-Schere 50, 68
Ameisen 79
Amerikanische Bergminze **108**
Ampel 43
Ampelpflanzen 34, 35
Ananaserdbeere **145**
Anethum graveolens **88**, 152, 154
Anis-Ysop **87**, 152
Anorganische Kopfdüngung 60
Anthriscus cerefolium **88**, 152, 155
Anzuchterde 73
Apfel 21, 23, **141**, 154, 155
Apfelminze 19
Apfelpyramide 31
Apfelsine **140**
Apfelsinenbäumchen 23, 29, 35
Aprikose 20, **142**, 154
Arctostaphylos uva-ursi **89**, 155
Armeria maritima 17, **89**, 152, 154
Arnica montana 17, **89**, 152
Arnika 17, **89**, 152
Artemisia dracunculus **90**, 152, 154
Artemisia vulgaris **90**, 152, 154

Astschere, langstielige 68
Atriplex hortensis var. *rubra* **90**
Aubergine 12, 24, 26, **132**, 150, 151, 154
Auspflanzen von Sämlingen 73
Aussaat 72, 73
Aussaat in Töpfen 53
Aussaaterde 72, 73
Automatisches Bewässerungssystem 48, 62, 63
Autoreifen als Pflanzgefäße 47

Balkone 34, 35
Ballenlose Pflanzen 54, 55
Ballenware 55
Barbarea verna **129**
Bärentraube **89**, 155
Bärwurz **104**, 153, 155
Basilikum 18, 56, **105**, 153, 154
Basilikum, Purpurblättriges 18, 32
Beifuß **90**, 152, 154
Bellis perennis **91**, 152, 155
Belüftung 78, 79
Bergminze, Amerikanische **108**, 153, 154
Berieselungssysteme 63
Beta vulgaris **121**, 155
Beta vulgaris Cicla-Gruppe **121**, 155
Betonie **111**
Bewässerungssystem, automatisches 48, 62, 63
Bewurzelungshormon 75
Bezugsadressen 156, 157
Bindesalat **128**
Birne 21, 23, **146**, 154
Blattdünger 60, 61
Blattfarben, unterschiedliche 13, 14, 16
Blattläuse 78
Bleiglanz 81
Blumenkästen 27, 32, 33
Blumenkästen, selbst gemacht 44, 45
Blumenkohl 27, **122**, 150, 151
Blutmehl 61
Bohne 63, **129**, 150, 151, 154
Bohnenkraut **110**, 154
Borago officinalis **91**, 152, 154
Borretsch **91**, 152, 154
Borschtsch *134*
Botrytis 80
Bourbonrose 17
Brassica juncea **122**
Brassica oleracea Acephala-Gruppe **122**, 155
Brassica oleracea Botryris-Gruppe **122**
Brassica oleracea Capitata-Gruppe **123**, 154, 155
Brassica oleracea Gongylodes-Gruppe **123**
Brassica oleracea Italica-Gruppe **123**, 154

Brassica rapa Pekinensis-Gruppe **124**, 154
Brassica rapa Rapifera-Gruppe **125**, 155
Brassica rapa var. *alboglabra* **124**
Brassica rapa var. *perviridis* **124**
Brause 50
Brokkoli 25, **123**, 150, 151, 154
Brokkoli, Chinesischer **124**
Brombeere **147**, 154, 155
Bügelsäge 68
Bunter Blüten-Kräuter-Salat *115*
Buschbohne **129**
Buschtomate 6, 25, 33
Buchsbaum 7, 19, 29

Calamintha grandiflora 17, **91**, 152, 155
Calendula officinalis **92**, 152, 155
Capsicum annuum Grossum-Gruppe **125**, 154
Capsicum annuum Longum-Gruppe **125**
Cardamine pratensis **92**, 152, 155
Carum carvi **92**, 152, 154
Centaurea cyanus 17, **93**, 152, 154
Centaurea scabiosa **93**, 154
Chamaemelum nobile **93**, 152, 154, 155
Chicorée **126**, 150, 151
Chili **125**, 150, 151
Chinakohl **124**, 150, 151, 154
Chinesischer Brokkoli **124**
Chlorose 80
Cichorium endivia **126**, 154
Cichorium intybus **126**, 154
Citrus limon **140**, 154
Citrus sinensis **140**, 154
Consolida ajacis syn. *Consolida ambigua* **94**
Coriandrum sativum **94**, 152, 155
Crocus sativus **94**, 155
Cucumis sativus **126**, 154
Cucurbita maxima **127**, 154
Cucurbita pepo **127**, 154
Cydonia oblonga **140**, 154
Cymbopogon citratus **95**

Dachgarten, Gestaltung 30, 31
Daucus carota **95**, **127**, 152, 154
Deckenleitungen 63
Dianthus caryophyllus **95**, 152, 154
Dickmaulrüssler 78
Dill **88**, 152, 154
Doppelkordon (U-Form) 23
Dost **106**
Dragon **90**
Drahtgerüste 53
Drahtwürmer 79
Dränagematerial 76

Dritteltopf 41
Duftende Kräuter 18
Duftpelargonie 18, **106**, 154
Duftveilchen 18, **113**, 153, 155
Düngen von Kübelpflanzen 60, 61
Dünger, organischer 60

Echinacea **96**, 152
Echium vulgare **96**, 152, 154
Echte Kamille **102**, 153
Echte Nelkenwurz **98**
Echter Feigenbaum **141**
Echter Jasmin 17, **100**
Echter Mehltau 80, 81
Echter Ziest **111**, 153, 155
Edelkamille **93**
Edelminze **103**
Efeu 35
Eichblattsalat **128**
Eichhörnchen 80
Eiförmiger Tontopf 40
Eingänge 36, 37
Einheitserde 58
Einschlagen für den Winter 82, 83
Einschlagen von Pflanzen 55
Eintopfen 56, 57
Einweg-Multitöpfe 72
Eissalat **128**
Endivie **126**, 150, 151, 154
Erbse 63, 71, **131**, 150, 151, 155
Erdbeere 23, 33, 45, 46, **145**, 154
Erdbeertopf 10, 13, 20, 23, **145**
Ernte und Lagerung 82, 83
Erziehung von Obstbäumen **144**
Eschscholzia californica 17, **96**, 152, 154
Estragon **90**, 152, 154

Fächer 23, 144
Falscher Mehltau 80, 81
Feigenbaum, Echter **141**, 154
Fenchel **128**, 154
Fensterbank-Garten 33
Fertigerden 58
Feuerbohne 26, **129**, 150, 151, 154
Feuerbrand 80
Ficus carica **141**, 154
Filipendula ulmaria **97**, 152, 155
Fischblut 60
Flockenblume 17, **93**, 154
Flüssigdünger 60, 61
Foeniculum vulgare var. *azoricum* **128**, 154
Fragaria ananassa **145**, 154
Fragaria vesca 155
Frosthärte 85
Frühlingszwiebel **120**, 150, 151
Fuchsie 34

Galium odoratum **97**, 152, 155

Gänseblümchen **91**, 152, 155
Gartenbohne **129**, 150, 151, 154
Gartenerdbeere **145**
Gartenkresse **129**, 155
Gartenkürbis **127**, 150, 151, 154
Gartenmelde, Rote **90**
Gartenmesser 51
Gartennelke **95**, 152, 154
Gartenportulak 154
Gartenringelblume **92**, 152, 154
Gartenrittersporn **94**
Gartensalbei 17, **109**, 153, 154
Gartenschere 50, 68
Gartenthymian 17, **112**, 153, 154
Gazpacho *134*
Gebratenes Gemüse *137*
Gelbdolde **111**
Gemeine Grasnelke 17, **89**, 152, 154
Gemeiner Hopfen **99**, 152
Gemeiner Portulak **107**
Gemüse-Curry, Schnelles *136*
Gemüsefenchel **128**, 150, 151, 154
Gemüsepflanzen **120–133**
Gemüsepflanzen, Gestaltung mit 24–27
Gemüserezepte *134–139*
Geranium robertianum **97**, 152, 155
Geräte 50, 51
Gesichtsmaske aus Kamille und Kleie *118*
Geum urbanum **98**, 152, 155
Gießen von Kübelpflanzen 61–63
Gießkanne 50, 62
Glimmer 59
Granulierter Langzeitdünger 60
Grasnelke, Gemeine 17, **89**, 154
Grauschimmel 80
Griselinia 35
Grundausstattung 50, 51
Grüne Minze **103**
Grüne Sauce *116*
Grünkohl **122**, 150, 151, 155
Gurke 26, 64, **126**, 154
Gurkenkraut **91**
Gurkensalat *139*

158

REGISTER

Haarspülung mit Zitronenstrauch *118*
Haferpflaumen-Marmelade *149*
Halbfässer 49, 52
Halbreife Stecklinge 74, 75
Halbtopf 41
Handgabel 51
Handspaten 51
Hängekorb 42, 43 53
Hauptgerichte *136, 137*
Heckenrose 109, 153
Heckenschere 51, 68
Heidekraut 33
Heidelbeere 147, 155
Heidelbeer-Pastete *149*
Helianthus annuus 98
Helianthus tuberosus **128**, 155
Helichrysum italicum ssp. *serotinum* 19, **98**, 152
Heliotrop 18, **99**, 152
Heliotropium arborescens 18, **99**, 152, 154
Hesperis matronalis 18, **99**, 152, 155
Hippe 51
Hochbeet 11, 46,47
Hochtopf 41
Höhenunterschiede 11, 13, 49
Holzkästen, selbst gemacht 45
Hopfen, Gemeiner 17, 69, **99**, 152
Hornmehl 61
Humulus lupulus 17, 69, **99**, 152, 154
Hybridbeeren 147, 154, 155
Hyssopus officinalis 18, **100**, 152, 154

Indianernessel 18, **104**, 153, 155
Indischer Senf **122**
Innenhof, Gestaltung 28, 29

Jasmin, Echter 69, **100**, 153
Jasminum officinale 17, **100**, 153
Johannisbeeren 21, 23, **146**, 155
Juniperus communis **100**, 153, 155

Kakaoschalen 59
Kalender 150, 151
Kalium 60
Kamille, Echte **102**, 153
Kamille, Römische 93, 154, 155
Kamillentee *114*
Kappilarsysteme 63
Kapstachelbeere **142**
Kapuzinerkresse 16, 19, 33, 49, **113**, 153, 154
Kartoffel **133**, 150, 151, 154
Kartoffelrose **109**, 153, 155
Katzenminze 27
Kerbel 88, 152, 155
Kies 58
Kirsche **142**, 154, 155
Kissenprimel **108**, 153, 155
Kletterpflanzen 16, 17, 34, 35
Kletterrosen 16, 17
Knoblauch 75, **87**, 154
Knochenmehl 60, 61

Knollensellerie 150, 151
Kohlarten 25, 150, 151, 154
Kohlrabi 27, **123**, 150, 151
Komatsuna **124**
Kopfdüngung 60
Kopfkohl 27, **123**, 154, 155
Kopfsalat **128**
Kordon 23, 144
Koriander 94, 152, 154
Kornblume **93**, 152, 154
Kokosfaser 59
Krankheiten 78–81
Kräuter trocknen 83
Kräuter überwintern 67
Kräuter, duftende 18
Kräuter, Gestaltung mit 14–19
Kräuter, niedrig wachsende 7
Kräuter, Übersicht 152, 153
Kräuterkissen *119*
Kräuterkosmetik *118*
Kräuterrezepte *114–117*
Kräutertröge 32
Kresse 150, 151
Kübelpflanzen, Auswahl und Kauf 54, 55
Küchenkräuter 18, 19
Kulturheidelbeere **147**
Kultursäcke 31, 64, 65
Kümmel **92**, 152, 154
Kürbis 26, **127**

Lactuca sativa **128**, 155
Lage des Küchengartens 12, 13, 27
Lagerung 82, 83
Langzeitdünger in Pellet-Form 60
Langzeitdünger, granulierter 60, 61
Laurus nobilis 19, **101**, 153, 155
Lavandula 19, **101**, 153, 154
Lavendel 10, 16, 19, 35, **101**, 153, 154
Lepidium sativum **129**, 155
Leucanthemum vulgare **101**, 153, 154
Levisticum officinale **102**
Licht und Schatten 12
Liebstöckel **102**
Lollosalat **128**
Lorbeer 13, 19, 35, 36, **101**, 153
Löwenzahnsalat *115*
Löwenzahntee *115*
Luftzirkulation in Pflanzgefäßen 77
Lycopersicon esculentum **130**, 154

Mädesüß **97**, 152, 155
Maggikraut **102**
Majoran 19, **105**, 153, 154, 155
Malus domestica **141**, 154, 155
Margerite, Wiesen- **101**, 153, 154
Mariendistel **110**, 153, 154
Marille **142**
Matricaria recutita **102**, 153
Mehltau, Echter 80, 81
Mehltau, Falscher 80, 81
Melissa officinalis **102**, 153, 155

Mentha pulegium **103**, 153, 155
Mentha spicata **103**, 155
Mentha x piperita var. *citrata* 19
Mentha x piperita var. *piperita* **103**, 153, 154
Mentha x villosa alopecuroides 19
Mespilus germanica **141**, 154, 155
Metalltrog 41
Meum athamanticum **104**, 153, 155
Mini-Apfelbaum 20, 22
Mini-Bäume 22, 23
Mini-Gemüse 27, 31, 33
Mini-Kohlköpfe 27
Mini-Kräutergarten 14, 15
Mini-Möhren 33
Mini-Pfirsichbaum 20
Mini-Tomaten 35
Minze 18, 32
Minze-Gebäck, Süßes *117*
Mispel **141**, 154, 155
Möhren 25, 27, 72, 83, **127**, 150, 151, 154
Möhrenfliege 89, 80
Monarda didyma 18, **104**, 153, 155
Moosbeere **147**
Morello-Sauerkirsche **142**, 155
Mosaikvirus 81
Moschusrose 17
Mutterkraut **112**, 153, 154, 155
Myrrhenkerbel **104**
Myrrhis odorata **104**, 153, 155

Nachtviole 18, **99**, 152, 155
Nährstoffbedarf 60, 61
Natternkopf **96**, 153, 154
Nektarine 20, **143**, 154
Nelkenwurz **98**, 152, 155
Nepeta 27
Neutrale Erde 58
Nigella sativa **105**, 153, 154

Obstbäume, Erziehung von 23
Obstgehölze, Gestaltung mit 20–23
Obstpflanzen 140–147
Obstrezepte *148, 149*
Ocimum basilicum **105**, 153, 154
Ohrwürmer 78, 79
Olea europaea **131**, 154
Olivenbäumchen 36, **131**, 154
Oregano 18, 19, **106**, 153, 155
Organischer Dünger 60
Origanum majorana **105**, 153, 154, 155
Origanum vulgare **106**, 153, 155

Paprika 26, 35, **125**, 154
Paprikasalat *139*
Party-Salat *138*
Pastinake 27
Pelargonie 153, 154
Pelargonium graveolens 18, **106**, 153, 154

Pergola 31
Perilla frutescens **107**, 153, 155
Petersilie 27, 32, **107**, 153
Petersiliensauce *116*
Petroselinum crispum **107**, 153
Pfefferkraut **110**
Pfefferminze 19, **103**, 153, 154
Pfefferminz-Sorbet *114*
Pferdeeppich **111**, 153, 154
Pferdeminze **104**
Pfirsiche 20, **143**
Pfirsiche, Würzige *148*
Pflanzennachbarschaften 79
Pflanzenschutz 78–81
Pflanzerde auf Torfbasis 58, 59
Pflanzgefäße 40–45
Pflanzgefäße reinigen 76, 77
Pflanzgefäße transportieren 77
Pflanzholz 51
Pflanztröge 44, 45
Pflaume 21, **143**, 154, 155
Pflaumenfächer 144
Pflücksalat **128**
Phaseolus coccineus **129**, 154
Phaseolus vulgaris **129**, 154
Phosphorus tetragonolobus **131**
Phosphor 60
pH-Wert-Messung 58
Physalis peruviana **142**
Pikieren 73
Pilzkrankheiten 80, 81
Pimpernell **110**, 153, 154
Pisum sativum **131**, 155
Planung 6, 7, 12, 24, 25, 29, 46
Poleiminze **103**, 153, 155
Pomeranze, chinesische 29
Portulaca oleracea **107**, 154
Portulak, Gemeiner **107**, 154
Potpourris *119*
Primula veris **108**, 155
Primula vulgaris **108**, 153, 155
Prunus armeniaca **142**, 154
Prunus avium **142**, 154, 155
Prunus cerasus **142**, 155
Prunus domestica (ssp. *domestica, italica, insititia*) **143**, 154, 155
Prunus persica **143**, 154
Prunus persica var. *nectarina* **143**, 154
Pycnanthemum pilosum **108**, 153, 154
Pyrus communis **146**, 154

Quitte **140**, 154

Radieschen 25, **132**, 150, 151, 155
Rainfarn **112**, 153, 154
Rankgerüste 69–71
Rankgitter 53
Raphanus sativus **132**, 155
Ratatouille *137*
Raumnutzung, 10, 11
Raupen 80

Reinigungsmilch mit Fenchel *118*
Reneklode **143**
Ribes nigrum **146**, 154, 155
Ribes rubrum **146**, 155
Ribes uva-crispa var. *sativa* **147**, 155
Riesenkürbis **127**, 150, 151, 154
Rindenschnitzel 59
Ringelblume **92**, 152
Rittersporn, Garten- 94, 95
Römische Kamille **93**, 152, 154, 155
Römischer Salat **128**
Rosa moschata 17
Rosa rugosa **109**, 153, 155
Rose 17, **109**, 153, 155
Rosenkohl 25, 150, 151
Rosenpelargonie **106**
Rosen-Tarte *117*
Rosmarin 19, 35, 49, **109**, 153
Rosmarinus officinalis 19, **109**, 153
Rote Bete 25, 72, 83, **121**, 150, 151, 155
Rote Gartenmelde **90**
Rote Johannisbeere **146**, 155
Rote Spinnmilben 78
Roter Sonnenhut **96**, 152
Roter Spanischer Spinat **90**
Rotpustelkrankheit 81
Rübe, Weiße **125**
Rubus fruticosus **147**, 154, 155
Rückschnitt 68–71
Rückschnitt von Kletterpflanzen 69
Rückschnitt von Kräutern 70
Rückschnitt von Obstbäumen und -sträuchern 70, 71, 144
Ruprechtskraut **97**, 152, 155

Saatschale 41, 71–73
Safran, Safrankrokus **94**, 155
Sägewespen 80
Salat 24, 25, 27, 33, 63, 115, **128**, 155
Salate *138, 139*, 150, 151
Salatzichorie **126**, 150, 151, 154
Salbei 18, 19, **109**, 153
Salvia officinalis 17, 19, **109**, 153, 154

Sämlinge 72
Sanguisorba minor syn.
  Poterium sanguisorba
  110, 153, 154
Satsuma-Formen 29
Satureja hortensis 110, 154
Saucen *116, 135*
Sauerkirsche 20, **142**, 155
Saure Erde 58
Schädlinge und Krankheiten 78–81
Schafgarbe 86, 152, 154, 155
Schildläuse 79
Schimmelpilze 81
Schlafmützchen 17, 96, 152, 154
Schlauch 62
Schlüsselblume 108, 155
Schnecken 79
Schnelles Gemüse-Curry 136
Schnittlauch 27, 32, 72, **87**, 152, 154
Schnittmangold 27, 63, **121**, 150, 151, 155
Schnittsalat **128**
Schnurbaum 23
Schorf 81
Schwarze Johannisbeere **146**, 154, 155
Schwarzfleckigkeit 81
Schwarzkümmel **105**, 153, 154
Schwarznessel **107**, 153, 155
Seegrasnelke 17, **89**
Senf, Weißer **132**
Seregras 95
Sicherung 71
Sichtschutz 11
Sichtschutz auf Dachgärten 31
Sieb 50
Silybum marianum 110, 153, 154
Sinapis alba **132**, 154
Skabiosen-Flockenblume **93**
Smyrnium olusatrum **111**, 153, 154

Solanum melongena **132**, 154
Solanum tuberosum **133**, 154
Sommerjasmin 69
Sommerpudding 148
Sonne und Schatten 154, 155
Sonnenblume 28, **98**
Sonnengold **98**
Sonnenhut, Roter 96, 152
Sonnenschutz auf Dachgärten 31
Sonnenwende 99
Spaghettikürbis **127**
Spalier 23, 144
Spargelerbse, -bohne **131**
Speisezwiebel **120**
Spezialerden 59
Spinacea oleracea 63, 150, 151, 155
Spinat 63, 150, 151, 155
Sprühflasche 51
Sprühschlauch 63
Spurenelemente 60
Squash **127**
Stachelbeere **147**, 155
Stachys byzantina **111**, 153
Stachys officinalis **111**, 155
Standardschere 50
Stangenbohnen **129**
Staunässe 56, 63
Stecklinge 74, 75
Steinobst 20
Steinquendel 17, **91**, 152, 155
Steintrog 41
Sternjasmin, Chinesischer 35
Stickstoff 60, 61
Stiefmütterchen **113**, 154
Stielmangold 25, 27, **121**, 150, 151, 155
Strohblume 19, **98**, 152
Studentenblume **111**
Stützen 69–71
Substrate 58, 59
Suppen *134*
Süßdolde **104**, 153, 155

Süßes Minzegebäck 117
Süßes Potpourri 119
Süßkirsche **142**, 154
Tagetes **111**, 153, 154
Tagetes patula **111**, 153, 154
Tanacetum parthenium **112**, 153, 154, 155
Tanacetum vulgare **112**, 153, 154, 155
Teilung 75
Terrakotta-Töpfe 36
Tetragonolobus purpureus **131**
Thymian 17, 18, 19, **112**, 153
Thymus vulgaris 17, 19, **112**
Tiefgefrieren 82, 83
Tomate 26, 27, 35, 43, 64, **130**, 150, 151, 154
Tomatensauce 135
Tontöpfe 40
Topfware 55
Topinambur **128**, 150, 151, 155
Topinambur-Suppe 135
Torf 58, 59
Torf-Kultur-Substrat (TKS) 58
Trachelospermum 35
Treppen 36, 37
Trocknen 82, 83
Tropaeolum majus 16, 19, 33, 49, **113**, 153, 154
Übersicht Kräuter 152, 153
Überwintern von Kräutern 67
Überwintern von Kübelpflanzen 66, 67
Umfallkrankheit 81
Umtopfen 56, 57

Vaccinium corymbosum **147**, 155
Vaccinium macrocarpon **147**
Vaccinium myrtillus **147**

Veilchen 18, 36, **113**, 153
Verholzte Stecklinge 75
Vermehrung 72–75
Vermikulit 59
Versailler Kübel 36, 44
Viola odorata 18, **113**, 153, 155
Viola tricolor **113**, 154
Vögel 79
Vorbereitungsarbeiten 52, 53

Wacholder **100**, 153, 155
Walderdbeere **145**, 155
Waldheidelbeere **147**
Waldmeister 17, **97**, 152, 155
Wandtopf 34, 35, 42, 43
Wasseranschluss 10
Wassermangel 62, 63
Wässern von Kübelpflanzen 61–63
Weidenkorb 45
Weinrebe 21, 31, 35
Weiße Fliegen 80, 81
Weiße Johannisbeere **146**
Weiße Rübe 27, 72, **125**, 155
Weißer Senf **132**, 154
Wiesenmargerite **101**, 153, 154
Wiesenschaumkraut **92**, 152
Wilde Möhre **95**, 152, 154
Windschutz auf Dachgärten 31
Winterendivie **126**
Winterhartes Gemüse 66, 67
Winterjasmin 69
Winterschutz für Pflanzgefäße 67
Wirsing 26
Wollziest **111**
Wurzelteilung 75
Würzige Pfirsiche 148

x *Citrofortunella microcarpa*

Ysop 18, **100**, 152, 154

Zierkohl 33, 36
Ziest, Echter **111**, 153, 155
Zitrone **140**
Zitronellgras 95
Zitronenbäumchen 7, 22, 29, 35, 36
Zitronenmelisse **102**, 153, 155
Zitronenminze 19
Zitronenstrauch 18, **88**, 152
Zitrusfrüchte 22, 23, **140**, 154
Zucchini 26, **127**

Zuckermais 27
Zwetschge **143**, 154
Zwetschgenpyramide 31
Zwiebel 67, **120**, 150, 151, 154
Zwiebelsauce 135

Bildnachweis

Seite 2 u.r. Clive Nichols/Sir Terence Conran: 4/5 Graham Strong/Clive Nichols; 6/7 Clive Nichols/Barnsley House, Glos; 7 o.r. Andrew Lawson; 8/9 Clive Nichols/Jane Nichols; 10 o. Clive Nichols/Jane Hogben; 11 Graham Strong/Clive Nichols; 12 u. Clive Nichols/Jane Nichols; 12 o. Marie O'Hara/G.P.L.; 14 u. Clive Nichols/Designer: Jane Nichols; 14 o. Andrew Lawson; 17 Andrew Lawson; 20 o.l. John Glover/G.P.L.; 21 Steven Wooster/The Old Rectory, Sudborough; 22 u. Andrew Lawson; 23 o.r. Clive Nichols/Jane Nichols; 24 u. Clive Nichols/Sir Terence Conran; 26 u. Clive Nichols/Jane Nichols; 27 Clive Nichols/Sir Terence Conran; 28 u. Andrew Lawson; 29 Steven Wooster; 30 London Roof Garden designed by Dan Pearson/Steven Wooster; 31 Andrew Lawson; 34 u. Andrew Lawson/Powys Castle, Powys; 35 Steven Wooster; 36 u. Andrew Lawson; 38/39 Clive Nichols/Barnsley House, Glos; 47 Ron Sutherland/G.P.L.; 54 u. Steven Wooster; 55 Lynne Brotchie/G.P.L.; 78 u. von l. nach r. Garden and Wildlife Matter Photo Library, Howard Rice/G.P.L., Howard Rice/G.P.L., Vaughan Fleming/G.P.L.; 79 von l. nach r. Sheila Apps/Wildlife Matters, Howard Rice/G.P.L., Colin Milkins/Garden Matters, Colin Milkins/Garden Matters, Michael Howes/G.P.L.; 80 von l. nach r. Michael Howes/G.P.L., Holt Studios International, John Phipps/Garden Matters; 81 o. Howard Rice/G.P.L., 81 u. von l. nach r. John Glover/G.P.L., Howard Rice/G.P.L., Garden and Wildlife Matters, Lamontagne/G.P.L.; 84/85 Clive Nichols/Jane Nichols; 111 Jerry Pavia/G.P.L.; 112 Howard Rice; 113 Howard Rice;115 Mayer/Le Scanff/G.P.L.; 116 Mayer/Le Scanff/G.P.L.; 128 Steven Wooster; 145 Wildlife Matters.
Alle anderen Fotos © Collins & Brown.